DUMONT

MARTIN WITTMANN

UP & DOWN UNDER

MIT KIND UND KÄNGURU DURCH AUSTRALIEN

DUMONT

1. Auflage 2016

Gestaltung: Herburg Weiland, München
Titelfoto: Getty-Images, München, stillshunter
Karten und Fotos Innenteil: Martin Wittmann
Umschlagkarte: Gerald Konopik, DuMont Reisekartografie
Printed in Spain
ISBN 978-3-7701-8262-6

www.dumontreise.de

Inhalt

Teil 1

DER ANFANG: FRAGEN!

Kapitel 1

Die Ferne sehen statt fernzusehen

Die Scheinwerfer der Autos blendeten mich in Augenhöhe. Ein grelles, überwältigendes Licht, als drückte jemand den Schalter in einem stockdunklen Raum. Schwerfällig rappelte ich mich hoch und kniete bald auf dem Bürgersteig. Den Straßenmusiker neben mir sah ich seinen Gitarrenkoffer zuklappen und so hastig wegtragen, als hätte er ihn soeben gestohlen. In meinem Mund sammelte sich blutiger Speichel. Der Rest meines Schädels aber fühlte sich blutleer an, als wäre der Kopf zur eigenen Sicherheit eingeschlafen, heruntergefahren, notabgeschaltet. Nun fuhr er langsam und dumpf wieder hoch, gestartet von den aufdringlichen Lichtern dieser Großstadt, an diesem Novembertag im Jahr 2003.

Ich wusste um meine Situation, obwohl sie mir fremd war. Wer im Kino jemals gut gespielte, also magenverschnürende Schlägereien gesehen hat, gefilmt mit einer wackeligen Handkamera, bekommt ein ziemlich gutes Gefühl für so eine Szene.

Auf eine absurde Weise war ich stolz. Nicht wegen des Kampfes, oder besser gesagt: des Angriffs (zu einem Kampf gehörten dann doch zwei). Sondern weil ich in diesem Moment eben nicht dachte: »Scheiße« oder »Oh Gott« oder »Hilfe« oder »Mama«. Ich dachte: »Fuck.« Mir kam nach sechs Wochen in Australien das Englische bereits so natürlich vor, dass mein Instinkt in dieser Notlage gar nicht mehr auf Deutsch funktionierte. Zum Glück war wenigstens mein Fluchtinstinkt noch intakt. Ich stand auf und rannte.

Damals lebte ich in Melbourne, und ich war damit sehr glücklich. Ein junger Mann, der gerade mit einem Kindergartenfreund von mir in Berlin wohnte (genau genommen war er Dauergast in dessen WG und schlief auf einer Matratze im Badezimmer, von den Duschenden nur durch einen Vorhang getrennt), hatte mich an seine Kumpels in der australischen Metropole vermittelt. Sie hatten mich so selbstverständlich aufgenommen wie ein an den Nachbarn adressiertes Paket. Aus einer Nacht waren dann zwei geworden, aus zwei sieben, aus einer Woche fünf Monate.

Seit Langem hatte ich mich nach Australien gesehnt, diesem irre fernen Land, in dem stets Sommer war und lustige, furchtlose Menschen in der Wildnis Abenteuer erlebten, unaufgeregt und souverän. Farmen gab es dort, die halb so groß waren wie Süddeutschland. Und die Männer hatten lange Messer und breite Hüte, die Frauen wirkten fröhlich und tough und waren, was mir als heranwachsender Schüler mehr und mehr auffiel, stets spärlich bekleidet. Zumindest war das im Fernsehen so, und damals, in den 80ern und 90ern, wollte man dem Medium noch trauen.

Im Jahr 2000 fanden die Olympischen Spiele in Sydney statt, eine herausragende PR-Kampagne für das Land. Ein lockeres und gastfreundliches Australien präsentierte sich einer auf Anhieb verknallten Welt. Die Insel am Arsch der Welt war auf einmal ihr Mittelpunkt.

Bei der Eröffnungsfeier entzündete die Aborigine Cathy Freeman das olympische Feuer, in einem Stadion, das in Zusammenarbeit mit Greenpeace gebaut worden war. Auf den Rängen lachten Kinder mit Australienflaggen auf den gebräunten Pausbacken, und unten traten Nord- und Südkorea tatsächlich als gemeinsames Team auf, zumindest an diesem einen Abend. Olympia in Utopia.

Am Mittag des 25. September sah ich das 400-Meter-Finale der Frauen. Später würden Sportkommentatoren von dem größten Tag der Leichtathletik-Geschichte sprechen, zumindest die australischen (was die verklärende Begeisterung für die eigenen Sportler angeht, sind Australia und Austria gar nicht weit voneinander entfernt).

Unter der Abendsonne Sydneys, vor 110.000 Zuschauern, kniete Freeman also auf der Tartanbahn, in Erwartung des Knalls. Sie trug einen futuristischen Ganzkörperanzug, der sie in dem raumschiffhaften Stadion wie ein Alien wirken ließ. Dann der Schuss, die Athletinnen liefen lange im Gleichschritt an, doch am Ende zog die Außerirdische an den Menschen neben ihr vorbei. 49,11 Sekunden. Die ganz eigene Traumzeit einer Aborigine. Sie ging in die Hocke, streifte sich die Kappe vom Kopf und wurde wieder zum Menschen. Sie kämpfte gegen die Tränen, und der Rest der Welt mit ihr. Allen voran ein Student in München. Ich beschloss, irgendwann nicht mehr nur von, sondern in Australien zu träumen, irgendwann nicht mehr nur fernzusehen, sondern die Ferne zu sehen.

Drei Jahre später unterbrach ich mein Studium und meine lausigen Versuche beim Münchner Uni-Radio, um den Winter in Australien zu verbringen. Überraschend hatte ich die Zusage für ein Praktikum in der deutschen Radiosparte des *Special Broadcasting Service* (SBS) bekommen. Der Rundfunksender mit Sitz in

Melbourne unterhält und informiert die Australier mit Migrationshintergrund in deren jeweiliger Sprache. Die Semesterferien vor und nach dem Praktikum mitberechnet, hatte ich neun Monate Zeit zum Reisen. Das Praktikum selbst dauerte nur vier Wochen. Das Verhältnis, so unproportional es auch war, kam weder mir noch irgendjemand anderem daheim merkwürdig vor. Wir waren an meine Zeitpläne mit terminlichen Luftlöchern bereits gewöhnt. Ich studierte ja Soziologie.

So stand ich eines Abends während der vier Arbeitswochen an der St Kilda Road, im Schein des 7-Eleven, dieses nimmermüden Ladens, der 24 Stunden durchmacht und niemals zu leuchten aufhören darf. Es war zu einer vollen Stunde, an die genaue Uhrzeit kann ich mich nicht mehr genau erinnern, aber ich weiß noch, dass die Luft warm war und ich munter. In kurzen Hosen, im November, selig angetrunken, berauscht vom eigenen Glück.

Ich wartete schon eine Weile auf eine Verabredung, vielleicht war ich deutsch pünktlich oder sie australisch spät. Links von mir hatte ein Straßenmusiker auf seiner Gitarre gespielt. Vor mir sah ich die Autos über die St Kilda Road trödeln, und natürlich fuhren all diese lebenslustigen Menschen, da war ich mir sicher, nicht nach Hause, sondern zu Verabredungen und Partys. Alles war leichter in diesem Land, das mir westlich genug erschien, um mich zurechtzufinden und heimisch zu werden, und das doch exotisch genug war, um einen neugierigen Studenten zu verblüffen.

Warum Australien und nicht etwa die USA? Das Fernsehen mag seine Kinder in den 80ern und 90ern zu geistigen Amerikanern erzogen haben, Blaupause dank Blaupunkt. Aber irgendwann wurde das Land der unbegrenzten Möglichkeiten zum Oberarschloch der Welt erklärt, zumindest an den Unis, und dort vor allem an den Soziologie-Instituten. Mit dem unbeschwerten Australien ließ sich nun hervorragend das Vakuum füllen, das der grassierende Antiamerikanismus in meinem fernwehen Herzen hinterlassen hatte.

Dass diesem fernwehen Herzen später ein schmerzender Schädel folgen sollte, war beim besten Willen nicht abzusehen gewesen.

Kapitel 2

So weit! So gut!

Australien war mir mehr als eine bloße Herzensangelegenheit. Mir schien es nichts weniger als das Land der Zukunft zu sein, und zwar nicht nur das meiner eigenen. Nicht das Gestern bestimmte hier das Denken von Heute, sondern das Morgen, nicht aus Idealismus, sondern aus der Not heraus. Die bittere Lebensweisheit, dass man depressiv wird, wenn man zurückblickt, und ängstlich, wenn man nach vorn schaut, zählte hier nicht. Die Menschen auf diesem Kontinent lebten stattdessen wie in einem Labor, sie hatten keine andere Wahl, als nachzudenken und anzupacken.

Während im bräsigen Europa noch bedrohliche Umweltszenarien diskutiert und vage Pläne dagegen entworfen wurden, verbrannten sich die Australier unter dem real existierenden und zum Handeln zwingenden Ozonloch. Aber war die Sonne, die hier gnadenlos und doch beneidenswert brannte, nicht auch die Energiequelle der Zukunft? Hatte Australien nicht freie Fläche genug, um über das brache Land einen stromerzeugenden Teppich aus Sonnenkollektoren zu verlegen?

Gleichzeitig begegnete der Kontinent den wachsenden Herausforderungen der Globalisierung direkter, brutaler als der überforderte Rest der Welt: Wie ging dieses reiche Land mit den ausgelaugten und ausgezehrten Flüchtlingen um, deren Boote regelmäßig an jenen Küsten angeschwemmt wurden, an denen einst die Vorfahren der heutigen Bewohner gelandet waren?

Wie lösten sie eines der größten Probleme der jüngeren Menschheitsgeschichte, wie also brachten sie die modernste Kultur mit der ältesten zusammen? Wie das westliche Konsummantra mit der mythologischen Traumzeit der Ureinwohner? Was haben die weißen Australier lernen können aus den Katastrophen der amerikanischen und afrikanischen Geschichte? Wie gehen sie mit dieser Verantwortung um? Das Tattoo auf Cathy Freemans Oberarm erinnerte daran, was offenbar nicht selbstverständlich war: »Cos I'm Free«.

Das westlich geprägte Australien, das Freeman in Sydney feierte, sollte ja lernfähig sein, schließlich war es blutjung. Erst am 20. Januar 1788 waren die elf Schiffe der *First Fleet* gelandet, mit rund tausend Umsiedlern an Bord (die meisten davon britische Verbrecher). Wer nur gut 200 Jahre Geschichte als Ballast mit sich herumträgt, muss sich keiner regionalen, oft genug engstirnigen und lähmenden Tradition verpflichtet sehen, so meine Überlegung damals. So ein Land kann ein freier und im besten Falle freigeistiger Ort sein, wirtschaftlich, kulturell, ästhetisch und gesellschaftlich, ein ideales Einwanderungsland, ein Best-of der Weltkulturen, *come in and find out*. Sicher, so einem Land mochte es an Altstädten und Burgen fehlen. Aber wer braucht Fachwerk von gestern, wenn er Perspektiven und Visionen durch stylishe Sonnenbrillen erkennen kann. So hell, so klar.

Dass die Australier regelmäßig auf Bestenlisten landeten, machte das Land zu einer zertifizierten Attraktion: Sie hatten die lebenswertesten Städte, sie waren die lässigsten und fairsten Athleten, in den Städten bewahrten sie Stil und auf dem Land Natürlichkeit, sie lebten im Norden wie in den Tropen und im Süden wie in Skandinavien. Und trotz des gedankenbefreiten, fast naiven *Easy-Going* der Leute brummte die Wirtschaft wie die Riesenkäfer, die nachts auf den Campingplatzküchen im Waschbecken hockten. Kurz: Auf dieser Insel lagen alle Antworten, hier konnte der Geschichte noch beim Geschehen zugeschaut werden.

Kapitel

3

Die im Schatten sieht man nicht (durch die Sonnenbrille)

Zu der anderen, zu meiner Geschichte: Rechts neben mir, vor dem leuchtenden Fenster des 7-Eleven, stritt nun ein Paar. Die beiden waren weitaus betrunkener als ich. Der Mann hatte eine Bierflasche in der rechten Hand und gestikulierte wild vor der jungen Frau. Sie schrie ihn unentwegt an. Ich konnte nicht verstehen, um was es ging. Ich denke nicht, dass die beiden es selbst wussten.

Als der Mann die Frau an das Schaufenster drückte, ging ich zwischen die beiden. Ein Reflex, nicht mehr, auf keinen Fall überlegte Zivilcourage. Aber ich fühlte mich in diesem Moment doch verantwortlich, als prügelten sich da zwei Unbefugte auf meinem Grund und Boden.

»Wait«, sagte ich, während ich mich zwischen die schwankenden Körper schob. Aber der Mann wartete nicht. Er traf mich mit seiner Bierflasche an der rechten Schläfe. Noch heute, wenn ich im Film eine der glaubwürdigeren Schlägereien sehe, zieht sich mir nicht mehr nur der Magen zusammen, es flitzt auch ein Blitz durch die Nerven hinter den Koteletten.

Ich ging zu Boden, »Fuck«. Ich stand wieder auf und sah ihn immer noch vor mir stehen. Ich rannte, vorbei an flanierenden Pärchen und sitzenden Cafégästen, an deren Blicken – erst sahen sie mich an, dann wanderte ihr Blick hinter mich – ich ablesen konnte, dass der Mann mich verfolgte. Ich lief über die Straße, auf ein Taxi zu. Ich riss die Tür auf und wies den überrumpelten Fahrer an loszufahren.

Als mein Verfolger Sekunden später mit den Fäusten an die Fensterscheibe hämmerte, begriff der Fahrer endlich. Er startete den Wagen und gab Gas. Erleichtert lehnte ich mich zurück und befühlte mein Gesicht. Nach ein paar Hundert Metern wurde das Taxi langsamer. Wir blieben am Straßenrand stehen. *»Get out, you fucking Troublemaker«*, zischte der Fahrer, und ich stieg aus.

Ich hielt das nächste Taxi an. Dessen Fahrer war so empathisch und freundlich, wie ich es gewohnt war von den Bewohnern dieser wundervollen Stadt Melbourne. Während der Fahrt erkundigte er sich nach dem Vorfall, ich sollte ihm genau schildern, was vorgefallen war, wer beteiligt gewesen sei. Ich erzählte ihm die ganze Geschichte.

Sein Angebot, mich ins Krankenhaus zu bringen, lehnte ich dankend ab, und als wir uns verabschiedeten, wollte er mir noch gut zureden. Er sagte, so seien sie halt, die Scheiß-Aborigines. Immer besoffen, machten nur Ärger. Diese Nichtsnutze hätten es eigentlich verdient, vermöbelt zu werden. »Pass auf dich auf, gute Nacht«, sagte er. Ich zahlte und stieg aus.

Da stand ich nun, mit Gänsehaut in superwarmer Nacht, fremd im gelobten und geliebten Land, mit blutendem Mund, verwirrt und ernüchtert. Ich hatte zuvor nur vereinzelt Aborigines in der Stadt gesehen und ihre Verwahrlosung und ihre Trunkenheit ausgeblendet wie einen Fleck, der auf einem ansonsten makellosen Bild stört.

Der Schlag, die Flucht, der rassistische Taxifahrer, das alles hatte nur Minuten gedauert, eine kleine Episode nur. Und doch reduzierte sie meine wochenlange Studie von Land und Leuten auf einen oberflächlichen Eindruck, schlagartig im Wortsinne. Wer eine Gesellschaft durch eine Sonnenbrille kennenlernt, übersieht die Kontraste. Ich fühlte mich betrogen und schämte mich ob meiner Leichtgläubigkeit. Ich wusste nichts über dieses Land, das sich mir so lange so bequem eindeutig präsentiert hatte. Die Sonne kannte ich nur zu gut, von den Schatten aber hatte ich keinen Schimmer. So hell, so blendend.

Mit persönlichen Enttäuschungen verhält es sich wie mit Zerrungen – man weiß nicht, ob man sie besser mit Wärme oder Kälte behandeln sollte. Ich entschied mich für Wärme, meine Leidenschaft für das Land war nicht versiegt, im Gegenteil. Ich reiste die folgenden Wochen mit wacheren Augen durch Australien, nicht mehr blind vor Liebe. Ich erlebte das Land immer noch als wegweisend. Aber nicht, weil hier die großen Rätsel – der Menschheit, der Australier, meine – schon gelöst gewesen wären. Sondern weil sie hier am greifbarsten waren, sich nackt und unmittelbar zeigten. Nicht die korrekten Antworten lagen hier, sondern die richtigen Fragen. Ich wollte wiederkommen.

Zweimal reiste ich danach auf den Kontinent, einmal mit anderen Journalisten, einmal mit meiner Frau, Malah, für ein paar Wochen jeweils. Nun, ein Jahrzehnt nach dem ersten Aufenthalt, fliege ich wieder nach Australien. Zusammen mit meiner Frau und unserem Kind, Johanna. Im Gepäck liegen die Erinnerungen an die erste Reise, in Form ausgedruckter Blogeinträge von damals, sowie Bücher richtiger Schriftsteller. Mit den früheren Erfahrungen als innere Landkarte, mit den aktuellen als Kompass soll die Reise über die Gegenwart zurück in die Vergangenheit und damit in die Zukunft führen. Die Perspektive eines verantwortungsfreien Backpackers soll sich mischen und paaren und beißen mit der eines jungen Vaters. Ein Land, zwei Perspektiven, drei Zeiten.

Nicht umsonst heißt es: »Wer das Vergangene kennte, der wüsste das Künftige« (Johann Wolfgang von Goethe, »Weissagungen des Bakis«). Oder in den Worten eines anderen Philosophen: »Wenn man einen Blick in die Zukunft werfen will, muss man hinter sich schauen.« (Deckard Shaw, *Furious 7*)

Teil 2

BRISBANE – BYRON BAY: LUFT

Kapitel 4

Hello again

Dir sieht man gar net an, dass du scho' drei Weißbier in der Schnauzn host«, lautet der letzte Satz, den wir in München hören. Über der Stadt liegt der lähmende Bierdunst des Oktoberfests. Wir hören dieses Kompliment der jungen Frau an ihren Gastgeber, da beide auf dem Nachbarbalkon zu Mittag trinken, während wir das Gepäck in den Außenaufzug daneben schleppen. Die Koffer passen nicht alle auf einmal in den Lift, ein untrügliches Zeichen, dass wir zu viel nach Australien mitnehmen. Doch die Vorstellung, Johanna könnte auf Reisen unter irgendeinem Mangel leiden, ließ uns den halben Hausstand einpacken. Bereits das Packen ist eine Gewissenserfahrung, die für die Reise selbst gelten darf: Auf keinen Fall, auf gar keinen Fall darf unser Kind unter der Unternehmung leiden. Jeder Missstand ist der Verantwortungslosigkeit von uns Eltern zuzurechnen – sollte in Australien etwas fehlen, haben wir nicht sorgfältig genug gepackt; sollte Johanna gepäckunabhängig in Australien unwohl sein, sind wir es, die sie dorthin gebracht haben. Eine Schramme in Deutschland: Mei, so was passiert halt. Eine Schramme in Australien: Was haben wir bloß getan?

Andererseits: Warum soll es ihr dort im Dauersommer schlechter gehen als hier im zugigen Herbst, wo der Nachbar es nur auf dem Balkon aushält, weil er schon drei Weißbier in der Schnauzn hat? Es soll ja sogar Kinder geben, die ihr ganzes Leben in Australien verbringen, ohne dass ihnen dabei Grausameres zustoßen würde als niederbayerischen Kindern in deren Heimat.

Ein gewaltiges Hindernis auf dem Weg ans andere Ende der Welt ist allerdings der Abstand zwischen den beiden Enden. Zwischen München und Brisbane liegen etwa 16.000 Kilometer. Und so beginnt diese Reise gleich mit der größten Herausforderung, die sie uns stellen wird.

Der Flug. Die beiden Wörter könnten als Filmtitel für mehrere Genres herhalten: Es könnte ein Katastrophenfilm sein, eine Technik- oder Tier-Dokumentation, ein Abenteuerfilm oder ein Thriller. Würde das gespannte Publikum jedoch erfahren, dass zwei Nebendarsteller, die auf keinen Fall zu Protagonisten werden wollen, ein sechs Monate altes Kind mit an Bord haben, reduziert sich die Auswahl auf eine Möglichkeit: ein Horrorfilm.

Selbst sehr kinderliebe Menschen wollen die zwölf Stunden, die sie gefangen sind in ihrem Flugzeugsitz, nicht in der Nähe eines Kleinkindes verbringen. Nein, nicht mal die Eltern. Das ist kein Kulturpessimismus, sondern Volkskonsens. Als wir Freunden und Familie von unserem Plan erzählten, die Elternzeit in Australien zu verbringen, hatten die wenigsten Sorge wegen der erwiesenermaßen giftigsten Tiere der Welt, die dort hausen, oder wegen der Sonne, die dort alles und jeden verkokelt, oder wegen der Zeitumstellung, die aus jedem gesunden Menschen kurzzeitig einen Zombie macht, oder wegen der Weite des Landes, in der

Notrufe verhallen könnten. Die meisten wunderten sich vielmehr über unseren Mut, nicht einen, sondern zwei fast zwölfstündige Flüge mit der kleinen Johanna bewältigen zu wollen. Einige junge Eltern meinten, sie würden auf der Stelle nach Australien reisen – wenn, ja wenn dieser Flug nicht wäre.

Mit diesem Wissen besteigen wir den Flug SQ 327, mit entschuldigenden Blicken grüßen wir die Passagiere in unserer Nachbarschaft. Die Stewardessen begegnen Johanna mit einer die übliche Stewardessenfreundlichkeit weit übersteigenden Herzlichkeit. Die meisten Nachbarn schauen lächelnd unser ebenfalls lächelndes Baby an, bis sich beim Start, als Malah ihren Pulli lupft und die Kleine aus Gründen des Druckausgleichs stillend zum Schlucken bewegt, die Blicke so plötzlich wie höflich abwenden.

Als die Flughöhe erreicht ist, schraubt die Stewardess das Bassinett an die Wand vor uns. Johanna verschläft den halben Flug in dem Hängebettchen, kein Geschrei, kein Weinen, keine Panik. Wir sind derweil erleichterter als jeder Flugängstliche nach sicherer Landung. Eine erste heikle Aufgabe stellt sich, als Johannas Windel voll ist und wir uns zum schnellen Handeln gezwungen sehen, um die Sympathien der Nachbarn nicht doch noch zu verlieren.

Einst gab es den Spruch über talentierte Fußballer, die andere in einer Telefonzelle ausspielen könnten. Daran muss ich denken, als ich Johanna im Flugzeugklo wickle. Alles andere an diesen beiden unerwartet entspannenden Flügen – Zwischenstopp: Singapur – war ein Kinderspiel.

Das Board Entertainment klärt uns über das Ziel auf: Vor zig Millionen Jahren hat sich Australien von den übrigen Kontinenten geologisch emanzipiert, noch heute wandert es sieben Zentimeter. Das Land hat eine Fläche von mehr als 7.700.000 Quadratkilometern (mehr als die EU und Indien zusammen), es ist das sechstgrößte der Erde. Nur 24 Millionen Menschen leben dort (es gibt etwa doppelt so viele Spanier wie Australier). Das macht 2,8 Einwohner pro Quadratkilometer.

Nur sechs Länder haben ein höheres Bruttoinlandsprodukt pro Kopf, Deutschland gehört nicht dazu (was uns während der Reise noch diverse Male bewusst werden sollte). Zwei Drittel der Australier gehören zur Mittelschicht, das ist die stärkste Quote der Welt. Hauptstadt ist Canberra, Staatsoberhaupt tatsächlich Queen Elizabeth II. (beides ein schlechter Witz, wenn man Australier danach fragt). Auch very british: das Zweikammernsystem mit Unterhaus und Oberhaus sowie der Linksverkehr. Von Westen nach Osten ist Australien 4.000 Kilometer breit, von Norden bis in den tasmanischen Süden 3.700 Kilometer lang. Sechs Bundesstaaten, drei Territorien, sieben Außengebiete. Bei Wahlen auf Bundes- und Bundesstaatsebene besteht Wahlpflicht. Die Landesfarben sind der Gold-Akazie entliehen: Gold und Grün.

Drei Klimazonen machen aus dem Kontinent einen meteorologischen Hamburger: oben der tropische Norden, unten der gemäßigte Süden und dazwischen die große subtropische Mitte. Kolonialisiert wurde das bis dahin 60.000 Jahre lang nur von Aborigines bewohnte Land, als am 23. April 1770 der britische Kapitän James Cook die Ostküste erreichte und das Land als New South Wales deklarierte (neun Jahre, bevor er am Strand von Hawaii von Einheimischen zerhackt wurde).

Es ruckelt. Flug SQ245 ist sicher in Brisbane gelandet. Hello again.

Wir haben das größte Taxi genommen, das wir am Flughafen finden konnten, und lassen uns zum Hotel bringen. Es ist jetzt zehn Uhr abends, neun Stunden später als in München. Johanna liegt in ihrem als Kinderbett getarnten Käfig. Malah und ich, zufrieden mit und geschafft von der Anreise, versuchen ebenfalls zu schlafen. Ich bin entweder so wach, dass ich schon wieder müde bin, oder so müde, dass ich schon wieder wach bin. Immer wieder drifte ich ab in Parallelwelten und kehre doch wieder aufgekratzt zurück ins Hotelzimmer. Einmal schrecke ich hoch, weil mich in einer der anderen Welten ein Mann heftig würgte. Ich frage mich daraufhin zum ersten Mal ernsthaft, ob wir hier das Richtige tun. Ich erahne die Antwort erst am nächsten Morgen, als wir im sonnendurchfluteten Zimmer aufwachen und merken, dass Johanna zum ersten Mal in ihrem Leben eine Nacht durchgeschlafen hat.

Wir spazieren ins Stadtzentrum und hören bald bekannte Musik. Es ist Blasmusik. Brisbane feiert Oktoberfest, mit Plakaten, auf denen Schweinshaxen locken (»*You had me at pork knuckle*«) oder Frauen durch Brezen gucken wie durch Brillen. Auf einer Bühne steht ein Mann in Lederhose und lässt Kinder um ein paar Stühle wandern, während ein anderer die Ziehharmonika spielt. Als diese plötzlich verstummt, setzen sich die Kinder rasch – bis auf eines. Reise nach Jerusalem auf Bayerisch in Australien. Der Ziehharmonikaspieler stellt sich mir später beim Small Talk als Südafrikaner vor. Willkommen im bunten Australien.

Auch Armani gehört zu diesem bunten Australien. Wir treffen ihn im »Seasoned Bakehouse« am Ufer des Brisbane River. Auf seiner Karte stehen ein »Pumpkin Blondie«, ein dünner Kuchen, bedeckt mit weißen Schokoladenstückchen und gefüllt mit Walnüssen und Kürbis (»voll mit Nährstoffen«), ein Karottenkuchen mit Frischkäse-Topping (»ein kraftvoller Antioxidans«, hilft gegen das Altern und beugt Krebs vor). Der Mann weiß seine Kalorienbomben zu verkaufen.

»Ich kam mit fünf Jahren aus Indonesien nach Sydney«, erzählt er, während er an der zischenden Maschine einen Cappuccino zubereitet. Sein Vater arbeitete damals im Hilton. Seit Langem lebe er schon in Brisbane, einer Stadt, die in den vergangenen Jahren zur Eigensanierung gezwungen wurde. »Früher waren hier der Riverwalk und ein Steg«, sagt Armani. »Nach der Flut aber wurde alles begrünt. Unter den neuen Gebäuden hier verlaufen nun Rohre, durch die das Wasser ablaufen kann.« Mit Flut meint Armani die Überschwemmungen in Queensland im Winter

2010/2011, die schlimmsten seit vierzig Jahren. Mindestens 38 Menschen kamen dabei ums Leben.

An den Ausmaßen der Flut sind gleich mal zwei entscheidende Unterschiede zwischen Australien und Europa festzumachen: Dass drei Viertel des Bundesstaates Queensland von der Überschwemmung betroffen waren, heißt in australischen Dimensionen, dass eine Fläche so groß wie Deutschland und Frankreich zusammen unter Wasser stand. Und als dieses Wasser wieder zurückging, blieben nicht nur Ruinen und Trümmer zurück, sondern auch von den Fluten mitgerissene Schlangen und Krokodile.

Mittlerweile hat sich die Uferpromenade Brisbanes wieder herausgeputzt, und von Reptilien ist nichts zu sehen. Aber was, wenn das Wasser wiederkommt? »Dann kommt es eben wieder«, sagt Armani, der uns damit gleich an unserem ersten Tag in der Fremde eine wichtige Lektion in gesundem Fatalismus erteilt. Den werden wir auch brauchen in den kommenden zweieinhalb Monaten.

Kapitel 5

Surfers Paradise

Mit jeder Nacht in Queensland wird unser Schlaf berechenbarer und friedlicher, da geht es uns wie den Bewohnern des RTL-Dschungelcamps, das 130 Kilometer südlich von Brisbane aufgezeichnet wird. Nach drei Nächten aber ist es Zeit weiterzuziehen. Ich bestelle mir ein Taxi, um in der Vorstadt unseren reservierten Wagen abzuholen.

Angeblich am Ziel angekommen, schauen der Taxifahrer und ich aus dem Fenster, auf das Navigationsgerät, wieder aus dem Fenster. Die Autovermietung ist nicht zu sehen an der angegebenen Adresse. Das Auto vor dem Gebäude aber passt zur Beschreibung, wie ich sie bei der Buchung im Internet gelesen habe: ein weißer Toyota Hiace, etwa zehn Jahre alt. Ausstattung: ein 55 Liter fassender Kühlschrank, eine 3,3 Kilo schwere Gasflasche für zwei Gaskocher. Ein 20 Liter fassender Wassertank. Eine Mikrowelle. Eine Sitzgarnitur, die zum Doppelbett wird.

Der Campervan hat einfach alles – nur der bestellte Kindersitz ist nicht zu sehen. Ist er so unsichtbar wie zuvor die ganze Autovermietung? »Oh«, sagt der nette ältere Mann, der sich als Vermieter vorstellt, »den Kindersitz haben wir wohl vergessen.« Das sei aber kein Problem. Ich solle einfach einen neuen kaufen und diesen nach unserer Reise im Auto lassen. »So einen«, sagt er und hält mir die Schachtel eines Kindersitzes entgegen: »Babylove Elite« steht darauf. Dann gibt er mir die Schlüssel und lässt mich alleine, so unendlich alleine, mit der Karre.

An einem Samstagmittag mit einem gewöhnungsbedürftigen Campervan im gewöhnungsbedürftigen Linksverkehr ein volles Einkaufszentrum anzufahren, behupt und beschimpft von anderen Autofahrern, anschließend auf dem Parkplatz den gekauften Babysitz auf der Beifahrerseite einzubauen und wieder ins Zentrum zu fahren, um Frau und Kind mit souveräner Miene abzuholen und sicher aus der Stadt zu bringen, ist eine Leistung, für die eigentlich gleich mehrere Orden vergeben werden müssten.

Eine Stunde fahren wir auf dem Pacific Motorway, dieser falschen Schlange von Straße, die mit ihrer Offenheit und Makellosigkeit zum Rasen verführt und doch nur 130 Stundenkilometer zu ertragen behauptet. Wenn die Weite hin und wieder unterbrochen wird, dann von Konsumzonen: Woolworths, hier kein Ramschladen, sondern ein gehobener Supermarkt; Aldi, auch an diesem Ende der Welt unschlagbar billig; Hungry Jack's, der nichts anders ist als Burger King, so allerdings nicht heißen darf, weil sich einst der clevere Besitzer eines Take-away-Ladens in Adelaide den Namen hat sichern lassen.

Das Ortsschild von Surfers Paradise erscheint. Was klingt wie ein Versprechen, ist tatsächlich der Vorort einer Stadt namens Gold Coast, was wohl kein geringeres Versprechen ist. Der Einfachheit halber – Strandmenschen tendieren generell nicht zum

Überkomplexen – haben sie hier gleich zweimal einen Werbeslogan einfach zum Namen befördert. Wenn auf einem Ortsschild nun Surfers Paradise steht, dient dies weniger der Verortung denn der Beschreibung.

Überhaupt sind die Ortsschilder mancher australischer Städte das Verlockendste, was diese zu bieten haben. Touristen steuern manche Käffer nur an, um sich mit den Tafeln zu fotografieren. Die Ursprünge der Namen sind dabei unterschiedlicher Art: Zum einen hatten Aborigines bei der Namensgebung ein Wörtchen mitzureden, etwa bei Uki (»Farn mit essbaren Wurzeln«), das ebenso in New South Wales liegt wie die Bong Bong Road (»Mücken schwirren«) oder das schon ausgefallenere Städtchen Ulladulla (»Sicherer Hafen«), aber sehr weit entfernt ist von einem Hügel in South Australia, der Mamungkukumpurangkuntjunya (»Wo der Teufel pinkelt«) heißt; woanders haben Einwanderer aus nicht englischsprechenden Ländern wie Deutschland ihre Spuren hinterlassen, zum Beispiel in Walhalla oder Melbourne, wo ein Stadtteil Coburg heißt und ein Vorort Heidelberg; wer in dem Ort Nerrin Nerrin in Victoria den Zug besteigt, kommt erst an Pura Pura vorbei und später an Vite Vite, was nicht nur lustig lustig ist, sondern auf das französische Wort für »hurtig« und damit auf ungeduldige Wartende am Bahnsteig zurückzuführen sein soll; daneben gibt es ziemlich dumme Namen wie Yorkeys Knob in Queensland (ein zwingender Fototermin für jeden Yorkey), was Yorkeys Anhöhe heißt, aber auch als Yorkeys Schwanz übersetzt werden kann. Und es gibt sehr clevere wie eben Surfers Paradise.

Wir fahren auf die polierten Hochhäuser zu. Das Miami Australiens, würde ich sagen, würde ich Miami aus eigener Erfahrung kennen und nicht nur aus Fernsehserien. Surfers Paradise wirkt indes genau so: wie die Kulisse einer oberflächlichen, im schlimmsten Sinne glänzenden Serie, für die ein paar gegelte Yuppies auf Koks zu viel Glas und Stahl in den Sand gesetzt haben. Viel Geblinke und Geglitzer, eine Sportwagenburg auf Botox. Zwischen den Palmen, die in der Urbanität aussehen wie Attrappen, tragen die Surfer ihre Bretter herum. Die Sonnenbrillenindustrie muss in diesem Land mächtig sein, womöglich sogar mächtiger als die Tattoo-Branche.

Ich werde kein Fan mehr von dem Ort, aber wenigstens meine Familie soll die Chance haben, Surfers Paradise zu mögen. Bin ich doch heillos befangen, und das liegt an der Geschichte des Sports. Besser gesagt: an meiner Geschichte des Sports.

Es gibt da dieses Bild in meiner Erinnerung. Es taucht immer wieder auf, auch jetzt, da ich am Steuer des Wohnmobils sitze und auf die verchromte Hölle zusteuere: Die Sonne versinkt so glühend rot im Meer, dass man Angst haben muss um die Menschen im Wasser. Nur ihre Silhouetten sind zu sehen, wie sie auf ihren Brettern sitzen und auf die Wellen warten. Die Männer haben ihre Rücken da draußen in die Form griechischer Götterstatuen gepaddelt, die Mädchen ihre Bäuche in flache Ebenen und ihre Bizepse in sanfte Hügel. Von ihren nassen Haaren tropft Salzwasser auf das Wachs der Boards, deren Spitzen stolz nach oben gebogen gen Himmel ragen. Unter ihnen wogt eine ewige und unendliche, schwarze Bühne. Am Ufer sitzen jene, die sich bereits verausgabt, die ihre Kraft für heute der Leidenschaft geopfert haben. Nichts ist zu hören außer dem Weißwasser, wie es auf dem feinen Sand rauscht und sich anschließend wieder rasselnd zurückzieht wie ein demütiger Diener der Berufenen.

Endlich sehen die Zuschauer die nahenden Wellen den Horizont heben. »Surf's up«, wie es hier heißt. Sie sehen die Front sich anschleichen an die Surfer, die sich nun nach vorne legen und erst gemächlich, dann kräftiger dem Ufer entgegenschwimmen. Die Zuschauer sehen die dunkle Walze gierig nach den wagemutigen Menschen greifen, sie halten den Atem an, bis die Helden sich urplötzlich und doch elegant in Position bringen. Sie sehen die Surfer auf ihre Bretter springen und schließlich, wie Herrscher über die Naturgewalten, auf der Welle reiten, als gehöre sie ihnen. Als hätten sie diese Masse und auch ihre Angst gezähmt, als sei dieses Ungetüm Tausende Kilometer entfernt nur auf die Reise geschickt worden, um sie sich auf den letzten Metern als geschmeidiges wie mächtiges Instrument der Menschen untertan zu machen. Am Strand spiegelt sich für einen Moment in den Gläsern der Sonnenbrillen ein atemberaubendes Bild voller Spannung und Schönheit, ein Traum. Surfer's Paradise.

Es fehlt nur eines auf diesem zum Weinen schönen Bild: ich. Auf diesen immer gleichen Bildern, die ich an Marokkos Stränden, an Frankreichs Atlantikküste, auf Bali und an zig australischen Stränden sehe, fehle immer ich. Ich kann nicht surfen und doch zieht es mich immer wieder hin zu den Wellen. Wie ein Analphabet, der in eine Bibliothek geht, um den anderen neidisch

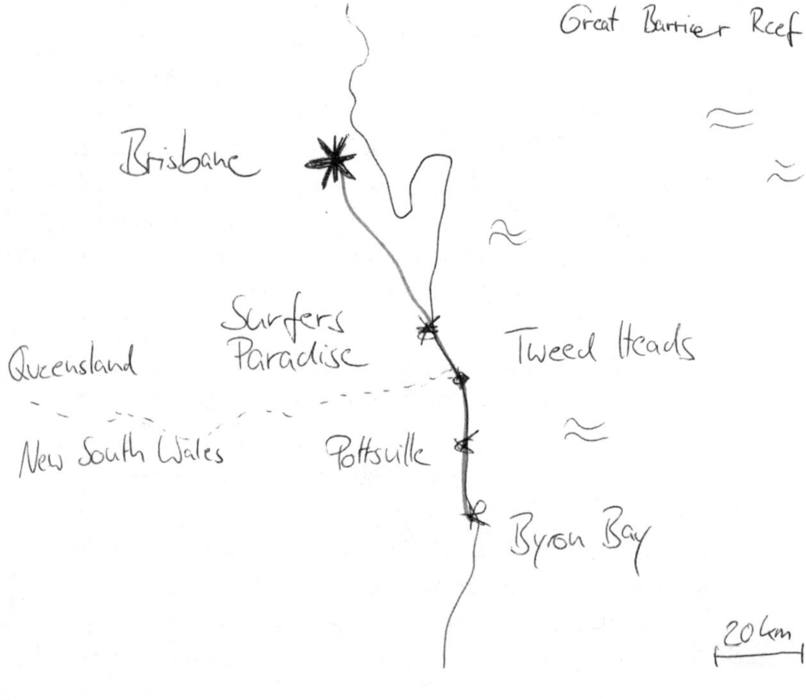

beim Lesen zuzusehen. Nur dass Lesen, und sei es Chinesisch oder Blindenschrift, um einiges leichter zu erlernen ist als Surfen. Zumindest für mich.

Wir stehen an der Ampel am Eingang der Stadt. Die Abendsonne spiegelt sich in den gläsernen Wolkenkratzern. Mir wird klar, dass mich der Teufel Surfen noch oft genug ärgern wird auf dieser Reise. Heute muss ich ihm noch nicht begegnen. Die Ampel wechselt von Rot auf Grün, ich schlage stark nach rechts ein und mache einen U-Turn. Meine Frau fragt nicht nach dem Sinneswandel, sie kennt die ganze meersalzversalzene Geschichte, wahrscheinlich ist sie erleichtert. Und ich rüste mich beim nächsten Tankstopp mit einer Wassersportausrüstung, die meinem Körper und meinem Geist angemessener ist. Gar nicht mal teuer, so ein Angelset.

Kapitel

6

Alan Tucker oder die Suche nach dem lieben Leben

Wie viele andere Reisende wir wohl getroffen haben auf den eigenen Strecken, manchmal nur für einen Augenblick, manchmal für eine richtig gute Zeit? Die allermeisten dieser Begegnungen sind bald vergessen und die Kreuzungen nichts mehr als verblasste Erinnerungen, die Begleiter nur noch Randfiguren in der eigenen Geschichte. Manche Menschen aber bleiben länger im Gedächtnis, selbst wenn wir sie nur einen Vormittag lang trafen. Zuweilen treiben sie uns bei der Weiterreise noch um, selten sogar noch nach der Rückkehr. Einer dieser Menschen ist Alan Tucker, der auf dem Weg war, seine Brieffreundin zu treffen, 51 Jahre nachdem er ihr das letzte Mal geschrieben hatte.

Die Sonne ist nicht mehr zu sehen, aber immer noch allmächtig, als wir auf dem River Retreat Caravan Park in Tweed Heads zwischen dem Wohnmobil einer Gruppe holländischer Backpacker und einem silbernen Pick-up einparken. Hundert Kilometer sind seit Brisbane und 25 Kilometer seit dem Abstecher oder eher Anstecher nach Surfers Paradise vergangen, genug jedenfalls, um sich an die wohlig kühlende Klimaanlage des Campers zu gewöhnen. Wir hüpfen aus dem Wagen auf den trockenen Rasen, sofort perlt der Schweiß auf der Stirn und das Hemd klebt am Körper. Die Rucksacktouristen tragen gerade das Abendgeschirr zu den mückenumtanzten Lichtern des Waschraums, auf der anderen Seite sitzt ein Mann vor seinem Auto, auf einem Klappstuhl, den Teller auf den Schenkeln. In der Dunkelheit sind von ihm nur eine hagere Silhouette und der Umriss eines Vollbartes zu sehen.

Er sieht uns am Stromkasten hantieren, wir grüßen einander. Als er bemerkt, dass wir unerfahren und noch dazu ungeschickt in diesen Dingen sind, hilft er uns behände. Wir seien nur eine Nacht hier, auf dem Weg nach Süden, die Ostküste entlang, erzählen wir ihm. Er sagt, er sei zum Angeln da. Er habe Zeit. Auf sein Auto ist ein Boot gespannt. Eine Angel hätten wir uns auch schon besorgt, entgegnen wir, erleichtert über ein gemeinsames Thema. Er lässt sich die Ausrüstung zeigen, es ist ein enttäuschend kleines, eingeschweißtes Kompaktangebot vom Supermarkt. Die Hakengröße, sagt er stolz, bevor er mit einem breiten Akzent »*Good Night*« wünscht, sei viel zu klein für die hiesigen Fische.

Als wir am nächsten Morgen aus dem Camper in die frühe Hitze steigen, sitzt der Bärtige bereits auf seinem blauen Stuhl, den Teller auf den Knien. Er grüßt, steht auf, kramt in seinem Auto und kommt auf uns zu. In der Hand hält er einen großen Angelhaken. Wir bedanken uns und bieten ihm einen Kaffee an. Er setzt sich zu uns und erzählt nach ein, zwei gewöhnlichen Fragen eine außergewöhnliche Geschichte über das Land, das Leben und den Tod.

Wenn ein Mann wie Alan Tucker von seiner Reise berichtet, beginnt er nicht damit, wo sie enden soll, sondern wo sie begonnen hat. Und auch als er von sich selbst erzählt, beschreibt er zuallererst seine Heimat. 1944 wurde er in Broken Hill geboren, dort lebt er mit seiner Frau Barb, die er dort 1965 geheiratet hat, und dort ist er vor sechs Wochen auch zu dieser Reise aufgebrochen, alleine.

Broken Hill liegt am westlichen Ende von New South Wales. Die Stadt im roten Outback wurde erst zu einer Stadt, als sich Ende des 19. Jahrhunderts genügend Bergmänner und Glücksritter am Ort niedergelassen hatten, um die Siedlung Stadt nennen zu können. Erst hatten sie Gold, später Blei, Silber, Zink gefunden und immer mehr Leute waren dem ehernen Lockruf gefolgt, Aufbau durch Abbau. Die Stadt benannten die Bergmänner nach einer Gruppe Hügel, die wirkten, als wären sie die zerborstenen Teile eines einzelnen großen. »Die Silberstadt«, »Die Hauptstadt des Outback« und »Die Oase des Westens« wurde die Stadt auch genannt. Alan Tucker sagt einfach: »The Hill«.

Nicht nur grenzt sich »The Hill« mit einem Zaun von der Wüste und ihren Dingos ab, er liegt tatsächlich so isoliert im Nichts, dass ihn nicht einmal die Zeitzone mit dem Rest des Bundesstaates verbindet – weil die Stadt einst zwar eine Zugverbindung ins südwestlich gelegene Adelaide, die Hauptstadt South Australias hatte, aber keine ins östlich gelegene Sydney, in die Hauptstadt des eigenen Bundesstaates, wurde sie einfach der Zeitzone der Nachbarn zugeordnet. Ausgerechnet in Broken Hill, dem verschlafenen Ort mit heute nicht mal mehr 20.000 Bewohnern, ist es immer eine halbe Stunde früher als im Rest von New South Wales.

Bergbau ist in Australien kein Wirtschaftszweig, sondern ein Wirtschaftsstamm, wenn es so etwas geben würde. Die Ökonomie wird getragen vom Export von Nickel, Bauxit, Aluminium, Kupfer, Ölschiefer, Siliziumdioxid, Uran, Diamanten, Opalen, Zink und vielen anderen Mineralen und Rohstoffen. Auch ist Australien der weltgrößte Exporteur von Kohle. Die größten Abnehmer der Bergbauindustrie sind in Asien zu Hause; China etwa ist einer der Premiumkunden. Oder wie Alan klagt: »Die kaufen uns leer.«

Wie wichtig die Branche für die ganze Nation ist, zeigte sich während der Weltwirtschaftskrise der vergangenen Jahre: Einzig die einträglichen Minen in Western Australia und im Northern Territory bewahrten das Land vor einem ökonomischen Einbruch. In Australien ist die These der *Two-Speed Economy* berüchtigt: Die Bundesstaaten mit Minen wachsen schnell und ziehen den Dollarkurs nach oben, während die rohstoffarmen Bundesstaaten mit der Rezession kämpfen – auch weil ihnen der hohe Dollarkurs zu schaffen macht.

Weil die Minenbesitzer die heimische Wirtschaft so massiv stärken und Arbeitsplätze garantieren, werden sie von konservativen Politikern fast demütig hofiert. Dass der Abbau der Umwelt schadet, dass die Ressourcen endlich sind und dass viele Minen sich an so unwirtlichen Orten befinden, dass die Arbeiter täglich ein- und wieder ausgeflogen werden – das alles verdrängen oder schönreden zu können ist eines der herausragendsten Talente australischer Regierungen.

Auch in Broken Hill wurden die Namen gebenden Hügel immer flacher und der Bleigehalt in der Luft immer gefährlicher, als Alan Tucker hier ein Mädchen aus Sydney traf. Er war 18 und schon ein ausgebildeter Zimmermann, sie hieß, als dies noch ein unschuldiger Vorname war, Pam. Ihre Schulklasse machte einen Ausflug in die Bergbauregion, und als sie Alans Heimat wieder verließ, waren beide Brieffreunde. Sie schrieben sich ein paar Mal, und er besuchte sie sogar ein Jahr später in Sydney. Als Alan für drei Jahre nach Adelaide zog und sein altes Leben erst mal hinter sich ließ, brach der Kontakt ab. Und doch ist er nun auf dem langen Weg zu ihr.

Alan erzählt ruhig, aber ohne große Pausen. Seinen weißen Bart krault er dabei nicht. Den sei er nicht gewöhnt, er habe ihn

Alan Tucker

sich erst für die Reise wachsen lassen, sagt er. Normalerweise habe er nur einen Schnauzer. Er geht zum Auto und holt seinen Ausweis. Das Schnauzer-Foto darauf ist ein paar Jahre alt. Auf dem Bild ist ein anderer Mensch zu sehen.

Seine Arbeit in der Mine begann 1965, als er damals aus Adelaide in die Straßen Broken Hills zurückgekehrt war, die in die Pampa geteert worden waren wie die Linien eines Schachbrettes. In den 70er-Jahren hätten dort 6.000 Leute geschuftet, in den Achtzigern sei die große Krise über die Industrie und damit die Stadt hereingebrochen. Heute arbeiteten dort nur noch 600 Leute, sagt Alan. Die Jugend zieht weg. Und heute gehören die Minen – bei Alan hört sich dieses Fazit wie das Eingeständnis einer Niederlage an – den Chinesen.

Früher sei in seiner Heimat so vieles besser gewesen, auch in der Politik, sagt er. Er engagiere sich in der Lokalpolitik, sagt Alan, er sei bekannt als *The Mouth of the South*. Seine politische Richtung? Er sei jedenfalls sicher kein *Greenie*, keiner der Umweltschützer, die den Minen zu schaffen machten und noch dazu gegen statt mit oder für Waffen kämpften. Meine Verwunderung über die Vernachlässigung der solaren Möglichkeiten bringe ich nicht zur Sprache. Dies ist keine Diskussion, sondern ein Bericht vom Leben. Alan trägt ein dunkelblaues Poloshirt mit dem Emblem der Country Rugby League und dem Schriftzug »Education«, eine beige Shorts und Sandalen. Die Lesebrille hängt im Kragen, am rechten Mittelfinger trägt er einen Ring. Die Haut ist gegerbt wie altes Leder.

Sogar sein eigener Sohn, der als Elektriker in der Mine gearbeitet hat, ist inzwischen weggezogen aus der Stadt, in der doch bereits Alan Tuckers Großvater gelebt hatte. James Andrew Patterson hieß der Mann. James Patterson war ein begeisterter Patriot, als Australien 1914 in den Ersten Weltkrieg eintrat. Man kennt die Geschichten aus Museen und Reiseführern: Das Land hatte den verbündeten Briten unter anderem zugesagt, vier ihrer 23 Australian Light-Horse-Regimente zu schicken, 2.000 Soldaten auf Pferden also. Sie wurden auf die türkische Halbinsel geschickt, deren Name heute noch landesweit für die Kriegserfahrung der Australier steht: Gallipoli.

Der 25. April, der Tag, an dem die Entente-Truppen – das Vereinigte Königreich, Frankreich und Russland – 1915 auf der Halbinsel landeten, wird noch heute in Australien (und auch in Neuseeland und Tonga und auf den Cook Islands und auf Samoa) als ANZAC Day mit Paraden und, natürlich, Football-Spielen begangen. ANZAC steht dabei für *Australian and New Zealand Army Corps*. Ziel war es, von Gallipoli aus die osmanische Hauptstadt Konstantinopel zu erobern. Das Vorhaben scheiterte, und am Ende waren von den mehr als 800.000 Soldaten der beiden Seiten mehr als 100.000 tot und mehr als eine Viertelmillion verwundet.

Der Einsatz gilt als Blutopfer des jungen Staates, der erst 14 Jahre zuvor unabhängig geworden war. Pazifisten nutzen den ANZAC Day und seine Paraden, um gegen den Krieg und seine Verherrlichung zu demonstrieren. Patrioten wiederum entdecken in der Schlacht von Gallipoli gleich den Gründungsmythos der Nation. Der australische Historiker Martin Crotty sagt, Gallipoli sei eine fast biblische Erschaffungsgeschichte, ein nationales Pendant zum Buch Genesis. Weil es eine heldenhaftere Geschichte bietet als die Ankunft der *First Fleet* 1788 und die folgende Zerstörung der indigenen Kultur. Und sicherlich biete es vielen Australiern einen packenderen Gründungsmythos der eigenen Nation als die leblosen Verhandlungen, die aus einer Gruppe Kolonien 1901 ein vereintes Land machten. Wie man es nun auch hält mit dem Krieg – wie bedeutend die Erinnerung an ihn ist, zeigt schon der populäre Platz, den das Schlachtfeld immer noch täglich in den Zeitungen einnimmt: Wer in den australischen Blättern nach dem Wetter in Europa sucht, findet jedenfalls neben den voraussichtlichen Temperaturen in Berlin, Paris und London auch die in Gallipoli.

Und wie erlebte James Patterson in Broken Hill den Kriegseintritt seines Landes? Tatsächlich trug sich, während die ANZAC-Soldaten Tausende Kilometer entfernt in der Ferne kämpften, ausgerechnet in der Stadt im Nichts die einzige in der

Geschichte registrierte kriegerische Handlung innerhalb Australiens zu. Die Geschichte klingt heute, mehr als einhundert Jahre später, in Teilen seltsam vertraut.

Am 1. Januar 1915 beschossen der Eisverkäufer Badsha Mahommed Gool und der Metzger und Imam Mullah Abdullah einen Zug, in dem sich 1.200 Einheimische in 40 offenen Waggons zum traditionellen mobilen Neujahrspicknick trafen. 20 bis 30 Mal feuerten sie in die Menge, die zunächst dachte, die Schüsse wären zur Feier des Tages abgegeben worden. Zwei Menschen starben, sechs wurden verletzt. Die Täter töteten auf ihrer Flucht eine weitere Person und verschanzten sich schließlich hinter Felsen. Der folgende Schusswechsel zwischen der Polizei und den beiden hielt den 69 Jahre alten Bewohner von Broken Hill, James Craig, nicht davon ab, nur 500 Meter vom Geschehen entfernt Holz zu hacken. Er starb durch eine verirrte Kugel. Ebenfalls im Schusswechsel starb Abdullah, der verletzte Gool versuchte sich zu ergeben. Doch das weiße Tuch, das er an sein Gewehr gebunden hatte, hielt die Polizei und die bewaffneten Bürger nicht davon ab, ihn niederzuschießen. 16 Wunden trug er am Ende davon. In seinem Gürtel wurde ein Brief gefunden, in dem sich der Paschtune auf den Sultan des Osmanischen Reiches beruft und schrieb: »Ich muss Euch töten und mein Leben meinem Glauben opfern, Allāhu Akbar.« Auch von Abdullah geschriebene Briefe wurden gefunden, in einem beschwert sich der Metzger über die Diskriminierung durch die Briten – er war Tage vor seiner Tat festgenommen worden, weil er zu Hause ein Schaf schlachtete. Halal zu kochen war Muslimen damals praktisch verboten.

Nach der tödlichen Attacke musste die Polizei ein afghanisches Camp vor einem rachsüchtigen Mob schützen. Später änderte sich das Ziel der Wütenden, und die Angriffe richteten sich fortan gegen jene Gruppe, der unterstellt wurde, die Attentäter aufgewiegelt zu haben: die Deutschen. Der örtliche Deutsche Club wurde niedergebrannt, und als die Feuerwehrleute die Flammen zu löschen versuchten, zerschnitten die Angreifer ihnen kurzerhand die Wasserschläuche. Am nächsten Tag entließen die Minenbetreiber in Broken Hill alle *Enemy Aliens*, also alle Angehörigen von Staaten, mit denen die Entente sich im Krieg befand. Sechs Österreicher, vier Deutsche und ein Türke wurden aus der Stadt vertrieben.

Viele Österreicher und Deutsche wurden damals ins Internierungslager Holsworthy in der Nähe Sydneys gebracht. Die Gefangenen waren ohne Prozess inhaftiert worden, ihr Vergehen war ihre Abstammung: Sie stammten im Gros aus der Österreichisch-Ungarischen Monarchie, waren Angestellte deutscher Unternehmen im Land, Besatzungsmitglieder von deutschen Schiffen und Australier mit deutschen Wurzeln.

Holsworthy wuchs während des Krieges zu einer kleinen, überfüllten Stadt mit 4000 bis 5000 Insassen an, die sich aus Frust und Langeweile Cafés, Restaurants und Theater zimmerten und ein Orchester zusammenstellten. Unter den Augen der strengen und brutalen Bewacher (und einer nationalistischen serbischen Knastgang) unterrichteten sich die Gefangenen gegenseitig etwa in Englisch, Fotografie oder Malerei, sie richteten sportliche Wettkämpfe aus und spielten auf der Bühne »Der zerbrochene Krug«. 1929 wurden alle damals 5.414 Gefangenen nach Deutschland verwiesen.

Alan Tuckers Großvater meldete sich ein Jahr nach dem Terror von Broken Hill zum Dienst. Bereits nach einem halben Jahr wurde der damals 19 Jahre alte James Patterson auf eigenen Wunsch wieder entlassen; ein zweiter Versuch, für das Vaterland zu kämpfen, scheiterte an der medizinischen Prüfung. Erst im dritten Anlauf stieß Patterson zum 9th Light Horse Regiment, am Körper einen Ledergürtel mit 90 Patronen, auf dem Kopf den obligatorischen Hut samt Emu-Feder.

Am 16. Oktober 1918 zog James Patterson in den Krieg – sein Regiment allerdings war da längst aus Gallipoli abgezogen. In

Ägypten halfen die Reiter, eine Revolte niederzuschlagen, bevor sie im Juli 1919 wieder nach Australien zurückkehrten. Bis zu seinem Tod nahm Patterson regelmäßig an den Feierlichkeiten zum ANZAC-Tag in Broken Hill teil. Er war Australiens einziger noch lebender WWI-Veteran, bevor er 1989 im Alter von 92 Jahren starb. Den Niedergang seiner Heimatstadt hat er nicht mehr miterleben müssen, seinen Urenkel, den Elektriker, nicht aus der Stadt nach Adelaide ziehen sehen müssen.

Die Stadt selbst wirbt heute um Touristen mit der ehrlichen Selbstbeschreibung: »Broken Hill ist ein lebendes Museum« und »ein Artefakt, das in der Wüste überlebt und darauf wartet, wiederentdeckt zu werden«. Eine der Sehenswürdigkeiten ist ein Denkmal für die Kapelle, die auf der *Titanic* noch spielte, als das Schiff längst dem Untergang geweiht war. Eine Verbindung der Stadt zu den Musikern, die das Denkmal irgendwie rechtfertigen würde, gibt es nicht. Seine Heimat macht es selbst Lokalpatrioten wie Alan Tucker schwer, von ihr zu schwärmen.

Er bittet zum Auto, er wolle uns etwas zeigen, sagt er. Er schlägt die Plane zurück, die die Ladefläche abdeckt. Wir sehen ein meterlanges Krokodil. Mit dem Angst einflößenden Ding aus Stein werde er seine Barb erschrecken, sagt er und lacht. »Nettes Auto«, sagen wir, aber Alan ist damit nicht einverstanden. Es sei neu und zu klein, sagt er. Bis vor Kurzem fuhr er einen Wagen mit Allradantrieb, aber jemand – er konkretisiert: eine Frau – sei mit 70 Stundenkilometern in einen Kreisverkehr gefahren und ihm hinten draufgekracht. Der Nacken habe ihm danach wehgetan. Vier Wochen lang, danach sei es wieder okay gewesen. Zum Arzt sei er natürlich nicht gegangen. Es war nicht sein erster großer Unfall, und gewiss nicht sein folgenreichster.

Alans Karriere im Berg endete zum ersten Mal 1979. In der Zinkmine hatte er einen Unfall, und auf den Röntgenbildern sah seine Wirbelsäule aus wie eine zusammengedrückte Zigarette. Alan drückt mit Daumen und Zeigefinger eine imaginäre Zigarette zusammen. Er rappelte sich wieder auf, aber nach einem weiteren Unfall sieben Jahre später erklagte er sich eine Invalidenrente. Mit seinem Bruder Mervyn baute er nebenbei Kulissen für Werbedrehs. Auch für *XXXX*, wie Alan stolz sagt (kein Porno, sondern eine Biermarke). Später wurde er in New South Wales zum zweiten Vorsitzenden der Vereinigung der »Mining Related Councils«, Schnittstellen zwischen der Bergbauindustrie und den Arbeitern und Bewohnern.

Seine große Reise nun begann eigentlich schon vor zwei Jahren. Die Ärzte diagnostizierten damals bei Alan Tucker einen bösartigen Tumor an der Prostata. Die Bestrahlung schlug an, Alan war bald geheilt. Aber er wusste nichts mehr anzufangen mit sich und seinem Leben.

Vergangenes Jahr starb auch noch seine Mutter. Alan und seine Schwester räumten ihr Haus aus, wobei sie auf mehrere Bündel Briefe stießen. Der Absender war bei allen eine alte Bekannte: Pam.

Alan hatte keinen Schimmer, was hier vor sich gegangen sein könnte. Er ging der Geschichte nach und stieß auf ein jahrzehntelang von seiner Mutter gehütetes Geheimnis: Als er damals nach Adelaide gezogen war, kam demnach noch ein Brief von Pam. Seine Mutter beantwortete ihn, und Pam schrieb wieder zurück. »Ich habe keine Ahnung, warum mir meine Mutter nie davon erzählt hat«, sagt Alan, der eigenen Erzählung gegenüber immer noch ungläubig. Aus der kurzen Brieffreundschaft zwischen einem jungen Mann und einem Mädchen aus Sydney wurde eine sehr, sehr lange zwischen seiner Mutter und einer Frau, die irgendwann hier an die Ostküste, nach Stuarts Point zog.

Alan fand über einige telefonische Umwege Pams Nummer heraus. Er rief sie an, um ihr von dem Tod ihrer Brieffreundin zu berichten. Sie war überrascht von dem Anruf und traurig über seinen Inhalt. Alan erzählte von seinen zwei Kindern und vier Enkeln, aber die kannte Pam schon von seiner Mutter. Sie wusste so viel über ihn, er nichts über sie. Er wollte sie noch mal kennenlernen. Nach dem Telefonat entschloss sich Alan, Pam zu besuchen. Ihr Bescheid zu geben unterließ er freilich.

Vor sechs Wochen packte er sein Angelzeug, schnallte sein Boot auf das neue Auto und schaute sich im Fernsehen noch die Niederlage seiner Essendon Bombers gegen Richmond an. Die beiden Teams spielen *Australian Football*, eine raue Leibesübung der Einheimischen, die auch *Aussie Rules* oder *Footy* heißt. Spieler in kurzen Hosen und ärmelfreien Trikots versuchen dabei, einen eiförmigen Ball über das ellipsenförmige Spielfeld zu bugsieren. Punkte gibt es, wenn der Ball auf der Seite des Gegners mit dem Fuß durch das Tor geschossen wird. Zwischen diesen Versuchen wird der Ball umhergeboxt und herumgekickt, vor allem aber wird so heftig um den Ball gekämpft, dass in den 80 Minuten Spielzeit sicher mehr Körperkontakt zu sehen ist als in einem vergleichbar langen Softporno.

Das Spiel der Bombers war das letzte der regulären Football-Saison, die anstehenden Play-offs interessierten Alan nicht. Obwohl sie eigentlich ein gutes Team waren, durften die Bombers diesmal nicht an den Endausscheidungen teilnehmen, die Mannschaft war von der Liga gesperrt worden. Der Verein mit dem Motto *Whatever it takes* (»Was auch immer dafür nötig ist«) hatte seinen Spielern in der Vorsaison leistungssteigernde Substanzen verabreicht. Alan zeigt seinen Unterarm mit dem Moskito-Tattoo, das er sich nach der Meisterschaft im Jahr 2000 hat stechen lassen. Barb trage das andere Markenzeichen des Teams, ein altes Flugzeug, auf ihren Knöchel tätowiert, sagt Alan, und es klingt nun doch ein wenig nach Heimweh.

Nach dem Spiel brach er schließlich auf zu einer Reise, die ihn in die Vergangenheit und doch auch in die Zukunft führen sollte. Alan Tucker suchte seine Brieffreundin, in der Hoffnung, auf dem Weg wieder zu sich selbst zu finden.

Sein Ziel steuerte Alan in weitem Bogen an. Er fuhr hoch zum Fischen nach Darwin, wo er permanent gegen die Mücken kämpfte (bereits drei Wochen vor Reiseantritt hatte er sich für diesen Kampf gewappnet und Vitamin-B-Tabletten zu schlucken begonnen, auf dass sein Körpergeruch die Viecher vertreibe; außerdem hat er sich einen Insektenschutz aus Babyöl und Haushaltsreinigern (»Dettol«) zusammengemischt, mit dem er sich beim Angeln einreibt). In Cairns besuchte er Barbs Tante Carol, eine Frau mit einst sechzehn Geschwistern, von denen fünfzehn zu dem Zeitpunkt bereits gestorben waren.

Es ist Mittag geworden in Tweed Heads, die Sonne knallt auf Alans schütter behaarten Kopf. Er ist keine 400 Kilometer mehr von Pams Wohnort Stuarts Point entfernt. In viereinhalb Stunden wäre die Strecke zu schaffen. Aber Alan will jetzt erst mal angeln gehen. Er hat Zeit.

Kapitel 7

... sind die Fische im Wasser und selten an Land

Während wir unser Zeug zusammenpacken, bereitet Alan sich und seine Ausrüstung darauf vor, im örtlichen Fluss, dem Tweed River, zu fischen. Der Fluss ist dafür laut Prospekt eines örtlichen Bootsverleihs exzellent geeignet. »Wir stellen Ihnen alles zur Verfügung, damit Sie einen großartigen Angeltag genießen können, ob Sie nun ein Amateur oder ein Profi sind«, heißt es weiter. Alan und ich dürfen uns somit gleichermaßen angesprochen fühlen.

Das Angeln ist laut einer (womöglich nicht ganz unabhängigen) Studie der *Australian Recreational Fishing Foundation* der Australier beliebteste Freizeitbeschäftigung. Allein hier in New South Wales gab es 2012 mehr als 750.000 erwachsene und mehr als 130.000 minderjährige Angler, insgesamt haben sie ihr Hobby mit 1,62 Milliarden Dollar finanziert. Das sind etwa 1,1 Milliarden

Euro. Das Geld fließt sichtbar in Ausrüstungen, mit denen man Kriege gewinnen könnte, und zwar nicht nur gegen Fische. Das Angeln hier ist auch ohne Hightech ein Traum, von den 33.100 weltweit bekannten Fischarten sind in Australien immerhin 5.000 zu finden, ein Viertel davon ist sogar ausschließlich hier zu suchen.

Keineswegs hier heimisch ist allerdings ein alter Bekannter: der Kormoran. Der fischfressende Vogel macht sich in Australien genauso Feinde wie in Bayern, er ist ein global agierender Unsympath. In New South Wales gab es bis 1919 sogar ein Kopfgeld auf Kormorane. 44.000 der fischfressenden Tiere wurden damals getötet, bis man einsah, dass die Kormoranbestände kaum litten – es wanderten einfach mehr Vögel in das Land ein – und sich somit die Fischbestände kaum erholten.

Alan hätte wohl kein Problem damit gehabt, die Vögel abzuknallen. Er ist noch mit einer Waffe aufgewachsen, hat er erzählt, er hatte Hasen und Enten gejagt, ohne jemals Ärger zu bekommen. Jetzt müsse er all seine Gewehre registrieren lassen. Lizenzen, Lizenzen, Lizenzen. Er glaube nicht, dass sein Enkel jemals in seinem Leben ein Gewehr abfeuern werde, sagte er sichtlich bedrückt.

Im Tweed River findet er nun zum Beispiel die Meerbrasse *Acanthopagrus australis*, die bei Anglern wegen ihres unermüdlichen Kampfgeistes beliebt ist; oder den *Portunus pelagicus*, eine vorzüglich schmeckende blaue Schwimmkrabbe; oder den *Pomatomus saltatrix*, ein Blaubarsch, der bis zu 14 Kilo schwer werden kann und von dem es in Lutz Fehlings *Natur-Reiseführer Australien* heißt: »Der Schwarmfisch ist aggressiv und schnell. Jagt an der Wasseroberfläche wie ein Wolfsrudel andere Schwarmfische: trennt einen Teil des Schwarms ab, treibt diese Fische in seichte Gewässer und schneidet ihnen den Rückzug ab. Hinterlässt oft ein wahres Schlachtfeld.« Und: »Tötet selbst dann noch, wenn er satt ist.« Den australischen Namen *Tailor* hat er übrigens wegen seines »messerscharfen Gebisses, das Beutefische regelrecht zerkleinert«. Will man mit so einem Fisch Mitleid haben, wenn er an der Angel baumelt?

Die wissenschaftlichen Namen interessieren in New South Wales freilich keine *Sus scrofa domestica* (Sau). Hier fischt man einfach, die Lizenz dafür kostet für das ganze Jahr gerade mal 35 Dollar.

Mich hat das Angeln lange Zeit gar nicht interessiert, ich verband damit immer Biederkeit, Brutalität und Gedärm. Erst auf meiner großen Reise hat es mich damals gepackt, allerdings nicht in Australien, sondern während eines Urlaubs vom Urlaub in Neuseeland. Dort traf ich Freunde aus der Heimat, und einer von ihnen kannte einen deutschen Auswanderer, bei dem wir einige Nächte schlafen durften. Nicht nur braute der sein eigenes Bier und war auch sonst recht eigen, er war auch sehr nett und nahm uns einmal mit auf sein Boot. Wir fuhren aufs Meer hinaus, und mehr aus Gruppenzwang denn aus Interesse nahm ich eine der vielen bootseigenen Ruten in die Hand.

Wir lagen auf dem endlosen Meer, über uns schien die allmächtige Sonne, unter uns spukte das große Unbekannte, und diese Konstellation drängte uns kleinen Lebewesen zwischen diesen Naturgewalten Demut auf. Zum Glück gab es in dieser Konstellation noch kleinere Lebewesen als uns.

Niemand ist gefeit vor der Erregung beim ersten Zucken der Angel, selbst pazifistische Gutmenschen sind nach solchen Epiphanien zu durchaus begabten Schlachtern geworden. Es war damals nur ein kleines Ruckeln, eine kaum spürbare Bewegung, aber doch ein eindeutiges Zeichen von unten, das in diesem einen Augenblick freilich auch ein Zeichen von ganz oben war, wenn man nur wollte. Und ich wollte, kein Zweifel. Und selbst wenn es einen Zweifel gegeben hätte, wäre nun die falsche Zeit zum Zaudern gewesen: Sofort musste die Rute, die zuvor eine scheinbare Ewigkeit regungslos in der Hand gelegen hatte, während ich stumm auf die Angelspitze starrte und mit den Fingern auf Bewegung hoffend die Schnur touchierte, mit einem Ruck hochgerissen werden. Klitzeklein war das Zeitfenster, das die Natur in diesem raren Moment anbot. Hatte sich der Haken nun im Fisch verfangen, kämpfte der um sein Leben, wollte flüchten und konnte doch nicht weg. Ich zog ihn so ungeduldig und gierig heraus, dass dem Tier keine Zeit zum Druckausgleich blieb und ihm an der Luft die gedehnte Fischblase aus dem Maul herausquoll. Im Boot schlugen wir ihm auf den Kopf, zerschnitten ihm die Kehle und warfen das noch zitternde tote Tier in den Eimer. Der Fang mundete später vorzüglich. Gegen das latent schlechte Gewissen half das selbst gebraute Bier.

Ziemlich wahrscheinlich bin ich heute selber so gerne beim Angeln, weil ich Vater eines kleinen Kindes bin. Unbewusst möchte ich wohl Familienernährer sein und mit einem großen Fisch auf der Schulter heim in die Höhle kommen; bewusst will ich dabei die Ruhe, die man in der Gegenwart einer kleinen Tochter nie hat. Es gibt wohl nur eine Gattung Mensch, die Angler noch mehr stört bei ihrem yogahaften Eskapismus als kleine Kinder: andere Angler. Zumal, wenn der eine Profi mit eigenem Boot ist und der andere ein Amateur, der nicht einmal die richtigen Haken dabeihat.

So lassen wir Alan in Ruhe fischen. Wir fahren los, ein letztes Winken. Alan winkt zurück, nach der ersten Kurve verschwindet er im Rückspiegel.

Kapitel 8

Sonne, liebe Sonne

35 Kilometer südlich von Tweed Heads verlassen wir den Pacific Motorway M1. Eigentlich wollen wir nur eine Pause machen, doch fühlen wir uns im kleinen Pottsville zu wohl, als dass wir sofort weiterfahren. Süßes Provinzbehagen. Wir sind absolut frei, mit dem Campervan stehen zu bleiben, wo wir wollen (solange es dort Windeln, Babybrei, Schatten, fließendes Wasser und zur Sicherheit Handyempfang gibt). Dass hier der Mooball Creek fließt, ein kleiner Fluss, in dem es laut *Fishing Monthly Magazine* Wittlinge, Brachsen und Barsche gibt und an dem selbst »junge Angler nicht lange auf einen Biss warten müssen«, nährt die Entscheidung noch.

Wir parken auf einem der betonierten Stellplätze des Pottsville South Holiday Park, vor uns ein nabelhoher Maschendrahtzaun, der uns vor dem Mooball Creek oder den Mooball Creek vor uns schützen soll. Hinter uns ist die obligatorische Großküche, mit Spülen, Gasherden und Grillplätzen. Der Grill, wie er hier und in zahlreichen Parks des Landes steht, gehört zu einer der wichtigsten kulturellen Errungenschaften des Landes. Natürlich haben viele Australier auch zu Hause einen eigenen Grill; der öffentliche aber ist mindestens genauso wichtig.

Seine Benutzung ist oft kostenlos. Auf seinem gemauerten Firmament liegt eine quadratische, flache Metallwanne, die auf Knopfdruck heiß wird und erst nach einer Viertelstunde wieder erkaltet. In der Mitte dieser Platte ist ein kleines Loch. Hinein fließen überschüssiges Öl und Fett und der schwarze Schmutz, den die stolzen Griller nach ihrem Auftritt in einer Art meditativem Putzakt mit einem Schaber in die Plattenmitte schieben. Dort verschwindet er einfach im Loch. Nur der Teufel (und der arme Campingplatzangestellte oder Gemeindemitarbeiter) weiß, wo die Brühe landet.

Die Grills sind immer in der Nähe und einfach zu bedienen, und sie sind makellos – sie sind den hungrigen Erwachsenen, was die Brust meiner Frau unserem Kind ist. Ein australischer Ausflug ins Grüne oder in einen Nationalpark bekommt dann auch stets eine instinktgetriebene Note, sobald einer dieser kleinen BBQ-Tempel entdeckt ist: Fleisch, Hitze, Essen. Und Putzen. Die Grills sind meist vorbildlich sauber, das liegt zum einen an den Mitarbeitern der örtlichen Gemeinde, die für die Instandhaltung der Grills zuständig ist, zum anderen an den Benutzern, die mit nahezu deutscher Gründlichkeit darauf achten, dass sie den Grill so verlassen, wie sie ihn gerne vorfinden würden. Unsere Reinigungstücher der Marke »BBQ tough«, mit kleinen Noppen wie bei Baby-Stoppersocken, brauchen wir an den öffentlichen Grillplatten meistens nur nach dem Grillen und selten davor.

Wer nicht kochen kann (so wie ich) und eine kohlenhydratfreie Mahlzeit gebrauchen kann (wieder ich), für den ist Grillen die Empfehlung des Tages. Jedes Tages. Ich mühe mich immer redlich, den vorgefundenen Standardglanz wiederherzustellen. Zumeist scheitere ich, was weder an fehlendem Ehrgeiz noch an den Noppen liegt, sondern an meiner Unfähigkeit zu kochen. Die

Schattenangeln (nicht auf dem Bild: Fische)

zeigt sich selbst beim idiotensicheren Grillen an schwarzen Schlieren verbrannten Öls. Starke Rauchbildung ist ebenfalls ein Problem.

Die australische Vorliebe für das Grillen sollen die Viehzüchter im 19. Jahrhundert begründet haben, die ihr offenes Lagerfeuer als Grill nutzten. Das schöne Wetter ist sicher auch ein Grund für den Erfolg des Draußenkochens. Heute sind die öffentlichen Grills gasbetrieben, was nicht zuletzt an der begründeten Angst der Leute vor Buschfeuern liegt. Glut oder Flammen sind nicht zu sehen, was eigentlich Zweifel wecken sollte an der Bezeichnung »Grillen«. Es sind ja eher große Pfannen, die da mitten im Naturschutzgebiet stehen. Diese Spitzfindigkeit wäre jedoch allzu deutsch.

In der Campingküche in Pottsville sprühe ich nun ein Rib-Eye-Steak und ein Rumpsteak mit Öl aus der Spraydose ein. Ich bin ganz allein in der Küche. Bis Bernice und ihr Sohn kommen, um Salat zu waschen.

Bernice ist Anfang 40, ihr Sohn Remy 16 Monate alt. Bernice ist in vielerlei Hinsicht typisch australisch: Man kommt mit ihr leicht ins Gespräch, sie ist hilfsbereit und sehr freundlich und findet vielleicht deswegen alles, was man ihr berichtet, recht aufregend; sie erzählt routiniert belanglos, doch nicht aus Faulheit oder Unlust, sondern um den Small Talk verantwortungsbewusst vor unangenehmen Pausen zu bewahren und ganz generell eine harmonische Atmosphäre zu schaffen. Zeigt man sich jedoch ehrlich interessiert, etwa am Namen des Kindes, ist sie verblüffend offen. Remy heißt also Remy, weil er in Frankreich gezeugt wurde.

Bernice lebte damals in Europa, genauer gesagt in Irland, weil ihr Mann dort arbeitete. Nach vier Jahren mussten sie allerdings wieder in die Heimat ziehen, die sich als ökonomisch stabiler als Irland erwiesen hat. Von der Wirtschaftskrise, die Europa vor ein paar Jahren erfasst hat, blieb das Land verschont.

Remy wird nun recht unruhig, und Bernice hebt ihn hoch zu sich. So prompt und selbstverständlich hebt sie nun ihre Brust aus dem Oberteil, dass mir keine Zeit bleibt, den Blick höflich und diskret von meiner Gesprächspartnerin abschweifen zu lassen. Zwar starre ich fortan auf mein Grillgut, doch das kurz erfasste Bild ihres schneeweißen Busens, auf dem sich blaue Adern abzeichnen wie ein Flussdelta in der hellen Wüste, kann ich nicht mehr ungesehen machen.

Der Junge ist etwas dunkler als sie. Ich frage Bernice, wie oft sie Remy eincremt. Sie reagiert ertappt. »Eigentlich nie. Die Kinder müssen heute beim Spielen und im Wasser ja ohnehin immer langärmelige Sachen tragen. Und in der Schule dürfen die Kleinen gar nicht erst nach draußen gehen, wenn sie keinen Hut aufhaben«, sagt sie.

Uns stört die Hitze nicht, im Gegenteil. Aber darf man mit einem Baby in so ein Land fliegen?

Wir suchten vor Reiseantritt im Internet nach Beruhigung oder zumindest nach Expertentipps zum Reisen in diesem Land. Die australische Regierung warnt, dass die dünne Haut der Babys besonders anfällig sei für Sonnenbrände und dass diese Verbrennungen im Kindesalter fatale Spätfolgen haben könnten. Es drohten Jahrzehnte später noch maligne Melanome, also Tumore der Pigmentzellen. Vor allem zur Mittagszeit im Sommer sollten Eltern mit dem kleinen Kind erst gar nicht nach draußen gehen.

Andererseits seien die Sonnenstrahlen schon wichtig für die Vitamin-D-Produktion im Babykörper, die wiederum essenziell ist für den Aufbau von Knochen und Muskeln. Fast ein Viertel der Australier leidet unter Vitamin-D-Mangel, viele von ihnen, weil sie sich zu sehr vor der Sonne verstecken. Wie soll man sich da noch auskennen? Als Eltern entscheiden wir uns für das Risiko des Vitaminmangels.

Das unabhängige Institut *Australia Cancer Council* empfiehlt dazu fünf S-Regeln: 1. Slip: So viel Babyhaut wie möglich bedecken, am besten mit Kleidung aus dicht gewebtem Stoff mit möglichst hohem UPF-Wert (ultraviolet protection factor); 15 bedeutet einen guten Schutz, 50 einen exzellenten. 2. Slop: Alle zwei Stunden wasserresistente Sonnencreme mit einem Mindestschutz von 30 auftragen, vor allem im Gesicht, an den Ohren und auf den Handrücken (wir beschränken uns auf seltenes Auftragen an den exponierten Stellen, aus Sorge um die Haut Johannas, nicht um an zugegebenermaßen recht teurer Spezialcreme zu sparen). 3. Slap: Dem Baby einen großen Hut aufsetzen, konkret: »im Eimer- oder Legionär-Stil«. 4. Seek: Schatten aufsuchen. Aber Obacht: Selbst im Auto müssten die Eltern aufpassen – das Glas eines Autofensters halte lediglich 21 Prozent der gefährlichen UVA-Strahlen ab. 5. Slide: Dem Baby eine Sonnenbrille auf das Näschen schieben, und zwar eine richtige und kein Spielzeug.

Sonnenbrillen sind in Australien unverzichtbar. Ich muss mich erst daran gewöhnen, noch assoziiere ich Dauerträger, zumal vor den paradiesischen Kulissen hier, mit Berühmtheiten. Mit Stars, die ihre heiligen Augen vor bürgerlichen Blicken schützen wollen, die ihren Verdruss darüber, sich die Welt mit nahbaren Normalos teilen zu müssen, hinter den dunklen Gläsern verbergen. Ob tatsächlich die Sonne scheint, ist Elton John oder Karl Lagerfeld dabei einerlei. Sonnenbrillenträger sind entweder Geblendete (die meisten Australier) oder Blender (viele Nordeuropäer). Aber ist es nicht unlogisch, sich winters über die Dunkelheit zu beschweren, nur um sich dann frühlings vor den ersten hellen Strahlen zu fürchten? Ich trage eigentlich nie eine Sonnenbrille.

Als ich Bernice von unseren akribischen Vorbereitungen erzähle, lobt sie ehrlich die deutsche Aufgeräumtheit. Ob sie sich nicht längst an diese Maßnahmen gewöhnt habe, frage ich sie. Seit Jahrzehnten sorgt sich die ganze Welt um das Ozonloch und um den Klimawandel, der das Land immer mehr zu einem öffentlichen Grill werden lässt. Da müssten die Australier selbst doch ganz selbstverständlich sensibilisiert sein.

Natürlich, sagt Bernice, müssten die Kinder geschützt werden (dass sie ihren immer noch am Busen hängenden Sohn laut *Australia Cancer Council* beim Stillen nicht mit ausreichend Vitamin D versorgt, verschweige ich). Um sich selbst allerdings mache sie sich wenig Gedanken, »zu wenig«, wie sie schuldbewusst hinterherschiebt. Beim Sonnenschutz sei sie alles andere als konsequent. Hofft sie vielleicht, dass ihr einfach nichts passieren werde, frage ich. Nun, so naiv sei sie nicht, sagt sie, »schließlich musste meiner Mutter und meinem Vater bereits Hautkrebs aus dem Gesicht entfernt werden.« Ich muss an die verdörrte Tomate im Gesicht des Mannes am Café denken. »Aber wir sind eben Outdoor-Leute, es liegt uns einfach nicht, uns schützen zu müssen, wenn wir rausgehen.« Die Freiheit, die Bernice und vielen Landsleuten so wichtig ist, dass sie sie buchstäblich mit ihrer Haut verteidigen, bringt Australien die höchste Hautkrebsrate der Welt ein. Bei den australischen Männern liegen Melanome auf Platz sechs der wahrscheinlichsten Todesarten, bei den Frauen auf Platz zehn.

Nach zwei sonnigen Tagen verlassen wir Pottsville wieder, der Mooball Creek durfte übrigens all seine wunderbaren Fische behalten (nicht, dass ich es nicht versucht hätte). Auf dem Weg nach Süden genießen wir drinnen die Klimaanlage des Campervans und sehen draußen unter der Sonne brutzelnde Landschaften – ein Gemälde der Verschwendung. Erneuerbare Energien machen auf dem sonnigsten Kontinent der Erde nämlich nur etwa 13 Prozent aus (halb so viel wie in Deutschland). Mehr als die Hälfte dieses Anteils stellt Wasserkraft; Solarenergie liegt hinter Wind und Bioenergie abgeschlagen auf dem vierten Platz.

Dabei müsste dieses Land nur so vor Solarenergie strotzen. In Perth scheint die Sonne acht Stunden am Tag, im Sommer sogar elf; in Sydney sind es sieben, in Melbourne noch fünfeinhalb. Dieses Angebot der Natur nicht zu nutzen gleicht einer Umweltsünde, für die die Verantwortlichen zwischen schwarzem Grillschmutz in der Hölle schmoren sollten.

Den Kampf gegen Kohle konnte die australische Sonne nie für sich entscheiden. Zum einen wurde in der entlegenen, für die Stromgewinnung aber idealen Wüste nie die nötige Infrastruktur errichtet, zum anderen bevorzugte die Politik immer den nationalen lukrativen Schatz: die Kohle. Eine Steuer auf die Kohleemissionen wurde 2014 nach zwei Jahren wieder abgeschafft.

Wenigstens haben viele der Gebäude, an denen wir vorbeifahren, spiegelnde Platten auf dem Dach – nur im noch sonnigeren Queensland sind noch mehr Wohnhäuser mit Solarmodulen ausgestattet als hier in New South Wales. Landesübergreifend haben 15 Prozent der Wohnhäuser diese Module auf dem Dach, nirgendwo sonst auf der Welt ist der Anteil so hoch. Die Hausbesitzer versorgen sich selbst mit Strom, der Markt wird dezentralisiert. Die Politik denkt ebenfalls über Alternativen zur schmutzigen Kohleverbrennung nach. Mit der Sonne haben diese Überlegungen allerdings wenig zu tun. Vielmehr wird immer wieder ein Thema aufgewärmt, das in Australien eigentlich ein Tabu ist: die alte Tante Kernenergie. Schließlich ist in den einheimischen Minen fast ein Viertel der weltweiten Uranvorkommen zu finden.

Zusammengefasst könnte man sagen: Die Australier produzieren fleißig Kohlenstoffdioxid (nur Katar und die Vereinigten Arabischen Emirate haben höhere Pro-Kopf-Emissionen); sie beschleunigen damit den Klimawandel und steuern direkt auf die kollektive Selbstverbrennung zu; vor den immer gefährlicher werdenden Sonnenstrahlen, die sie kurioserweise kaum zur Energiegewinnung nutzen, müssten sie sich eigentlich schützen. Tun sie aber nicht. Und wenn sie es tun, dann zu ehrgeizig. Die Lösung für all diese Probleme? Der Atomeinstieg.

Oder erkennen sie doch noch das himmlische Potenzial ihrer Sonne? So oder so: Die Australier erwartet eine strahlende Zukunft.

Teil 3

BYRON BAY – SYDNEY: ERDE

Kapitel 9

Cheer up – chill out

Wir sind auf dem Weg nach Byron Bay, die vierte Station unseres Roadtrips. Eine angenehme Routine hat sich eingestellt, die Abläufe gleichen einander auf eine beruhigende, verlässliche Weise, während die Rollen klar verteilt sind: Malah stillt Johanna morgens, mittags, abends, dazu bekommt die Kleine ab und an einen Fruchtbrei; zwischen den Mahlzeiten schläft das Kind. Malah ist gleichzeitig eine sorgsame Mutter, ein witziger und cleverer Mitreisender, eine formidable Köchin und eine so wunderbare wie wunderschöne Frau (Surfen kann sie aber nicht!). Ich hingegen bin nacheinander sonnenverbrannter Fahrer und Fleisch verbrennender Griller. Die Rollen also sind einigermaßen gerecht verteilt.

Und Johanna? Ist als Passagier die gesamten zweieinhalb Monate über ein unschuldiger Schatz, der sich beim Fahrer wenig be-

Geschobene Klasse in Byron Bay

schwert, kaum schmutzt und sich nur einmal, nach einer arg kurvigen Strecke, übergeben muss.

Eine Stunde Fahrt waren es von Tweed Heads hierher, eine kurze Strecke, wenn man bedenkt, dass sie in eine andere Welt führte. Unsere hiesigen Begegnungen: zierliche Surferinnen, die Steaks ihrer eigenen Dicke verdrücken; ein hängen gebliebener Rastafari, der Laternen abklatscht, eine nach der anderen, wie bei einer Ehrenrunde; ein verwahrloster Aborigine, der von Restaurantgästen weggescheucht wird wie ein hungriger Hund; Wale, die in der maritimen Ferne auf- und abtauchen; ein Mann, gediegen gekleidet, der abends mit einem geöffneten, das Gesicht blau beleuchtenden Laptop durch die Straßen läuft und uns fragt, wie wir seine Visitenkarte finden (ein Herz aus Kreisen und Quadraten, über dem »The Magic of Love« steht – wir finden sie natürlich super); ein stummer Glühwürmchenschwarm auf einem Parkplatz, der sich bei näherem Hinsehen als Party erweist, mit blinkende Kopfhörer tragenden Tanzenden; ein älterer Herr, die Füße in Badesandalen, kurze Hose, eine Jacke über dem karierten Hemd, weißer Vollbart, Brille und Fischerhut, der zwei lädierte Plastikstühle auf den Gehweg gestellt hat und dort nun Handlesen anbietet. Die Stadt ist bunt und verdächtig gut drauf (bis auf den verwahrlosten Aborigine natürlich, die obligatorische Ausnahme im *Happy Australia*). Auf Schildern ist zu lesen: »Cheer up – chill out«.

Byron Bay ist der erste Ort auf dieser Reise, den ich wiedererkennen sollte (womöglich würde sich der Ort auch an mich erinnern, wenn er nicht unter einer Graswolke liegen würde). Hat sich die Stadt in den vergangenen zehn Jahren verändert? Oder meine Wahrnehmung? Ein Blick in den Backpacker-Blog, geschrieben 2003:

Drei Monate Rumreiserei sind vorbei, wobei die letzten vier Wochen eher eine Rumraserei waren. Schön war's trotzdem, aber jetzt bin ich erst mal wieder sesshaft, in Melbourne. Meine Australienerfahrungen waren durchweg positiv, wären da nicht die Preise, aber schließlich wird ja jetzt gearbeitet, ist auch nötig, schließlich hab ich schon die Kohle, die ich zum Geburtstag erwarte, ausgegeben, und zwar bis zu meinem 33. Von den Tieren hier hab ich schon geschwärmt, also alles, was im Wasser lebt, Haustiere und Koalas. Einzig die Kängurus, von denen bin ich bis jetzt etwas enttäuscht. Mein Magen hat dabei die intensivsten Erfahrungen gemacht, bei meinem ersten Erlebnis hat er sich umgedreht, das Vieh lag auf der Straße, blutüberströmt, und hatte keinen Kopf mehr. Mein zweites Känguru war ebenfalls kopflos, nicht ganz so blutig, also eher medium und von Salatgarnitur und Folienkartoffeln umrahmt. Mehr davon. Weitaus verbreiteter waren an meinen besuchten Orten, vor allem in Byron Bay, die Surfer. Sehr beeindruckend, die stehen in aller Herrgottsfrühe auf, reiten die Wellen, dann wirbeln sie mit ihren Duschgelwerbung-Körpern in der Küche rum und brutzeln die deliziösesten Gerichte (während ich mir zum fünften Mal in Folge preiswerte Alibi-Tomatenspaghetti mache, nur um danach mit gutem Gewissen zum teuren Kängurubarbecue zu gehen), singen dabei gut gelaunt gute Gute-Laune-Musik, gehen wieder surfen, lesen interessante Bücher, machen irgendetwas Kreatives und verbringen die Abende cocktailmixend und einander abschleppend. Okay, bisher nicht sonderlich beeindruckend. Aber das Schlimme ist, dass diese Schweinepriester auch noch hilfsbereit, unarrogant und sympathisch sind (dass sie immer grinsen, rechne ich ihnen nicht an, dafür ist wohl die Nachbarschaft zu dem Dörfchen Nimbin schuld, wo exklusiv und explizit Marihuanakonsum geduldet wird). Wenn die, gefragt wohlgemerkt, ihre Geschichten auspacken, verschweig ich meine aufregendsten Sporterfolge lieber (Vize-Niederbayerischer-Meister im Tischtennis. Im Doppel. Mit elf), die sind zu tough für den Martl aus Adlkofen bei Landshut bei München. »München, yes, Munich. Yeah, of course I know the Oktoberfest, but I've never been there. Yeah, we can go there together, when you're in Munich, you can stay in my apartment.« (logo, du Schlawiner, ich kenn dich seit fünf Minuten, du bist mir nicht sonderlich sympathisch, außerdem ist es elf Uhr vormittags und du bist knülle. Da werd ich kaum mit dir zum Saufen gehen und mir danach von dir die Bude vollkotzen lassen) »Just write me an e-mail, when you're in Munich, my address is edmund.stoiber@csu.de. No, ›CSU‹ doesn't stand for ›Germany‹, not yet. It stands for ›Bavaria‹, ›de‹ stands for Germany. Yeah, I know, that's so cool.« Mit den Backpackern hier hab ich's nicht so besonders, das lässt sich nicht verschweigen. Außerdem verbessert sich mein Englisch bei der ganzen Smalltalkerei kaum, deswegen gibt's immer noch Missverständnisse, etwa wenn ich das Essen meiner Gastgeber als »awful« statt als »awesome« bezeichne, oder wenn ich mit einem Türsteher zu diskutieren anfange, weil er mich wegen meiner »thongs« nicht reinlässt (ich dachte, das heißt Tangas, er meinte jedoch meine Flip-Flops). Im Ernst: Trotz der ganzen Motzerei (dieses Laster kann ich nicht ablegen) waren die drei Monate bis auf zwei, drei ernsthafte Durchhänger eine great Zeit.

Für eine *great* Zeit ist Byron Bay immer noch zu haben. Allerdings stechen in diesem Ort, der die Freiheit feiert wie kein anderer, die amüsanten Zeichen der Freiheitseinschränkungen besonders ins Auge. Die Australier nennen ihr Land ob der Vielzahl und Allgegenwart von Verboten und Geboten einen »Nanny-State«. Es gibt hier eine Menge übervorsichtige Gesetze, die das deutsche Rauchverbot in Lokalen in den Schatten stellen. Zigaretten etwa sind in Restaurants nicht nur verboten, sie sind auch ausgesprochen teuer. Die Schachteln aller Marken sehen indes gleich aus, sie haben Schockfotos von verfaulten Zähnen, kaputten Herzmuskeln, sterbenden Lungenkrebspatienten, tumorzerfressenen Zungen. Auch sind die Packungen alle olivgrün – die Regierung gab nicht weniger als sieben Studien in Auftrag, um diese angeblich besonders ekelhafte Farbe zu finden. Der Sieger hieß Pantone 448C. Limettengrün, Weiß, Beige, Dunkelgrau und Senf kamen abgeschlagen auf die hinteren Plätze.

Natürlich regte sich sogleich die australische Oliven-Lobby auf, erfolgreich. So lautet die offizielle Bezeichnung der Farbe nun: »drab dark brown« – trübes Dunkelbraun.

In Bars bis zum Umfallen trinken ist auch verboten – Barkeeper sind angehalten, Besoffene hinauszuwerfen. In der Werbung darf kein Zusammenhang behauptet werden zwischen Alkoholkonsum und sexuellem Erfolg. An öffentlichen Plätzen ist das Trinken von Alkohol verboten. Und Australien ist eines der wenigen Länder dieser Welt, in dem tatsächlich Helmpflicht für Radfahrer besteht.

Ich war auf Partys in Melbourne, auf denen sich meine Mitbewohner abschossen, als gäbe es kein Morgen. Die dichten Freunde anschließend brav einen Helm aufsetzen zu sehen war für einen jungen Deutschen denkbar lustig. Aber natürlich war die Aufmerksamkeit der Polizei das Letzte, was die Leute auf dem Heimweg wollten. Wer mit der Tram nach Hause fuhr, erlebte den *Nanny State* ebenfalls. Dort lagen Flyer aus, die die Besorgnis von Vater Staat (oder in diesem Fall von Mutter Yarra Trams) in bunten Comics zeigten. Überschrift: »Sicher in Trams reisen«. Die Notwendigkeit so einer Broschüre ist erstaunlich, ist das Fahren mit der Tram in Australien doch mit dem in Deutschland zu vergleichen und damit auf den ersten Blick kinder- und idiotensicher. Die Broschüre indes präsentiert die »Fünf goldenen Regeln«.

Winke der Tram, damit sie hält. Gut, dieser Hinweis mag noch sinnvoll erscheinen.

Halte dich während der Fahrt fest.

Stell dich breitbeinig hin: »Schaffe eine solide Basis, indem du deine Füße schulterbreit platzierst«. Und zwar mit dem Gesicht zu den Fenstern.

Setz dich hin, wenn es einen freien Platz gibt. Aber: nicht die Beine übereinanderschlagen – damit man beim Bremsen nicht das Gleichgewicht verliert.

Plane deinen Ausstieg. Bewege dich vor deinem Stopp in Richtung Tür – aber halte dich dabei immer fest.

Am Wategos Beach in Byron Bay manifestiert sich der Regulierungs- und Bevormundungswahn in einem großen Schild mit 18 Warnungen und Verboten. Hier gibt es demnach: Keine Rettungsschwimmer, starke Strömungen, fiese Wellen, seichte Stellen, Objekte knapp unter der Wasseroberfläche, Wellenbruch am Strand, Wasserrohre. Am Strand verboten sind: Fahrzeuge, offenes Feuer,

Alkohol, Zelte, Pferde, Hunde, Katzen, Jetskis, Angeln, Speerfischen sowie Pflanzen pflücken.

Dass Byron Bay als alternatives Mekka bekannt ist, liegt indes an den Surfern, die in den 60er-Jahren hierherkamen, und am 1973 institutionalisierten Aquarius Festival im nahen Nimbin, das ich bereits als Backpacker mied.

Wenn der *Nanny State* seine schützende Hand über seine Einwohner halten will, dann ist Nimbin so etwas wie der Mittelfinger einer ganz, ganz anderen Hand – der Ort ist bekannt fürs öffentliche und ungestrafte Kiffen. In Europa fährt man dafür nach Amsterdam, in Australien trifft man sich in Nimbin. Seit 1993 wird hier das *MardiGrass Festival* gefeiert, eine Art Marihuana-Olympia: Wer schätzt das Gewicht eines Päckchens Gras richtig? Wer schmeißt eine Bong (inklusive stinkendem Bong-Wasser) am weitesten, während er »Free the Weed!« schreit? Dazu kommen Disziplinen im Joint-Rollen: Wer dreht einen Dreiblättrigen am schnellsten? Wer den Schönsten? Wer kann blind drehen?

Wir verzichten auf den Abstecher nach Nimbin. Der lustige Ort und seine Versuchungen wecken wärmende Erinnerungen an die Zeit vor Johanna; der Gedanke, dass Johanna irgendwann an diesem Ort urlauben sollte, lässt uns hingegen frösteln.

Kapitel 10

Gebeutelte Fauna

Von Byron Bay sind es 770 Autokilometer bis nach Sydney, in Deutschland eine Nord-Süd-Querung, in Australien ein Katzensprung. Der Campingplatz in Sydney bietet eine kostenlose *Night Safari* an, um nachtaktive Lebewesen zu entdecken – nicht im Wald oder im Zoo, sondern auf dem Campingplatz. Als Malah Johanna ins Bett, also auf die Matratze des Campers bringt, schleiche ich vorsichtig aus dem Wagen.

Tony, 37, ein Mann in erdfarbener Kleidung, führt über den dunklen Campingplatz und erzählt von den Koalas, die wir hier nicht sehen, weil ihre Lebensräume von den Menschen urbanisiert werden; aus Rache (eigentlich aus Verzweiflung) wandern die Tiere auf Eukalyptusplantagen, was wiederum die Menschen ärgert. Ab und zu schmeißt Tony seine superstarke Taschenlampe an, deren Strahl die Nacht durchschneidet wie ein Dorfdisko-

Scheinwerfer oder ein überdimensionales Lichtschwert, und beleuchtet Äste und Büsche. Von einem Baum leuchten nun die beiden kugelrunden Augen eines *Brushtail Possum*, oder zu Deutsch: Fuchskusus, zurück. Es sieht, je nach Tierliebe, nach einer übergroßen süßen Ratte oder einem fetten Kaninchen mit kleinen Ohren aus. »Das sind nachtaktive Blätterfresser. Die männlichen Tiere schreien viel, aber sie kämpfen selten. Wenn sie ein Weibchen geschwängert haben, dauert es nur etwa zwei Wochen bis zur Geburt der Kleinen. Die bleiben danach vier Monate im Beutel«, so Tony.

In Neuseeland sind die Kusus seit ihrer Einführung durch europäische Siedler im 19. Jahrhundert eine Plage und werden mitverantwortlich gemacht für das Verschwinden des Nationalsymbols, der Kiwis (der flugunfähigen Vögel, nicht der Früchte).

Die Einführung nicht heimischer Arten ist auch in Australien ein Problem, der Bio-Grenzschutz an den Flughäfen ist daher nur verständlich. Tony nennt als Beispiele die giftige Aga-Kröte, deren Ansiedlung ein Missverständnis der ganz besonderen Art war: Die Tiere wurden eigentlich nach Australien gebracht, um dort Schädlinge zu fressen. So sollten die Larven des Zuckerrohrkäfers ausgerottet werden, die sich in die Stängel der Zuckerrohrpflanzen bohren und diese zerstören. In Puerto Rico war die Maßnahme in den 1920er- und 1930er-Jahren bereits äußerst erfolgreich – dachte man zumindest. Tatsächlich gingen die Schäden am Zuckerrohr nicht wegen der hässlichen, gefräßigen, widerstands- und anpassungsfähigen, fast zwei Kilo schweren Kröten zurück, sondern wegen des schlechten Wetters in jenen Jahren. Als der Fehlschluss bemerkt wurde, war die vermeintlich nützliche Aga-Kröte schon in anderen Ländern engagiert. Die Australier hatten ihre Exemplare aus Hawaii.

Bis heute leiden Fauna und Flora unter der Einführung der Kröte nach Australien. Ausgesetzt im nördlichen Queensland im Jahr 1935, erreichte die Population erst New South Wales, dann das Northern Territory und 2010 schließlich Western Australia. Jedes Jahr wächst die Zahl der Tiere um ein Viertel, ihr Verbreitungsgebiet um 60 Kilometer in alle Richtungen. Um noch schneller voranzukommen, haben die Kröten in Australien gar längere Hinterbeine (und manche eine daraus entstandene Arthritis) entwickelt.

Im empfindlichen Ökosystem des Kontinents gibt es kaum Lebewesen, die das Gift der Hautdrüsen der Aga-Kröte vertragen. Dazu kommen die armen Tierarten, denen die Kröten die Nahrung wegfressen.

Die Wissenschaft ist ratlos. Freigesetzte Viren, die die Kröten an ihrer Vermehrung hindern sollen, haben sich auch auf einheimische Amphibien übertragen. Die Universität von Queensland forschte lange an einem Gen, das aus den Weibchen Männchen machen könnte. Zäune wurden gebaut, Dämme errichtet. Die Bevölkerung Australiens greift zu Cricketschlägern oder zu Haushaltsreinigern (»Dettol«), mit denen Alan Tucker die Moskitos bekämpft. Ich persönlich hatte mich einst an der sinnvollen Verwertung von Krötenleichen beteiligt, indem ich mein Geld in einer entsprechenden Ledergeldbörse aufbewahrte.

»Mit den Wildkaninchen ist es ähnlich«, sagt Tony. Kaum zu glauben, dass die Hoppler tatsächlich Australiens animalischer Staatsfeind Nummer eins sind. 1788 kamen sie mit der ersten europäischen Flotte auf die Insel, sie wurden in Käfigen gehalten und schließlich verspeist. Dieses Modell klappte vorzüglich – bis im Oktober 1859 ein britischer Einwanderer namens Thomas Austin Heimweh bekam und im Südosten des Landes 24 Kaninchen freiließ, um sie wie zu Hause zu jagen. Die Tiere vermehrten sich rasend schnell und vertilgten große Teile der Landwirtschaft des Kontinents.

Es dauerte nur zehn Jahre, bis die Population der Kaninchen so enorm gestiegen war, dass selbst die zwei Millionen Exemplare, die jährlich gefangen oder erschossen wurden, keinen Einfluss mehr auf die Allgegenwärtigkeit der gefräßigen Tiere hatten. Weder ein Hunderte Kilometer langer Zaun noch Gift oder Fallen konnten die schnellste je registrierte Ausbreitung eines Säugetiers stoppen.

»Forscher haben sogar Cholera-Versuche auf einer Insel gemacht«, erzählt Tony wie von einem Science-Fiction-Film. Ende des 19. Jahrhunderts zogen sich Wissenschaftler auf Rodd Island auf dem Parramatta River in Sydney zurück, um Versuchskaninchen der Geflügelcholera auszusetzen. Auch dieses Experiment blieb erfolglos.

Ich bin versucht, Tony und den drei anderen Teilnehmern dieser Nachtsafari davon zu berichten, wie man in Deutschland den Hopplern den Garaus macht. Es ist dies die Geschichte vom echten Keinohrhasen. Sie trug sich 2012 in einem Tierpark im sächsischen Limbach-Oberfrohna zu. Eine Laune der Natur wollte es, dass dort im Februar ein Tier geboren wurde, dessen Konstitution biologisch von der gesunden Norm abwich. So etwas passiert leider Gottes zuweilen, und wenn es sich dabei um ein Lama mit Rheuma oder einen hinkenden Uhu handelt, wird auch nicht viel Aufhebens um die Sache gemacht. Das Tier in Limbach-Oberfrohna aber war ein Hase, der ohne Ohren zur Welt kam: das real gewordene, da real geworfene Fabelwesen aus dem Kinoerfolg *Keinohrhasen* von Til Schweiger. Nach Eisbär Knut, dem schielenden Opossum Heidi und Krake Paul dürfte nun also der süße Keinohrhase die Welt erobern: *The cute saxon no-ear-bunny*.

Drei Wochen gab der vorsichtige Zoo dem Hasen Zeit, sich körperlich für seine Karriere zu rüsten, drei Wochen, während derer die Träume der Oberfrohnaturen Zeit hatten zu gedeihen. Endlich wurden die Medien eingeladen. Was dem Tier bei diesem Termin widerfuhr, schilderte dpa so: »Ein Kameramann passte nicht auf und zerquetschte es beim Rückwärtsgehen mit seinen Schuhen.« Purer Wahnsinn. Der *Guardian* schrieb: »German celebrity bunny crushed to death by cameraman – Rabbit born without ears killed by TV crew member just as Saxony zoo prepared it for global fame.«

Was von der Geschichte bleibt? Bittere Ironie. Denn am Ende könnte dem einzigartigen Helden ausgerechnet seine Einzigartigkeit zum Verhängnis geworden sein: Der Keinohrhase hat seinen kameratragenden Widersacher einfach nicht kommen gehört.

In Australien hat schließlich ein absichtlich freigesetzter Virus die Population einigermaßen in den Griff bekommen. Einen solchen Virus wünscht man später den Kakerlaken im Waschbecken am Campingplatz an den Panzer, aber wer einen Atomkrieg überlebt, den haut wohl so schnell nichts um.

Tony hat ein letztes Tier vorzustellen, eine Spezialität des Hauses: die Sydney-Trichternetzspinne. Ihr Verbreitungsgebiet beschränkt sich auf die namensgebende Stadt und deren Umgebung. Die Spinne ist eine Meisterin der Innenarchitektur: Sie lebt in tunnelartigen, mit eben trichterförmigen Netzen ausgekleideten Erdlöchern. Kein Wunder, dass die Weibchen ihre schöne Behausung kaum verlassen. Die Männchen indes wissen, wo sie ihre Gattungspartner finden. Da könne es schon mal vorkommen, sagt Tony, dass die sexuell erregten Tiere bei ihrer Suche einen Schuh mit einem Erdloch verwechseln. »Also: Lasst Eure Schuhe über Nacht nicht vor dem Zelt oder dem Wagen stehen«, sagt Tony. Schließlich war der Biss der Spinne bis 1981, als ein Gegengift entwickelt wurde, für Menschen tödlich. »Vor allem für Kinder ist das Gift aber immer noch sehr gefährlich. Und schmerzhaft«, sagt er noch, bevor wir uns verabschieden.

Ich gehe zurück zum Auto, überprüfe die Schuhe, ziehe die Tür auf, knalle sie wieder zu und lege mich zu Malah und Johanna, die friedlich schlafen. Das zweite Mal auf dieser Reise frage ich mich, ob wir hier das Richtige tun. Ich bilde mir in dieser Nacht ein, dass nicht die Reise nach und in Australien das Ziel dieser Mutprobe ist, sondern das sichere Ankommen daheim.

Kapitel

11

Neuseeland oder: Mein Mut, der hat drei Ecken

Es gibt Angst und es gibt Angst. Früher gehörte Angst zu einem Rucksackurlaub wie, sagen wir, ein Rucksack. Der Kitzel, von dem alle Abenteurer schwärmen? Nur ein anderes Wort für Angst. Die Finanzierung des Urlaubs durch die zu Hause sitzenden Eltern? Nicht gewährt ohne deren Angst, dem Kind könnte etwas zustoßen. Das Wichtigste aber war, dass auf Reisen neue Ängste entdeckt und alte bekämpft werden können.

Dabei wäre die Angstbekämpfung weniger mühsam gewesen, wenn ich mich früher darum gekümmert hätte. So verhält es sich ja mit vielem. Berüchtigt ist das Musikinstrument, das die Alten im Nachhinein gerne schon als Junge erlernt hätten, statt später mit viel zu dicken Fingern mühsam Unterricht zu nehmen (in meinem Fall: das vermaledeite Klavier). Nicht viel anders verhält es sich mit Tanzen, Maschineschreiben, Ordnung, Kraulen, Geschmack oder Fremdsprachen. Das Einzige, was Erwachsene besser lernen als Kinder, ist eben, Angst zu haben. Zu sehen ist das auf Skipisten, wo ganze Skischulklassen unbeschwerter Zwerge an Spätstartern vorbeiflitzen, die erbärmlich langsam durch den Schnee pflügen und vor jeder Kurve an gerissene Bänder und offene Brüche denken.

Es scheint, als würde man für jede Mutprobe, auf die man sich als Kind nicht eingelassen hat, später mit Übervorsicht oder gar einer ausgewachsenen Phobie bestraft werden. In meinem Fall hätte ich damals von der Garage springen sollen, so wie die anderen Kinder im Dorf. Dann hätte ich als Erwachsener auf die als Konfrontationstherapie getarnte Folter verzichten können, die meine Höhenangst kurieren sollte. Hatte Goethe einst das Straßburger Münster erklommen, um seiner Höhenangst Herr zu werden, meldete ich mich für einen profanen Kletterkurs an.

Der erste Versuch führte nicht gleich in die Alpen, sondern an den Schaufelsen im Oberen Donautal, der seinen Minderwertigkeitskomplex gegenüber den echten Bergen mit dem Titel »größter außeralpiner Felsen Deutschlands« zu kaschieren versucht. Meine Kurskollegen scharrten schon ungeduldig mit den schmerzhaft engen Plastikschuhen, die aus jeder noch so massigen Kraxlerhaxe ein Lotusfüßchen machen. Auch ich täuschte vor, den Aufstieg kaum erwarten zu können.

Der Versuch begann tatsächlich vielversprechend: Nach einer durchaus spaßigen Kletterpartie, die ob der ganzen Konzentration auf Seilknoten am Körper und Greifbarem am Felsen ohne Furcht verlief, erreichte ich auf hundert Meter Höhe den Felsvorsprung, der als Treffpunkt der nun ungesicherten Gruppe diente. Hier endete für mich die Höhengaudi – nach einem Blick nach unten stand ich mit dem Rücken an die Felswand gepresst und krallte meine zitternden Finger in ein Büschel dünne Wurzeln, die neben mir aus dem Gestein hingen. Schließlich sah ich mich ausrutschen und den Schaufelsen entlang hinunterfallen – Depersonalisation, also die intensive Vorstellung, aus Versehen in die Tiefe zu stürzen oder, noch unheimlicher, dies unter einem Kontrollverlust bewusst zu tun, heißt das Phänomen in der Fachsprache.

Laut einer Studie leidet jeder fünfte Mitteleuropäer unter Höhenangst, aber dass sie eine Volkskrankheit ist, tröstet in unserer Welt nur bedingt. Denn trotz Volkskrankheit wird das gesellschaftliche Streben nach dem echten, dem nichtmetaphorischen Höheren auf die Spitze getrieben: Architekten entwerfen achthundert Meter hohe Häuser; Fernsehnachrichten kommen kaum mehr ohne die Perspektive von *Google Earth* aus, das die Tatorte grundlos von oben fokussiert; Filme heißen »Oben« und zeigen Höhe auch noch dreidimensional.

Also zweiter Versuch. »Wenn andere aus dem Flugzeug springen, springst du dann auch?« Das hört ein Kind, wenn es blind den Freunden folgt, statt anständig zu kneifen. »So eine Chance kommt nie wieder« – das hörte dieses Kind, als es erwachsen ist und das Kneifen längst verinnerlicht hat. Das Drama trug sich während meiner ersten Australienreise zu, bei meinem Urlaub vom Urlaub mit deutschen Freunden nach Neuseeland (wo ich dem Angeln verfiel). Wir trafen uns in Auckland, kauften uns ein teures Auto, das groß genug war für uns sechs. Es fuhr 80 Kilometer weit. Dann dampfte der Kühler, und ein Mechaniker erklärte es zum Totalschaden. Wir kauften ein weiteres Auto, ein viel billigeres, benannten es nach dem Geschmack des Duftbaums, der vom Rückspiegel baumelte (»Jasmine«) und fuhren damit zum Lake Taupo, einem See, der bekannt ist für seine Fallschirmspringerszene.

Um nicht als Feigling zu gelten, saß ich also in einem furchtbar lauten Kleinflugzeug, trug einen Blaumann*, eine Lederhaube und eine riesige Brille und wurde andauernd von den Mitfliegern genötigt, den erhobenen Daumen als Zeichen der Glückseligkeit zu zeigen.

Wo eine Brille ist, ist auch ein Weg

Nie zuvor hatte ich Flugangst, aber ich bin zuvor ja auch noch nie in ein Flugzeug gestiegen, um aus diesem hinauszuspringen. Als die nötige Höhe erreicht war, wurde ich an die geöffnete Tür gebeten. Wie einen Rucksack bekam ich nun einen sprungerfahrenen Mann umgeschnallt, der wiederum einen Fallschirm umgeschnallt hatte. Ein letztes Foto, gequältes Lächeln. Auf einmal ein Ruck von hinten, und ich flog wie ein Vogel. Wie ein Kiwi.

Luft schoss mir entgegen, aber zu meiner Überraschung hatte ich keine Angst. Der Fallschirm ging auf, und aus dem rasenden Fall wurde sanftes Gleiten. Ohne bedrohlich zu wirken, kam die Mutter Erde näher. Die Landung war ein Kinderspiel, zumindest für mich, da ich nur die Beine anziehen musste. Die Angst schien tatsächlich besiegt. Ein letzter Versuch zwei Wochen später sollte die Furchtlosigkeit bestätigen.

Neuseeland ist ein sehr aufregender Ort, das sah man zuletzt in der Filmtrilogie *Der Hobbit*, einem der vielen Naturepen, die das Land auf den Buckeln hat. Sein wildes und hügeliges Terrain lockt aber nicht nur Regisseure, sondern auch sogenannte Adrenalinjunkies. Das Angebot für Touristen dieser Art wird dementsprechend stark beworben, wer mit dem Auto das Land durchquert, passiert zahlreiche Hinweise auf Rafting, Caving, Jet-Boating, Fallschirmspringen oder Bungee-Jumping. Auf Letzteres sind sie dort besonders stolz, hat doch der Neuseeländer A. J. Hackett die Disziplin 1986 gesellschafts- und geschäftsfähig gemacht, als er auf der Upper Harbour Bridge auf der Nordinsel zum ersten Mal das heute gängige Gummiseil testete. Ein Jahr später stürzte er sich unbeschadet vom Eiffelturm, noch ein Jahr später eröffnete er auf der Kawarau Gorge Suspension Bridge auf der Südinsel die erste kommerzielle Bungee-Anlage.

Dies alles steht im Reiseführer, der sein Geschichtskapitel ja auch irgendwie füllen muss, selbst wenn das beschriebene Land lediglich acht Jahrhunderte Besiedlung vorzuweisen hat. So muss sich mit diesem landestypischen Hobby beschäftigen, wer eigentlich nur für gemütliches Wandern und Fischen Interesse hat. Und je präsenter das abenteuerliche Angebot wird, desto schneller weicht die gesunde Skepsis dem Ehrgeiz, kein feiger Außenseiter sein zu wollen. Schon in seiner Verführungskraft verhält sich dieses Abenteuer wie eine Droge: Wenn auf einer Party alle Umstehenden saufen, kann es dem Abstinenzler leicht passieren, sich in seiner Nüchternheit isoliert zu fühlen. Da lässt man sich hinreißen zur scheinbaren Normalität von ein paar Drinks – und landet am Ende, weil man das Zeug nicht verträgt, total kaputt auf dem Fußboden. Auf das Bungee-Springen übertragen heißt das: Wem zu Hause schon auf dem Balkon im fünften Stock die Knie schlottern, der sollte sich nicht aus 40 Metern kopfüber in die Tiefe stürzen. Weil man, entgegen jeder Vernunft und Wahrscheinlichkeitsrechnung und trotz der Sicherheitsmaßnahmen und Beschwichtigungen der Veranstalter, natürlich Angst hat, dass man auch diesmal total kaputt auf dem Boden landet. Doch genau dieser emotionale Stress ist es, der das Nebennierenmark das erwünschte, weil euphorisierende, Adrenalin ausschütten lässt. Einst hat diese Aktivierung dem Primaten geholfen, all seine Energie auf Flucht oder Kampf zu konzentrieren.

Als wir mit unserer billigen, aber niemals dampfenden »Jasmine« wieder zurück nach Auckland gefahren waren, buchten drei von uns einen Bungee-Sprung von der Harbour Bridge. Bei den freundlichen Helfern in der Brückenmitte angekommen, wurden wir gefragt, wer als Erster springen möchte. Ich meldete mich, um die Sache schnell hinter mich zu bringen. Ein Mann legte mir Fußfesseln um, an denen ein Seil baumelte. Roger Moore soll als James-Bond-Darsteller immer eine Valium und ein Bier geschluckt haben, wenn er in der Höhe zu drehen hatte, aber mir stand der Sinn eher nach Zyankali. Ich spürte nichts von der positiven Aufregung oder einer Lust auf den bevorstehenden Kick, sondern hatte einfach nur Angst. Angst vorm Sterben und Angst, sich vorm Sterben noch in die Hose zu machen. Nein, in die Hosen habe beim Springen noch keiner geschissen, antwortete der Bungee-Mann auf meine Nachfrage. »Doch, einer«, schob er nach und ahnte wahrscheinlich nicht, wie viel zusätzliche Angst er mir damit machte.

Er schickte mich an den Brückenrand. Unten fuhren Boote vorbei, und winzige Menschen winkten mir zu. Unter ihnen wähnte ich den grinsenden Gevatter Tod. Ob ich einfach mit geschlossenen Augen einen Schritt nach vorn machen könne, fragte ich. Nein, Verletzungsgefahr, sagte der Helfer, ich müsse kopfüber springen. »Ich zähle jetzt von der Drei rückwärts, und nach der Eins springst du. Verstanden?«, sagte der Helfer, und noch bevor ich etwas sagen konnte, schrie er: »Dreizwoeins«, und wie auf Knopfdruck sprang ich. Bevor ich mir im Klaren darüber war, was gerade passierte, tauchte ich mit dem Oberkörper ins Wasser. Ich baumelte am Seil, froh, noch am Leben zu sein, und fast noch froher, dass die Jeans noch sauber war. Wieder oben, zitterte ich immer noch, obwohl der Horrortrip doch ausgestanden war. Die beiden Freunde sprangen derweil glücklich schreiend in die Tiefe. Wie ich sie beneidete in diesem Moment. So jauchzen wie die würde ich auch gern: himmelhoch. Aber allein das Wort öffnet ja schon wieder die Angstschweißdrüsen.

Und selbst wenn ich als Rabenvater gelten werde: Irgendwann werde ich Johanna, um ihr ähnliches Leiden zu ersparen, so sanft wie möglich vom Garagendach schubsen.

Kapitel 12

Im Westen nichts Neues (aber Steinaltes)

Dabei ist es ganz einfach, die Angst um das eigene Wohl, das eigene Leben, zu überwinden – man muss nur ein Kind kriegen. Fortan wird man sich nur noch um das Kind sorgen, auf Reisen noch mehr als daheim. Würde mich nach der Nachtsafari am Campingplatz eine Sydney-Trichternetzspinne beißen, wäre meine einzige Sorge, dass Johanna mich schreien hörte und aufwachte.

Als Malah und ich noch kein Kind hatten, also tatsächlich noch Angst um unser denn um ein anderes Leben haben konnten, fuhren wir mit einem Campervan von Perth aus nach Norden, auf der Suche nach Australiens Fauna. Das war kein willkürliches Vorhaben, sondern ein Auftrag für die *Frankfurter Allgemeine Sonntagszeitung*. Einer der beiden geplanten Texte sollte von unserem Besuch bei Capes handeln, einem Aborigine, der einmal ein erfolgreicher Football-Profi gewesen war, bevor ihn eine Verletzung zum Jobwechsel zwang. Nun führte er Touristen über das Land seiner Vorfahren.

Der Arbeitstitel der anderen Reportage lautete: »Auf der Suche nach dem ältesten Lebewesen der Welt«. Im Journalismus zählt nur der Superlativ, weil kein Mensch einen Reisebericht lesen würde, der überschrieben ist mit: »Auf der Suche nach einem recht alten Lebewesen«. Zu unserem Glück lebt das älteste Lebewesen eben im Norden der Westküste Australiens und nicht in Sibirien. Dass sich nun auf der Autofahrt zu diesen Lebewesen auch jüngere zeigten, tödliche und törichte, lustige und tote, das

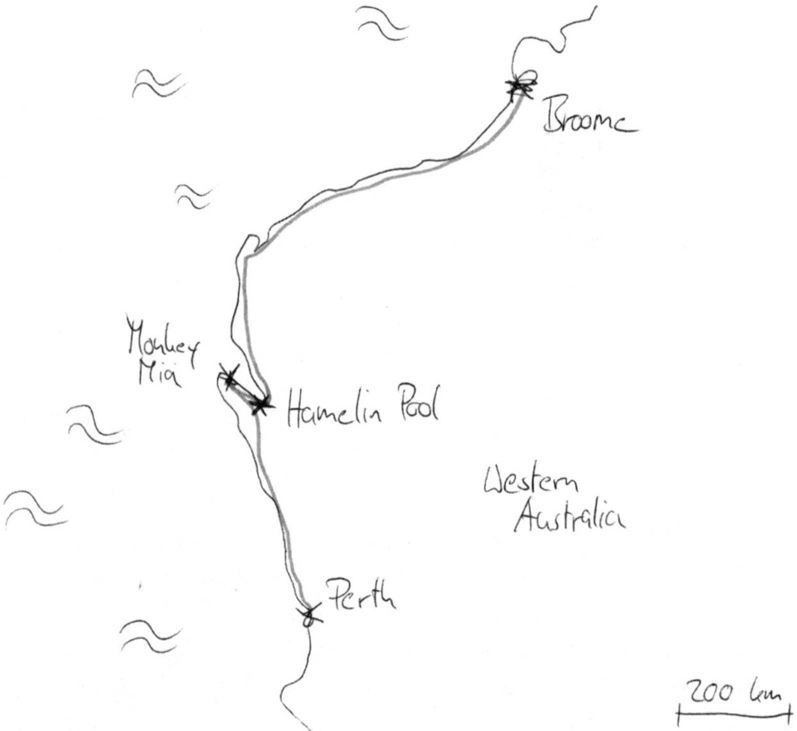

Darren »Capes« Capewell

war ein feiner Zug der Fauna, denn diese Fahrt war eine wahrlich lange.

Lutz Fehlings »Australien-Natur-Reiseführer« versprach uns eine überaus wunderliche Tierwelt in diesem Landesteil: etwa einen fiesen Nachtfalter namens Sackspinner, der im Raupenstadium so giftige Haare hat, dass die Aborigines diese Haare einst den Todgeweihten im Schlaf unter die Nase gehalten hatten, bis sie an einer Halsschwellung erstickten; eine listige Echse namens Dornteufel, die genau so aussieht und im Notfall ihren Kopf zwischen die Beine senken kann, auf dass Feinde nur das Imitat, einen Nackenfortsatz, verletzen können; der echsen- und vogelfressende Metzgervogel, der seine Beute wie ein Fleischer an einer Astgabel aufhängt, bevor er sie zerpickt; die putzige Würfelqualle mit ihren durchsichtigen Tentakeln, deren Gift locker 250 Menschen umbringen könnte; oder Garnelen, die eigentlich recht langweilig sind, aber mit Knoblauch sehr munden; und natürlich die Kängurus, die nicht nur boxen, sondern noch dazu bis zu 80 Kilometer pro Stunde flitzen können.

Als wir losfuhren, zeigte das Thermometer am Straßenrand in Perth 40 Grad Celsius an, und alles war hell, hell, hell. Alle Menschen, denen wir begegneten, trugen Sonnenbrillen, natürlich. Mit ihren großen, runden, dunklen Scheiben über der Nase sahen ihre Gesichter ein wenig aus wie die von Fliegen. Hatte man aber einmal die Stadt Richtung Norden verlassen, sahen wir nicht mehr viele Fliegenmenschen, sondern tatsächlich Kängurus. Sie lagen links und rechts am Straßenrand, einige wie schlafend, andere wie explodiert. Gewundert hat es uns nicht, lautet doch der Untertitel von Fehlings Buch: »Tiere und Pflanzen am touristischen Wegesrand«. Zwischen dem *Road Kill* zeichneten sich schwarze Schlangen ab, es sind die Bremsspuren, die Geschichten von der vergangenen Nacht erzählen – am Tag sind Zusammenstöße von Autos und Kängurus selten, da ruhen die Tiere in dem wenigen Gestrüpp, das in den Wüsten wächst. Sobald die

Western Australia zur Stoßzeit

Dämmerung einsetzt, laufen sie auf die Straßen und bleiben wie schockgefroren stehen, wenn ihnen die Scheinwerfer ins Gesicht leuchten.

In den folgenden Tagen sahen wir bis auf erstaunliche große Insekten keine Tiere, stattdessen präsentierte sich ein fantastisches, also unwirkliches Land, mit Kalksteinstatuen mitten in der Wüste, einem LED-Sternenhimmel, weißen Stränden wie aus Crusoes Tagebuch und tiefen Schluchten zum Schlechtwerden. Aber kein Mensch war zu sehen, wir hatten diesen natürlichen Abenteuerpark für uns alleine. Da geht es dem australischen Westen ähnlich wie dem europäischen Osten: nicht weniger schön als die überlaufenen, klassischen Urlaubsziele des Kontinents, aber rauer und roher, leerer und unschuldiger und wegen seiner Exotik als gefährlicher verschrien.

Bei meinen vorherigen Reisen durch Australien hatte ich viele Touristen getroffen, die den Westen des Landes theoretisch außerordentlich spannend gefunden hatten – aber ich hatte diese Touristen eben im Osten getroffen. Die Reise auf die andere, wildere Seite war meist bloß guter Vorsatz gewesen. Deshalb wird Westaustralien immer zweite Wahl bleiben, die herausfordernde Kür nach dem verlässlich schönen Pflichtprogramm. Wenn man hier doch Leute traf, waren es meistens Deutsche. Nicht umsonst wurde hier über den »*Fritz in a Britz*« gescherzt (*Britz* ist einer der beliebtesten Campervan-Anbieter in Australien).

Die Straße ist eine Straße ist eine Straße, und hätten wir nicht gewusst, dass dies eine Insel ist, wir hätten uns als Erdumrunder in einer asphaltierten Endlosschleife gewähnt. Sonnenstunde um Sonnenstunde verging und verschlich bei der hypnotisierenden Fahrt, vorbei an meterhohen Termitenhügeln und einsamen Tankstellen. Wir hörten Hörbücher und kurz mal die damals brandneue CD einer jungen Sängerin namens Adele, die wir aber nicht so gut fanden und abhakten als berüchtigte schwierige zweite Platte, als Allerweltsgedudel (weil wir ja nicht ahnen konnten, dass dies bald das Gedudel aller Welten sein würde). Mittags grillten wir meistens, abends auch.

Ein Prospekt verortet uns an der Coral Coast, vor der sich das 260 Kilometer lange Ningaloo Reef fläzt. Laut Reklame ist es bekannt für 220 Korallenarten sowie für nette Riffhaie und scheue Hammerhaie. Zwischen Mai und Juli kommen auch sympathische Walhaie hier vorbei, die größten Fische der Welt, man kann mit ihnen hier schnorcheln und schwimmen. Haie, so bekommt man hier den Eindruck, sind die umgänglichsten Lebewesen der Welt, putziger als Putzerfische, bäriger als Seebären. Dass manche Haiarten doch ab und an Hunger auf Menschenwurst in Neoprenhaut haben, steht eher in der Zeitung denn in den Prospekten. Eine Meldung, die dazu passt: Forscher in Western Australia haben vor einigen Jahren 320 Haien einen Chip eingepflanzt, der eine Twitternachricht abschickt, sobald sich das Tier dem Strand nähert. Irgendwann schickt dann noch das Krokodil eine SMS, wenn es Hunger hat, und der Sackspinner warnt per Bluetooth vor seiner toxischen Frisur. Ganz zu schweigen von Seeschlangen.

Einmal gesellten wir uns nächtens an einem Küstenort zu den Anglern an den Steg. Junge einheimische Draufgänger saßen da, die Füße im Wasser, Herren über das fremde Element, in beruhigender Entspanntheit. Sie erzählten von Tintenfischen, die Streifen bekommen, wenn sie Angst haben. Eins, zwei, drei von denen zogen sie prompt heraus, wir waren beeindruckt. Und was habe es mit diesem schwarz und weiß gestreiften Tierchen auf sich, das dort unten wie eine Schlange umhergleitet, mit gehobenem Kopf wie eine Schwimmerin, die ihre Frisur nicht wässern will, fragte Malah vorsichtig. Sofort zogen die Fischer ihre Beine an. Das seien tatsächlich Schlangen, unfreundliches Getier, oder wie der nun recht bleiche Angler unübersetzbar sagte: »*They will fuck you up.*« Na also, auch Australier haben Angst.

Seeschlangen sind bei den Paranoikern nicht so populär wie die Arten, die an Land leben. Dabei sind sie nicht zu unterschätzen. Während Landschlangen ihre Opfer nach einem Biss noch nachschnuppernd auf ihrer Flucht verfolgen können, sind Seeschlangen dafür viel zu langsam. Deshalb macht sie keine Gefangenen, sondern bringt ihre Opfer auf der Stelle um. Symptome beim Menschen: Erst schwillt die Haut um den Biss an, und während man sich noch wundert, was das wohl sein könnte, ist man schon am Kotzen. Danach setzen Lähmungserscheinungen ein, die Mimik friert ein, Lider und Augen lassen sich nicht mehr bewegen. Atemnot, Muskelschäden, Nierenversagen, Tod. *They will fuck you up.*

Mehr als 700 Kilometer hatten wir in der vergangenen Woche zurückgelegt. In dieser Zeit hatte sich der Campervan doch als rollende Kühlbox bewährt. Ein weiterer Vorteil war das mit uns reisende Bett. Als ich einst als Backpacker obligatorisch die Ostküste bereiste, schlief ich in geschätzt 20 verschiedenen Betten und hatte geschätzt 20-mal die Sorge, von Bettwanzen gebissen zu werden. Kein Viech hat unter Rucksackreisenden einen schlechteren Ruf, weder die Sydney-Trichternetzspinne noch schwimmende Schlangen. Andere Untiere wie Ratten werden durch Filme wie »Ratatouille« zu niedlichen Gourmets, Tauben helfen Aschenputtel, und der Rest der Loser-Tiere kann wenigstens in YouTube-Clips durch Tollpatschigkeit für Schadenfreude sorgen. Und die Wanze? Steht für Stasi und Watergate.

Wem die Wanze auf der Mauer schon ein Graus ist, für den muss die Wanze im Urlaubsbett der Albtraum sein. Die Gattung, die so gefürchtet ist, heißt *Cimex lectularius* und schien eine Zeit lang ausgerottet. Aber wie Syphilis oder Schulterpolster schaffte auch diese Laune der Natur irgendwann ein unverhofftes Comeback. In der Nacht krabbelt die Bettwanze auf die schlafenden Opfer und beißt zu. In der Wunde lässt das Biest ihren Speichel, der für Quaddelbildung und Juckreiz sorgt. Dass sie keine Krankheiten übertragen können, ist noch das Sympathischste an den Tieren.

Die Parasiten interessiert es dabei nicht, ob ihr Zuhause sauber oder schmutzig ist – im Klassenkampf der Sternehotels und Billig-Absteigen wird die hygienesozialistische Bettwanze zum Gleichmacher. Aushungern kann man die Monster nicht – selbst wenn sie neun Monate lang keine Nahrung bekommen, können sie sich immer noch fortpflanzen. Ihre Eier bleiben an jedem Reisekoffer haften und globalisieren das große Jucken. Bei neutraler Betrachtung eignet sich also kein Tier so gut zum Superhelden wie die Bettwanze – ein weltenbummelnder Asket, der sich in Luxussuiten wie in abenteuerlichen Gefilden aufzuhalten vermag, sich zu verstecken weiß und im Kampf unbesiegbar scheint.

Wie sympathisch erscheinen im Vergleich Lebewesen, die in sicherer Distanz im Wasser vor sich hinaltern. Endlich sahen wir das Ortsschild: »Hamelin Pool«, Heimat der vielleicht ältesten Lebewesen der Welt. Man darf sich da keine Illusionen machen, diese Lebensform taugt nicht zum Streicheln oder Stöckchenholen: Die hier zu findenden Stromatolithen sind lebende Fossilien. Sie sind biogene, also erst durch andere Lebewesen – in diesem Fall durch sich ablagernde Cyanobakterien – entstandene Sedimentgesteine. Sie existieren seit dreieinhalb Milliarden Jahren.

Die Exemplare im Hamelin Pool waren im Juni 1956 von Geologen entdeckt worden. Die Wissenschaftler hatten dabei auch festgestellt, dass diese Gebilde weiterwachsen, wenn auch nur einen einzigen Zentimeter in 30 Jahren. Die höchsten, vielleicht eineinhalb Meter hohen Stromatolithen hier müssten somit um die 4500 Jahre alt sein. Dass die blumenkohlförmigen Fossile im Hamelin Pool überleben, liegt an der flachen See. Das Wasser verdunstet schnell und lässt eine extrem salzige Plörre zurück, die als natürlicher Feind der natürlichen Feinde der Cyanobakterien wirkt (Schnecken etwa scheuen das versalzene Wasser wie der Teufel das geweihte).

Ein absoluter Wahnsinn, ein Wunder der Natur – und doch spektakulär fad, wie wir da auf dem Steg standen und die schwarze Steinlandschaft anstarrten, die sich da knapp unter der Wasseroberfläche fläzte. Dieses Leben ist so blutleer und bewegungslos und spaßfrei, wie ein Stein sein kann. Und so etwas überlebt uns alle.

Durch die leblose Wüste fahren wir weiter nach Norden. Wieder wirbelt der Staub unter dem fürchterlich weiten Himmel. Wir grüßten brav den entgegenkommenden Fahrer, und in dem Moment, als das andere Auto vorbeigefahren war und die Straße wieder offen und leer war, merkten wir, wie sehr wir uns an die angenehme Ruhe und Freiheit, an die mächtige Ödnis gewöhnt hatten. Erwarteten wir vor der Fahrt durch Western Australia, dass wir hier als Gäste einen Zoo betreten, verstanden wir nun, dass eigentlich die Tiere nur Gäste auf der eigenen Reise waren. Einer Reise durch eine Landschaft, die mit jedem gefressenen Kilometer mehr und mehr uns Reisenden zu gehören schien. Und den Kaninchen vielleicht.

Nach zwei Stunden fuhren wir durch die Tore des *Monkey Mia Dolphin Resort*, in dem es so ziemlich alle Tierarten außer Affen gab. In einer indigenen Sprache heißt Mia so etwas wie »Zuhause«, woher aber das *Monkey* stammt, ist strittig. Vielleicht hatten die malaysischen Perlentaucher, die einst hier lebten, Affen als Haustiere dabei. Womöglich kommt der Name von den Viehhütern, die hier von der Küste aus Schafe verschifften – *Monkeys* soll früher ein umgangssprachlicher Ausdruck für Schafe gewesen sein. Oder war das Segelschiff namens *Monkey*, das 1834 hier anlegte, schuld an dem irritierenden Namen?

Das Ressort liegt in der nachvollziehbarer getauften Shark Bay. Die Bucht steht auf der Liste des UNESCO-Weltnaturerbes. Shark Bay wirbt damit, einer jener 16 Orte auf der Liste zu sein, die gleich alle vier Kriterien für die Aufnahme in diesen Stand erfüllen: natürliche Schönheit, biologische Vielfalt, Teil eines ökologischen Prozesses und Verbindung zur Erdgeschichte. 197 solcher geschützter Gebiete gibt es weltweit, davon 16 in Australien, von

Emu auf der Suche nach Pizza

denen fünf in diesem Bericht auftauchen: das Great Barrier Reef, die Nationalparks West-Tasmaniens, der Uluru-Kata-Tjuta-Nationalpark, die Feuchttropen Queenslands, die Ningaloo-Küste; trotz Besuches unerwähnt bleiben: Fraser Island, die mit 1840 Quadratkilometern immerhin die größte Sandinsel der Welt ist und dazu noch sehr schön, die aber das Pech hat, im sehr schönen Queensland zu liegen und daher ästhetisch nicht aus der Paradiesmasse herauszuragen; der Insel ergeht es wie einem Model im engen Backstagebereich einer *Victoria's Secret*-Modenschau. Ebenso links, besser gesagt: oben liegen gelassen wird der spektakuläre Kakadu-Nationalpark im tropischen Norden, den ich nach meinem Uluru-Roadtrip besuchte, aber nicht zu schätzen wusste, weil der Naturspektakel müde. Wie ein Kind am dritten Tag in Disneyland. Bleiben noch sieben australische UNESCO-Diplomanden übrig, die aber zu lange Namen haben, um sie hier aufzuführen.

Auf dem Campingplatz von Monkey Mia stakste nun ein menschenhoher Emu herum, was genau so lange lustig war, bis er etwas abhaben wollte von meiner Pizza. Emus schmeckt, was Menschen schmeckt, und das den ganzen Tag. Diese Kombination aus Appetit und Hunger ist das Problem. Außer den brütenden Exemplaren – das sind übrigens immer die Männer – ziehen Emus weiträumig umher, um sich Fettreserven anzufuttern, und sei es mit einer Pizza auf einem Campingplatz. Weil sie nicht nur viel essen, sondern auch viel trinken, rennen sie manchmal Gewitterwolken nach. Auf dieser Wolkenjagd begegnen sich dann so viele der eigentlich einzelgängerischen Tiere, dass sie sich zu einer Herde zusammenschließen. Heute sind Herden seltener geworden, weil die Menschen allerorten Wasserspeicher errichtet haben. Früher aber waren die Herden noch eine richtige Plage für die Landwirte.

Am schlimmsten traf es die Bauern im Jahr 1932. Weil es lange nicht geregnet hatte und die Sonne sich unerbittlich gezeigt hatte, schlossen sich etwa 20.000 Tiere zu einer Emu-Gang zusammen. Sie zog marodierend durch Weizenfelder der Bauern, die ohnehin gebeutelt waren durch den Verfall der Getreidepreise nach der Weltwirtschaftskrise. Das Pech der Emus war, dass diese Siedler vor ihrer Landwirtschaftskarriere beim Militär waren (nach dem Ersten Weltkrieg hatte die Regierung für die Soldaten ein Ansiedlungsprogramm aufgesetzt). Kaum verwunderlich, dass die Siedler eine militärische Operation gegen die Emus forderten.

Das australische Verteidigungsministerium hätte nun einen Mediator schicken oder harte Sanktionen gegen die Emus beschließen können. Stattdessen erklärten sie den Tieren den Krieg.

Am 3. November 1932 marschierten drei Soldaten einer Einheit der *Royal Australian Artillery*, darunter Major C. W. P. Meredith, auf die betroffenen Felder. Ihr Auftrag lautete, nicht weniger als 100 Emuhäute zu erbeuten, die Federn der Tiere sollten die Hüte der Kavallerie schmücken. Die Tageszeitungen nannten das Unterfangen *Emu War* oder *›war‹ on emus*. Geschossen wurde mit Maschinengewehren.

Weil die Emus aber mit bis zu 50 Kilometern pro Stunde über die Felder liefen, wurden sie kaum getroffen – trotz immensem Verballern von Munition. Und wenn sie getroffen wurden, schützte ihre Fettschicht sie vor zu großen Verletzungen. Zudem stellte die Herde einzelne Emus als Wachen ab, die laut rufend vor nahenden Soldaten warnten.

Das Militär bezifferte die getöteten Feinde in den ersten fünfeinhalb Wochen auf 986 und schätzte die Zahl der verwundeten Tiere, die nach ihrer Flucht verendet sein mussten, auf 2.500. Die Bilanz war so kläglich, dass sich die Regierung in den Folgejahren weigerte, dem wiederholten Drängen der Siedler auf Militäroperationen gegen die Emus nachzugeben. Stattdessen wurde 1953 ein Zaun gebaut, der die Felder schützen sollte.

Wo bitte ist dieser Zaun, wenn man ihn braucht, fragt sich der gemeine Pizzakäufer in Monkey Mia. Tatsächlich ist es erstaunlich, wie schnell man von einem wilden Tier, das man noch nie zuvor gesehen hat, genervt sein kann. Das ist heute das Schicksal der Exoten: Erst können es die ungeduldigen Urlauber gar nicht erwarten, das Tier zu Gesicht zu bekommen. Nach der ersten Begeisterung und zu vielen Fotos aber lässt das Interesse der abgestumpften Menschlein rapide nach, und die Attraktion ist keine mehr. Noch schlimmer ist es, als wir hier vom Strand aus die Flossen der Delfine erblickten, für die Monkey Mia bekannt ist. Ich war ganz verrückt nach ihnen, lief uneingecremt in der sengenden Sonne am Sand umher, immer den Tieren nach, die munter die Küste auf und ab schwammen. Doch am folgenden Tag schon stand ich krebsrot und abgebrüht im Wasser, von den angefütterten Tümmlern umrundet und doch fast gelangweilt. Wer in so einem Fall auf die dämliche Idee gekommen wäre, auf einem der Tiere zu reiten, dem drohten 10.000 Dollar Strafe.

Weil wir uns aber weder Delfinreiten noch teure Campingplätze leisten konnten, stiegen wir in unseren Van, verließen das Camp, fuhren etwa 50 Meter und blieben auf dem externen Parkplatz des Resorts stehen. Hier nächtigten wir, was nicht ganz legal, aber ganz billig war.

Wie jeden Morgen wachten wir klebrig vom Schweiß auf, die Morgensonne blinzelte durch die feinen Schlitze zwischen den Vorhängen. Wir stiegen aus und kühlten uns im menschenleeren, türkisen Meer ab. Ich schwamm einer Riesenschildkröte hinterher und dachte, ich möchte hier nie wieder weg, aber dann deutete Malah hinter mich, auf eine *They-will-fuck-you-up*-Schlange, und weg waren wir.

Kapitel 13

Capes und die göttliche Tragödie

Bevor wir Monkey Mia endgültig verließen, hatten wir einen Termin mit Darren »Capes« Capewell. Der Aborigine wohnte in dem Resort, seine Touren durch die Natur wurden im *Lonely Planet* angepriesen. Das Treffen begann mit einstündiger Verspätung.

Die Uhren eines »*black fellow*« tickten nun mal anders, sagte der kräftige Mann zur Begrüßung. Es hörte sich nicht nach Entschuldigung an, eher nach Vorwurf – sein Land, seine Regeln, seine Uhren. Hinter dem Resort begann gleich das rotsandige, spärlich bewaldete Buschland, und Capes wanderte nun durch die Gegend, als wäre sie ein Supermarkt, und alle paar Meter pflückte er etwas Essbares von den Bäumen, als wären sie Regale. In der Stadt würde er diese Vergleiche wohl auch ziehen, nur eben andersherum. Er biss in eine Minibanane. »Wir trinken und essen alles, was Tiere trinken und essen«, fasst er seine Ernährungslehre zusammen, die 50.000 Jahre Forschungszeit hinter sich hat.

Darren Capewell, genannt Capes, ist Aborigine vom Stamm der Nhanda und der Malgana. Seine Firma heißt *Wula Guda Nyinda,* ein Begriff, der für die Weitergabe von Wissen von einer Generation zur nächsten steht. Capes' Geschäft ist es, dieses Wissen in kleinen, leicht verständlichen Dosen bildungswilligen Urlaubern zu vermitteln. Er ist einer der Aborigines, die gutes Geld verdienen, indem sie ihre Kultur erklären und damit am Leben erhalten und nebenbei Toleranz und Respekt der Touristen fördern. Capes hat es geschafft, die Welt seiner Vorfahren zu bewahren und dank ihr in der heutigen zurechtzukommen. Er bleibt auf unserer Reise eine Ausnahmeerscheinung.

Die vielen Aborigines, denen wir in den Städten begegneten, hatten ihre naturnahe Lebensweise längst aufgegeben und lebten von Sozialhilfe. Sie waren verwahrlost und lebten von Alkohol und Fast Food. Es wunderte uns nicht zu lesen, dass weiße Australierinnen durchschnittlich 81 und weiße Australier 75 Jahre alt werden, die Lebenserwartung von Aborigines jedoch um elf Jahre geringer ist. Die häufigsten Krankheiten der Ureinwohner: Herzprobleme, Diabetes, Leberschäden.

Als Touristen sahen wir weder die erfolgreich in die westliche Kultur der Weißen integrierten Aborigines (die sind tagsüber nicht auf der Straße, sondern an der Universität oder an ihrem Arbeitsplatz), noch lernten wir die Ureinwohner in ihrer traditionellen Heimat, dem Buschland, kennen. Die Begegnung mit Capes war für uns gehetzte Backpacker die einzige mit einem Ureinwohner, die nicht flüchtig war. Das allermeiste, was wir von den Aborigines wussten, haben wir uns in Reiseführern angelesen.

Wir kannten die groben Züge der traurigen Historie: Die Aborigines stammen von afrikanischen Auswanderern ab, die sich vor etwa 70.000 Jahren über das Meer wagten. Jahrtausendelang lebten die Ureinwohner unter sich auf dem Kontinent – bis zur

Ankunft der ersten Briten im Jahr 1788. Die Aborigines wurden fortan durch eingeschleppte Krankheiten dezimiert und von den britischen Siedlern um ihr Land gebracht. Diese Enteignung ihres natürlichen Lebensraumes zwang die Aborigines, das Vieh der Siedler zu jagen. In der Folge wurden die Ureinwohner diskriminiert, im schlimmsten Fall massakriert. Um die Konflikte zu lösen, teilte die Regierung den Stämmen Reservate zu.

Von Anfang des 20. Jahrhunderts bis Ende der 60er-Jahre wurde eine brutale Form von Assimilation betrieben: Die Kinder von Aborigines wurden systematisch aus ihren Familien gerissen und weißen Familien übergeben oder Heimen zugeteilt. Je nach Region gehörten zehn bis dreißig Prozent der Kinder dieser »Gestohlenen Generation« an. Die Maßnahme ließ die traditionellen Sozialstrukturen innerhalb der Familien unwiederbringlich erodieren. Die dadurch entstandene Orientierungslosigkeit vieler Aborigines führte zu dem desillusionierenden Bild, das die Ureinwohner heute vielerorts abgeben (und das schwärmende Australientouristen in ihren Erfahrungsberichten nur allzu gerne verschweigen). Capes' Mutter entkam der Maßnahme nur, weil ihr Vater sie auf dem Land versteckte. Weniger Glück hatte Alice, die Großmutter der Olympia-Heldin Cathy Freeman. Sie brachte Cathys Mutter Cecelia 1939 auf Palm Island zur Welt, einer für ihre rassistische und brutale Politik bekannten Insel vor der Küste Queenslands.

Alice' Vater war ein syrischer Migrant (ein Mann mit dem damals noch unbelasteten Namen Assad), die Mutter eine Angehörige des Kuku-Yalanji-Stammes. Australien sollte damals dank eines Eugenikprogramms »reiner« werden. Bis zum Zweiten Weltkrieg war diese Ideologie in vielen Ländern zu finden, erst als die Welt Hitler zu hassen und seine Methoden zu verdammen begann, wurde auch der Eugenik entsagt. Nicht so in Australien. Vor allem in Queensland, im Northern Territory und in Western Australia hielten die Landesregierungen an ihrer Vision fest. Zwar sank dort die Zahl der Ureinwohner, doch stieg laut Politik die Zahl der *mixed bloods* – Kinder von indigenen Müttern und nicht-indigenen Vätern.

So wurden Gesetze erlassen, den Müttern diese Kinder (vor allem die Mädchen) wegzunehmen und in anderen, für die Umerziehung geeigneteren Missionen aufzuziehen – in der Hoffnung, dass diese Kinder später Weiße heirateten. Durch die Adern ihrer Kinder würde weniger indigenes Blut fließen und in den Adern ihrer Enkel noch einmal weniger. Nach dem Dritten Reich nannten die Australier ihre Programme freilich nicht mehr Eugenik, sondern argumentierten mit »kultureller Assimilation«. 100.000 Kinder wurden ihren Müttern weggenommen. Alice war eines dieser Kinder.

Als Alice acht war, wurde sie nach Palm Island gebracht und zunächst einer Aboriginal-Familie eines anderen Stammes zugewiesen. Als Jugendliche wurde Alice wie die anderen Kinder der gestohlenen Generation auf der Insel in Schlafräumen untergebracht, getrennt nach Jungen und Mädchen. Die Sprache ihrer Eltern war ihnen verboten, ihr Lebensstil sollte dem der Weißen gleichen.

Die Insel diente der Regierung indes nicht nur als Umerziehungshort, sondern auch als Straflager. Dort landeten Aborigines, die straffällig wurden oder gegen die Politik der Weißen aufbegehrten – so auch Alice' Mutter. Als die jedoch auf Palm Island ankam, war ihre Tochter schon ein Teenager. Alice war nicht mal mehr der Sprache ihrer Kindheit mächtig. Die beiden waren wiedervereint, zueinander fanden sie jedoch nicht mehr.

Alice gründete auf der Insel eine eigene Familie, mit dem ebenfalls deportierten George Sibley. Sie bekamen zwei Kinder, eines davon war Cecilia. Sibley aber schaffte es irgendwie aufs Festland, wo er sich einer umherreisenden Boxer-Truppe anschloss; die Verlassene heiratete daraufhin seinen Bruder Sonny und bekam weitere acht Kinder.

Cecilia wuchs ohne Strom, Zeitungen, Telefon oder Bücher auf; mit ihren vielen Geschwistern teilte sie sich ein Doppelbett.

Trotzdem seien diese Kindheitstage »idyllisch« gewesen, schreibt Adrian McGregor in Cathy Freemans Biografie. Cecilia verließ die katholische Schule mit 15 und arbeitete als Telefonistin.

Nachdem ihr Stiefvater einen Streik organisiert hatte, wurde Cecilia ins Büro des Missionsleiters zitiert. Ihre Familie werde in den Ort Woorabinda deportiert, sagte er; da sie selbst jedoch unschuldig sei, könne sie auf der Insel bleiben. Als ihre Mutter Alice davon erfuhr, brach sie in Tränen aus. Dass ihre Familie abermals auseinandergerissen werden könnte, »war ein Albtraum für ein Kind der gestohlenen Generation«, schreibt McGregor. Cecilia musste nicht lange überlegen. Sie ging mit nach Woorabinda. Cecilia lernte dort einen gut aussehenden und talentierten Footballspieler kennen: Norman Freeman. Sie zogen 1961 nach Cairns, wo Cecilia das erste Mal schwanger wurde; die beiden bekamen zunächst einen Sohn und eine Tochter. Am 16. Februar 1973 wurde Cecilia schließlich von Catherine Astrid Salome Freeman entbunden.

Im Jahr 1990 gewann Cathy Freeman mit 16 Jahren als jüngste Athletin und als erste indigene Sportlerin überhaupt eine Goldmedaille bei den *Commonwealth Games*, als Teil der 4 x 100-Meter-Staffel. 1999 erschien die Biografie Cathy Freemans, ihr Autor McGregor nannte sie damals noch »die größte Hoffnung für die Olympischen Spiele«.

In jenem Jahr 1999 schaffte es Palm Island ins Guinness-Buch der Rekorde – als gewalttätigster Ort der Welt außerhalb eines Kriegsgebietes. Die Insel ist längst keine Mission mehr, die Weißen sind aufs Festland umgezogen und haben die entwurzelten, zur Unterwürfigkeit erzogenen Aborigines sich selbst überlassen. Spätestens als den Ureinwohnern in den 70er-Jahren erlaubt wurde, Alkohol zu trinken, brach die soziale Ordnung zusammen. Heute leben etwa 4.000 Einwohner auf Palm Island, die Kriminalitätsrate ist immer noch immens hoch. 2014 schaffte es die Insel abermals auf eine traurige Rekordliste – als Gegend mit der höchsten Arbeitslosigkeit des ganzen Landes. 49,8 Prozent der Bewohner haben keinen Job.

»Australien kümmert sich auf der ganzen Welt um Menschenrechte, während zu Hause die Ureinwohner leiden«, sagte Capes in Monkey Mia. Er sammelte Sandelholz, dessen Rauch böse Geister vertreibe. »Und Moskitos«, schob er praxistauglich hinterher.

Capes sagte, die weißen Australier flögen nach Indien, um dort Spiritualität zu erfahren, hätten von der Traumzeit der Aborigines aber keine Ahnung. Sie seien fasziniert von dem Spielfilm *Avatar*, ohne zu verstehen, dass sich eine ähnliche Geschichte in ihrem eigenen Land zutrage.

Tatsächlich gibt es eine Menge guten Willen, schlechtes Gewissen, Entschuldigungen, finanzielle Unterstützung und Bildungsinitiativen, mit denen den Aborigines geholfen werden soll. Aber wer weiße Australier nach ihrer konkreten Meinung zu dem Thema fragt, erlebt im besten Fall Ratlosigkeit, im schlimmsten Ignoranz. Viele wissen weniger von den Ureinwohnern als interessierte Urlauber.

Um das Selbstverständnis vieler Weißer in Australien zu begreifen, muss man keine Biografien lesen, man muss sich auch nicht zu Stammtischen setzen oder mit Ethnologen diskutieren. Es reicht, Nachrichten zu schauen.

Als im Nationalmuseum in Canberra vor ein paar Jahren ein Projekt gestartet wurde, das die 100 prägendsten Momente der Landesgeschichte bestimmen sollte, hielt der damalige Premierminister Tony Abbott eine Rede. Der Liberalkonservative regierte Australien von September 2013 bis September 2015, und es waren sicher keine guten zwei Jahre für sein Land.

Abbott trat damals an, die hartherzige Politik seines Förderers John Howard wiederzubeleben, der 1996 bis 2007 an der Macht war, bevor die Konservativen bei der Wahl der Labour-Partei unterlagen. Kevin Rudd wurde damals Premierminister (im

Sommer 2010 wurde er von einer Parteikollegin, Julia Gillard, verdrängt, kam jedoch drei Jahre später für ein paar Monate wieder an die Macht). Abbott löste also Rudd ab.

Weil der streng katholische Abbott als junger Mann ein Priesterseminar besucht hatte, als Politiker aber äußerst aggressiv auftrat, wurde er »*Mad Monk*« genannt. Seine Highlights: Beweise für den Klimawandel nannte er »*absolute crap*«; 74.000 Hektar tasmanischen Urwalds versuchte er (erfolglos) von der Weltnaturerbe-Liste streichen zu lassen, um ihn abholzen zu können; Flüchtlingsboote ließ er konsequent abfangen und zurück nach Indonesien oder zu den berüchtigten Inseln schicken, auf denen Aufnahmelager errichtet worden waren; und seine Pläne, 12.000 Aborigines aus entlegenen Gebieten in Western Australia umzusiedeln, rechtfertigte er so: »Wir können ihnen nicht endlos ihren gewünschten Lebensstil finanzieren.« Das Argument, die Ureinwohner lebten dort, wo sie seit Jahrtausenden zu Hause seien, ließ er nicht gelten. »Wenn Sie oder ich beschließen würden, an einem entlegenen Ort zu leben, inwieweit müsste der Steuerzahler dann dafür aufkommen, dort Dienstleistungen bereitzustellen?«, fragte Abbott die entsetzten Journalisten.

Seine Partei wusste sich auch in Abwesenheit des *Mad Monk* danebenzubenehmen: Bei einem Dinner im Jahr 2013, bei dem Spenden für die Konservativen gesammelt wurden, servierten die Kellner das nach der politischen Gegnerin Abbotts benannte Gericht »Julia Gillard Kentucky Fried Quail« – eine Wachtel mit »kleinen Brüsten und riesigen Schenkeln«.

Jedenfalls nannte Abbott im Nationalmuseum in Canberra als prägendsten Moment der australischen Geschichte: die Ankunft der *First Fleet* 1788. Und für alle, die dachten, sie hätten sich verhört, sagte Abbott ungefragt: »Lassen Sie es mich wiederholen: Das war der prägendste Moment in der Geschichte des Kontinents.« Warren Mundine vom *Indigenous Advisory Council,* und damit immerhin ein Berater des Premiers, entgegnete: »Nun, das war ein prägender Moment, daran gibt es keinen Zweifel. Es war auch ein desaströser prägender Moment für die indigene Bevölkerung.« Abbott sagte, die Ansiedlung der Briten war dafür verantwortlich, dass die australische eine der wohlhabendsten Gesellschaften auf der Welt wurde. Mundine fragte: »Heißt das auch, dass die Aborigines davon profitierten? Natürlich nicht.« Wenn dem so wäre, würde er seinen Job gar nicht machen müssen – einen Beirat für indigene Angelegenheiten bräuchte es gar nicht.

Abbott wurde nach zwei desaströsen Jahren als Premierminister abgelöst, sein Parteikollege Malcolm Turnbull hat im September 2015 die Geschäfte übernommen.

Den überhaupt erst von Abbott geschaffenen Beirat gibt es indes immer noch. Aber womöglich sind solche Beiräte tatsächlich weniger hilfreich für das gegenseitige Verständnis von Schwarzen und Weißen als Leute wie Capes. Theoretisch könnte von Ureinwohnern geführter Tourismus ein Teil der Lösung sein – Reisende aus dem Ausland und auch Urlauber aus dem Inland, die Aborigines nur als Gescheiterte in den Städten erleben, als Verwahrloste in dunklen Gassen und dreckigen Gossen, als Geister ihrer selbst, diese Touristen lernen das natürlichere indigene Leben auf dem Land kennen. Und die Aborigines verdienen an der Weitergabe traditionellen Wissens und am Werben für Verständnis.

Dass dieser Wirtschaftszweig als Allheilmittel für all die Probleme jedoch nur bedingt wirkt, liegt im wahrsten Sinne des Wortes in der Natur der Sache. Nur etwas mehr als zehn Prozent der Urlauber sind auch wegen der Kultur der Ureinwohner angereist, steht in einer Studie. Die Stätten der Aborigines sind zudem schwer zu erreichen. »Das ist Ökotourismus und nichts für Urlauber, die sich zwei Wochen lang an der Küste besaufen wollen«, bringt es Capes auf den Punkt und sammelt Nüsse, um sie später als »Busch-Popcorn« zu rösten.

Tourismus wie der von Capes angebotene spielt in Australien erst seit den 1980er-Jahren eine Rolle. Damals wurde aus dem

Nischenmarkt ein ernst zu nehmender Tourismuszweig – dessen wichtigste Einnahmequelle natürlich Uluru ist. Der Berg, früher auch unter dem Namen Ayers Rock bekannt, liegt im ansonsten flachen Uluru-Kata Tjuta National Park im rotsandigen Herzen des Kontinents. Fast 300.000 Touristen bereisen jedes Jahr den Park, um das Wahrzeichen Australiens zu sehen. Obwohl er den Aborigines als heilig gilt, erklimmen viele der Urlauber den Berg. Ginge es nach Capes, würde kein Tourist mehr einen Fuß auf den Uluru setzen.

Das Problem im Park ist dasselbe wie im Rest des Landes: Der fremden Kultur, für die sich die westlichen Touristen interessieren, ist die westliche Tourismuskultur fremd.

Die Herausforderungen: Unterkunft und Essen müssen im Buschland den westlichen Ansprüchen angepasst werden; viele Aborigines können nicht damit umgehen, von den Touristen mit Fragen bombardiert zu werden; für manche Reiserouten muss bei den Stämmen, denen das Land gehört, eine Durchreisegenehmigung beantragt werden; viele Ureinwohner sehen die Touristen als Eindringlinge oder haben Angst, die Kontrolle über die eigene Kultur zu verlieren oder als Showattraktion missbraucht zu werden; und natürlich das Zeitgefühl der Aborigines, siehe Capes.

Capes ist die westliche Kultur keineswegs fremd. In den 90ern war er erfolgreicher Teil von ihr. Auf Fotos von damals ist er als Footballprofi zu sehen, mit Föhnfrisur und Schnauzer. Eine Verletzung zwang ihn jedoch, seine Pläne zu ändern. Heute ist er Zweiter Vorsitzender von *Waitoc*, der Vereinigung mehr als fünfzig indigener Touranbieter Westaustraliens. Auf seinem Profilbild auf der Homepage von *Waitoc* ist er im Polohemd zu sehen, hinter einem Laptop am Schreibtisch sitzend. Was von einem Aushängeschild australischer Gastfreundschaft erwartet werde, habe er auf Präsentationsreise in Europa erfahren. In Deutschland etwa habe man ihm geraten, lieber nicht über Haie und

Schlangen zu sprechen. »Über was sollte ich denn sonst reden? Über Koalas? Ich habe noch nie einen Koala gesehen.«

In der Wildnis trägt er nun einen Sonnenhut, ein Muskelshirt und Flip-Flops. Traditionell ist diese Kleidung auch nicht, aber sie ist ihm lieber als die Beamtenuniform. Es dämmert inzwischen, und plötzlich stehen sich Capes und ein Känguru gegenüber, beide regungslos. Als sich ein Touristenbus nähert, springt das Tier zurück ins Buschland. Capes dreht sich um, und wir verlassen das Land seiner Vorfahren Richtung Campingplatz. »Eigentlich ist das Problem ganz simpel«, sagt er und nickt in Richtung der Urlauber, »ich kann bei ihnen leben – aber sie können nicht bei uns leben.«

Teil 4

SYDNEY – SYDNEY: WASSER

Kapitel 14

Der weiße Riese legt ab

Sydney. Diese Stadt liegt in der Nähe von Botany Bay. Es ist die größte Stadt in Australien. Es ist eine sehr gottlose Stadt, denn hierher wurden so viele Sträflinge geschickt. Die Menschen sind die Kinder von Sträflingen und von ihren Eltern sehr schlecht erzogen worden. Natürlich gibt es viele Diebstähle in einer solchen Stadt, viel mehr als in London. Wer wollte da schon leben! Und doch ist es eine schöne Stadt, die am Meer liegt, mit einem Hafen, wo Hunderte von Schiffen ankern können – sicher vor dem Sturm.«

Diese Beschreibung stammt aus dem Buch *Die scheußlichsten Länder der Welt – Mrs. Mortimers übellauniger Reiseführer*. Die Autorin, Favell Lee Mortimer, lebte Mitte des 19. Jahrhunderts in England. Eigentlich Kinderbuchautorin, schrieb sie Reiseliteratur über Länder, die sie in Wahrheit nie betreten

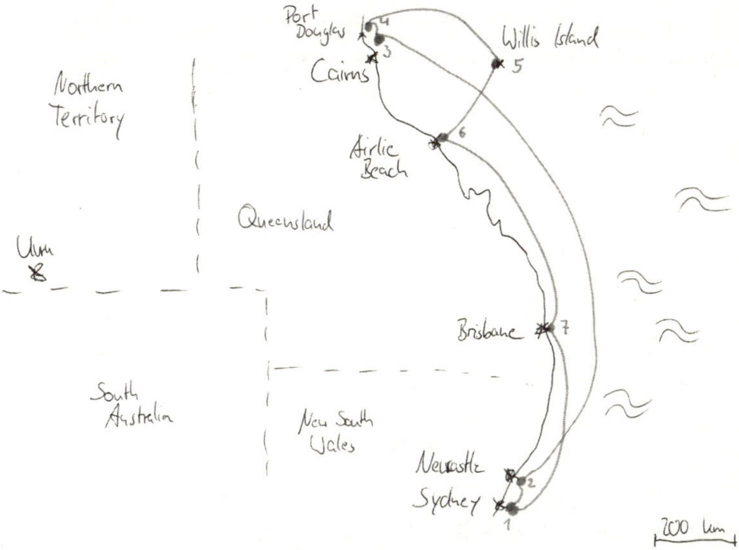

hatte. Sie habe ihr Wissen aus Nachschlagewerken, die sie pessimistisch interpretiert und boshaft verarbeitet habe, steht im Vorwort dieser Sammlung ihrer besten Berichte. »Die Holländer machen so viel Lärm, weil sie immer Holzschuhe tragen, die Schweizer sind sehr schlichte Kreaturen, und in Japan schlitzen sie sich selbst die Bäuche auf!«, schreibt sie darin, und im Vergleich dazu kann Sydney noch froh sein, so glimpflich weggekommen zu sein.

Den Wagen vor dem Hotel Volcano geparkt, sitzen wir in dessen überdachtem Innenhof auf Rattanmöbeln. Eigentlich ist es kein Hof, es sind nur ein paar Quadratmeter Fläche, die von den inneren Mauern des Hotels eingerahmt sind. Summende Klimaanlagen hängen neben bunten Fenstern an diesen Mauern, und blickt man an ihnen vorbei in den Himmel, sieht man dort oben die Wolken vorbeiziehen.

Eine schwere Frau mit schwerem Atem, schwerem Busen und offensichtlich schwerem Mut trägt ein Babybett an uns vorbei zum Lift, ein untrügliches Zeichen, dass unser Zimmer gleich als fertig deklariert werden wird. Eine andere Angestellte kümmert sich dann auch gleich um den Check-in. Sie ist offenkundig Deutsche, und doch spricht sie beharrlich Englisch mit uns. Selbst als sie die Daten aus unseren deutschen Pässen notiert. Ich habe diese Erfahrung mehrmals in Australien gemacht.

Ist es womöglich sehr deutsch, sich über den vermeintlich sehr deutschen Impuls aufzuregen, unbedingt die Landessprache des Aufenthaltsortes zu sprechen? Ist es womöglich noch deutscher, sich über solche Umstände Gedanken zu machen? Jedenfalls frage ich die junge Frau im Volcano unverblümt, ob sie aus Deutschland komme, in der Hoffnung, die Farce zu beenden. Sie sagt: »Yes.«

Am nächsten Tag: Weil wir zu viel Gepäck haben, nehmen Malah und Johanna den Bus zum Hafen, während ich samt Koffer mit dem Taxi fahre. Der Taxifahrer verwickelt mich in ein weiteres deutsches Gespräch: »Warum gebt ihr anderen Staaten so viel Geld?«, fragt er bewundernd und meint die Hilfszahlungen für die schwächelnden Euroländer. Bevor ich überdeutsch darauf verweisen kann, dass das keine so große Leistung sei, weil das Land doch von der EU profitiere wie kein anderes, erzählt der Fahrer von sich. Eigentlich sei er Buchhalter, »aber als solcher habe ich von den letzten fünf nur zwei gearbeitet.« Seine Taxilizenz sei eigentlich nur ein Relikt aus seiner Zeit an der Uni. Warum findet er keinen Job als Buchhalter, wenn er doch eine entsprechende Ausbildung habe, frage ich. »Australier legen keinen Wert auf Titel. Es geht um Berufserfahrung und um Beziehungen«, sagt er. Was ich mache? »Ich bin Journalist«, sage ich, und dann halten wir vor dem riesigen Kreuzfahrtschiff, das ich gleich mit Gepäck für geschätzt sechs Passagiere besteigen sollte. Der arme australische Taxifahrer, der Deutschland als Hegemon der europäischen Wirtschaftslandschaft hält, muss mit dieser Fahrt den Eindruck gewinnen, an der ökonomischen Spitze dieses reichen Landes stünden Reporter. Tatsächlich werde ich das Schiff im Auftrag einer Zeitung entern, für die ich zu dieser Zeit einige Reportagen (unter Pseudonym) verfasse.

Da liegt es also, das weiße Monstrum, das uns gleich verschlingen und in den kommenden Tagen in seinem Inneren mästen, behüten und unterhalten soll, auf dass wir uns, in der Morgenhitze regelmäßig ausgespuckt an Australiens Rändern, am Abend stets

Die Harbour Bridge und der weiße Riese

wieder hineinwünschen in die Kühlthekenkühle seiner Bordrestaurants, in die Polsterweiche seiner Barsessel und in die wohlige Passivität der zu Amüsierenden. Elf Nächte auf der *Radiance of the Seas*, während derer das Kreuzfahrtschiff entlang der Küste Queenslands bis nach Cairns und wieder zurück nach Sydney fährt und auf seinem Weg fünf Häfen ansteuert. Es wird eine tolle Reise werden, in jedem Sinn des Wortes, und sie beginnt, wie jede Tollheit zu beginnen hat, mit einer Überraschung.

Beim Einchecken unter der Abendsonne Sydneys sehen die meisten Mitreisenden keineswegs, wie wir als *first-timer* unbedarft annahmen, nach Titanic-Eleganz und Captain's Dinner aus. Sie sehen vielmehr nach der Sorte Reisegruppe aus, für die die Designershops auf dem Schiff nicht bloß Angebot, sondern dringende Empfehlung sind. Konkreter gesagt: Hier hat sich ein Haufen angetrunkener Auto-Nerds mit Wampe unter dem Motto-Shirt und tätowierten Füßen in den Flip-Flops eingefunden. Ein Mittelschichtsalat.

Ein Passagier mit bedenklichem Rauchertimbre klärt auf dem offenen Deck 12 auf: In seiner Heimat Kanada sichere sich ein extravaganter Autoteile-Magnat die Loyalität seiner Kunden mit Boni, die bei der Buchung einer Kreuzfahrt zu Nachlässen führe. Seit 22 Jahren schon. Es gebe Passagiere, die außer den regelmäßig von Nordco spendierten Trips keinerlei Urlaub machten. Der Impresario sei übrigens persönlich an Bord. Wie er aussieht? Sehr normal, sagt der Raucher, ein älterer Mann in kurzen Hosen mit einem Hang zum Luftgitarrespielen.

Der Raucher stellt sich als Mike vor. Seine Mutter sei Deutsche, sein Vater Ukrainer. Toll, denke ich, dann ist es ihm ja noch besser ergangen als Johanna, die lediglich mit Deutsch und Farsi aufwächst. Aber Mike ergänzt seine Kurzbiografie gleich mit dem Eingeständnis, weder ein Wort Deutsch noch ein Wort Ukrainisch zu sprechen. Er erzählt es lachend, als hätte dieser Umstand etwas schelmisch Lustiges.

Mike hat wie so viele andere das durch den Nachlass gesparte Geld in das All-you-can-drink-Angebot investiert. »Bier – so viel mehr als nur ein Frühstücksgetränk« oder »Der Mensch muss an etwas glauben. Ich glaube, ich nehme noch ein Bier« steht auf den T-Shirts von Umstehenden. »What happens down under, stays down under«. Einer von ihnen hat sich eine Motorradkette um den Hals tätowieren lassen. Die Frau des Rauchers hat auch ein Bier in der Hand. Weil ihr Mann eine Getränke-Flatrate gebucht hat, ist sie ebenfalls zu einer solchen verpflichtet – so wollen es die Reiseveranstalter, die Angst haben, dass sonst einer immer für zwei ordert. Viel auszumachen scheint der Frau diese Bürde nicht. Als sie ihr Bier verschüttet und sich die gelbe Plörre unter ihr auf Deck verläuft, geht sie in die Hocke und verzieht ihr Gesicht, als würde sie angestrengt pinkeln. Dann lacht sie laut und ordinär, schreit »I'm a redneck«. Währenddessen wird im Hintergrund das Opernhaus immer kleiner und immer dunkler, bis schließlich nichts mehr übrig ist von der Stadt. Nun ist das Schiff, wie es durch das schwarz glänzende Meer pflügt, der einzige Ort weit und breit, der Zivilisation beherbergt. Wenn man so will.

Am zweiten Tag ist die Tasmansee rau, ihrem Toben zuzusehen eine kindliche Freude. Wie einst als Kinder direkt vor dem Fernseher liegen wir nun bäuchlings direkt vor dem Bullauge und bewundern die Wildheit der Wellen, bis wir selig einschlafen.

Die Kabine hat ihren Namen durchaus verdient, viel mehr als mich Umziehen schaffe ich hier drinnen nicht. Klein ist hier alles, zusammen mit dem runden Fenster wirkt die Behausung wie eine fortgeschwemmte Hobbit-Höhle. Ein Bett, ein Sofa, ein Schrank, ein Fernseher und ein winziges Bad, dessen gurgelnde, furchterregend laute Klospülung sich anhört, als würde ein Wal rückwärts rülpsen. Alles ist im senffarbenen 80er-Jahre-Stil gehalten, nicht wirklich ungemütlich und doch hervorragend geeignet, um die Bewohner auf die anderen Decks zu treiben.

Am Morgen spazieren wir leicht schwankend draußen den Gang entlang, der mit seinem rautengemusterten Teppich und seiner engen Länglichkeit wie eine überdimensionierte Burlington-Socke wirkt. Am Ende der Socke ist der Ausstieg, die erste Station ist Newcastle. Als ich an der Reihe bin, meinen Bordpass scannen zu lassen, um das Schiff verlassen zu können – im besten Fall sollen sich abends genau so viele Urlauber im Schiff befinden wie am Morgen, und weil das Durchzählen bei mehr als 2.000 Passagieren recht zeitraubend ist, wurde der Scanner angeschafft -, piepst der Alarm. »Mr. Wittmann«, sagt der Türsteher, »wollen Sie Ihre Angel mit an Land nehmen?« Die Angel wurde mir beim Einchecken abgenommen, aus Sicherheitsgründen, die im Dunkeln gelassen werden. Vielleicht hat das Unternehmen Angst, dass ich sein Schiff als Fischerboot missbrauche und, während die Meute ihr Geld beim Feiern ausgibt, heimlich Heringe fange. Ich nehme die Angel nicht mit an Land, eine Entscheidung, die ich in dem Moment bereue, in dem ich Land betrete.

Nur die Möwen wissen, warum diese Ödnis von Stadt angefahren wird. Kein Hafen dieser Erde verlädt mehr Kohle als dieser hier – so einen Rekord muss man sich Touristen, die sich nach Sand und Ruhe sehnen, erst einmal zu erzählen trauen. Noch ein Extrem: Hierher schickte man einst die gefährlichsten Sträflinge der Welt, ins »Höllenloch« genannte Minenfeld. Und wie verzweifelt muss man sein, um sich für die größte Seifenfabrik der südlichen Hemisphäre zu rühmen, die noch dazu nach fünfzig Jahren Mitte der 1930er geschlossen wurde? Andererseits hat es durchaus Witz, die dreckigste und die sauberste Industrie eines Landes an einem Ort zu bündeln.

Ein Angler an der Strandpromenade erinnert mich an meinen Fehler, die Rute beim Aussteigen abgelehnt zu haben. Tröstend ist nur sein leerer Eimer. Die Stadt selbst ist austauschbar gemütlich, die Touristen und Trinker und die, die beide Rollen zu verbinden verstehen, sitzen bei Mittagsbieren in der Sonne. Auch der Rest

Auf der *Radiance:* Eine neue Liege ist wie ein neues Leben

der Innenstadt besteht aus der westlichen Grundausstattung urbanen Konsumlebens: Café, Kleidung, Fast Food, Drogerie, Café. Spannend ist lediglich das Angebot an der Strandbar, das eine Gratis-Mütze verspricht, wenn man vier Corona bestellt. Ich bestelle trotzdem ein *Little Creatures*, die frischeste Erfrischung des Kontinents. Es wird im fernen Fremantle gebraut. Am Ende scheint das Beste an Newcastle das Bier aus Westaustralien zu sein. Vielleicht soll diese erste fade Station als Kontrast dienen zum Schiff, in dem sich nur langweilt, wer sich genau das vorgenommen hat.

Es wimmelt an Bord nur so vor Hobbybeschaffungsmaßnahmen, wer möchte, könnte den ganzen Tag verbringen mit Volleyballturnieren, Kochshows, Kunstauktionen, Schwitzbädern, Bridge-Runden oder Pool-Animation. Im Fernsehen ist *Halloweiner, Friday the Fuckteenth* zu bestellen, aber auch *Iron Man 3*. Die Hauptattraktion an Bord ist jedoch fraglos das Essen. Würde man die Kalorien, die hier serviert werden, in einem Dampferofen verbrennen, reichte die Energie für eine Weltumrundung. Das Essen ist dabei nicht nur an den Buffets in seiner Masse beeindruckend, sondern ebenso à la carte in seiner Qualität. Gratinierte Schnecken, gegrilltes Känguru, pochiertes Hühnchen – wer nicht Vegetarier ist, wird am Ende dieser Reise mehr unterschiedliche Tiere gegessen als gesehen haben. Das will im artenreichen Queensland schon etwas heißen.

Der dritte Tag auf See ist ein Mittwoch, das wissen wir dank einer in den Fahrstuhlboden eingelassenen Tafel, die weniger an den Wochentag denn an das Abgeschottetsein erinnert. Es ist der erste von insgesamt vier Tagen, an denen das Schiff nicht anlegt, sondern durchgehend unterwegs ist. Zeit für einen Rundgang mit Kinderwagen (der in Australien permanent als übergroß bezeichnet und bestaunt wird wie ein Panzer in der Fußgängerzone): durch das blinkende Kasino, in dem sich die Spieler und ihre nicht minder blinkenden Augen eingefunden haben; durch die Bars, an deren Theken bald einsame, stumme Gäste sitzen, wie sie auch draußen zu jedem Barinventar gehören; durch das Fitnessstudio, in dem die Ehrgeizigen fleißig auf der Stelle laufen; durch die Theater, in denen die Leute Unterhaltung suchen, um sich nicht unterhalten zu müssen. Das Schiff scheint nichts anderes zu sein als ein 300 Meter langes Labor, in dem es zu beweisen gilt, dass die Bedürfnisse der Menschen konstant bleiben, selbst wenn sich das Element um die Versuchskaninchen herum dramatisch ändert. Diese geballte Imitation des Lebens an Land, diese energiefressende Kraftprotzerei, mit der der Mensch hier den Naturgewalten zurückzahlt, was der Eisberg ihm dereinst angetan hat, mag man in Zeiten, in denen sich Reisende mehr und mehr auf Purismus besinnen, altmodisch finden. Tatsächlich könnte das Modell zukunftsweisend sein. Man muss sich nur jüngere apokalyptische Filmvisionen aus Hollywood ansehen, in denen sich die Lebensräume der letzten Überlebenden auf riesige Rettungsboote reduzieren: In *World War Z* machen Zombie-Viren die Kontinente unbewohnbar, in *2012* lassen Supertsunamis die Welt untergehen, und beide Male flüchtet der letzte Rest der Menschheit auf Schiffe. Und dann auch noch Flutbürger *Noah*, der Vater aller Katastrophenvorlagen.

Der vierte Tag auf See: noch ein Kilo mehr auf der Waage. Während der Wellengang abnimmt, schaukelt sich an Bord die Stimmung ein, eine Brise bequemer Heimeligkeit weht über das Deck. Würde man die glücklichen Menschen hier mit der Theorie vom bevorstehenden Weltuntergang und ihrer lebenslangen Passagierexistenz konfrontieren, würden die beim Allmächtigen, also beim Kapitän, wohl die sofortige Apokalypse einfordern. Im Fitnessstudio steht für mich heute ein Vortrag über die richtige Körperhaltung auf dem Programm. Das Studio ist am Bug, die Restaurants sind allesamt am Heck, eine Aufteilung, die den hauteng gekleideten, superernst wirkenden Trainer das Schiff in »einen fitten und einen fetten Teil« teilen lässt. Vor allem die Dicken lachen darüber, was ja auch keine so falsche Haltung ist.

Als ich in meinem neuen aufrechten Gang meine Kabine nicht betrete, sondern beschreite, wartet dort ein kleiner Wicht. Er wartet nicht auf mich, sondern auf Johanna. Seine Arme hat er vor der Brust verschränkt, die Ohren ragen schlauchförmig nach vorne, die Nase besteht aus zwei fetten Rohren. Er trägt meine Sonnenbrille. Maria hat den Wicht aus kleinen Handtüchern gebastelt.

Maria ist 35 Jahre alt, sie macht die Zimmer. Eine rosa Zahnspange ziert sie, wenn sie lächelt, also eigentlich immer. Sie stammt von den Philippinen, wie so viele Arbeiter an Bord. Aber im Gegensatz zu den anderen Obern, Barkeepern und Putzfrauen, mit denen ich mich unterhalte und die mit Ende zwanzig schon zwei, drei, vier Kinder haben, ist Maria allein und ist noch nicht Mutter. Das bedauert sie in jedem Gespräch. Wenigstens hat Maria eine Schwägerin, die sie sehr mag.

Die beiden wohnen mir gegenüber, in einem winzigen Raum ohne Fenster. Sie teilen sich eine Besenkammer, die sich von außen als Kabine tarnt. Ein Jesusbild hängt in dem Kabuff, »Jesus Nazareno« steht darüber. Früher seien spanische Namen auf den Philippinen beliebt gewesen, sagt Maria, nun seien es eher amerikanische (in den Restaurants wimmelt es nur so von jungen südostasiatischen Dylans und Freds und Jimmys).

Manchmal sieht man die beiden tratschen, aber nie stehen sie einfach am Gang herum, immer bearbeitet eine gerade ein Zimmer. »Sie putzt die Toiletten am Schiff«, sagt Maria und fügt hastig an: »Aber nur, weil sie das erste Mal auf dem Schiff ist.« Die Schwägerin ist 39 und hat eine 16 Jahre alte Tochter zu Hause. Heiraten will sie nicht mehr. »Weil sie Angst hat vor den philippinischen Männern«, sagt Maria. Die schlügen sie oder vergingen sich womöglich an dem Kind. Marias Zahnspange ist ausnahmsweise nicht zu sehen beim Flurgespräch.

Maria überweist ihren Eltern die Hälfte ihres Lohnes. Sie verdient auf dem Schiff mehr als in ihrer Heimat. Sonst würde sich wohl niemand diese Tortur antun: Wer hier angestellt ist, arbeitet sieben Monate am Stück, ohne einen freien Tag. Danach haben die Angestellten zwei, drei Monate Urlaub. Unbezahlt. Wenn sie ganz viel Glück haben, fährt ihr Schiff die Heimat an, und dann sehen sie in den Dörfern hinter den Stränden, an denen die Passagiere abgeladen werden, ihre Partner, ihre Kinder und ihre Eltern einen halben Tag. Sie nennen es Luxus.

Kapitel 15

Runter geht's immer

Am fünften Tag legen wir in Queensland an, endlich. Die Stadt Cairns ist eine Art Legoland für Erwachsene, mit kastenartigen Häusern, auf denen große Schriftzüge angebracht sind, und einer künstlichen Lagune am Strand. Hinter der Stadt aber liegt ein tropischer Regenwald, und vor ihr ruht das Great Barrier Reef – zwei Attraktionen, die Queensland zum Pflichtprogramm jedes Australienurlaubers machen (neben Sydneys Opernhaus und einem Sonnenbrand).

Weil die *Radiance* kaum einen Hafen direkt anfahren darf, wartet sie einige Hundert Meter vor der Küste, bedröppelt wie ein angeleinter Hund vor der Metzgerei. Ein Shuttleboot bringt uns Passagiere an Land. Der erste Queensländer, den wir noch auf der Überfahrt sehen, könnte repräsentativer kaum sein. In Bundesstaatstracht, also nur in Badehose, Sonnenbrille und Hut, paddelt er im Meer. Dieses Bild reicht einigen *Radiance*-Passagieren bereits, sie wollen, kaum gelandet, wieder zurück ins große Schiff. Es tröpfelt nämlich, und dieses leicht unperfekte Wetter wird im Vergleich mit dem akribisch organisierten Schiffsleben schnell zur Unerträglichkeit. Nirgends wird einem der Wiedereinstieg so leicht gemacht wie bei einer Kreuzfahrt.

Wer in Cairns nicht feiert oder wie wir im Regenwald spazieren geht, versucht sich am Tauchen. Ich verzichte dieses Mal auf die hiesige Unterwasserwelt. Davon hatte ich genug vor zehn Jahren, obschon es nur ein Wochenende war. In meinem Hotel in Cairns riet man mir zu einem Ausflug in die Coral Sea, mit einem Tauchunternehmen gleichen Namens, auf einem Segelschiff gleichen Namens. Neun Tauchgänge in zwei Tagen, einer davon mit Haien, war angekündigt.

Ein Tauchlehrer, der außer einer gepiercten Brustwarze alle Charakteristika aufzuweisen hatte, die man von einem Tauchlehrer erwartet – sonniges Wesen, durchtrainierter Körper, zupackende Art – und seine Kollegin ähnlicher Bauweise erwarteten mich abends am Hafen. Sie wurde von ihrem Kollegen als die erste Tauchlehrerin Queenslands vorgestellt, ein Titel, der der achtköpfigen Gruppe sofort Vertrauen einflößte.

Der Kapitän ließ die *Coral* an einem Freitag in See stechen, gerade spät genug, um meine Karenzzeit einzuhalten, die es nach einem Flug zu beachten gilt. Da geht es dem Körper nicht viel anders als dem Gemüt: Viele Hochs und Tiefs in kurzer Zeit schaden der Gesundheit merklich. Die Köchin war auch zum ersten Mal an Bord. Die Neueinstellung freute vor allem den Tauchlehrer, der ihre Vorgängerin schmähte, weil die ausschließlich Auberginen-Gerichte servierte (diese Beschwerde kapierte ich allerdings erst viel später richtig, als ich lernte, dass *Eggplant* keine mysteriöse Eierpflanze ist). So aßen wir bei munterem Seegang eine große Portion Fleisch, tranken Lagerbier und sahen auf einem alten Fernseher unter Deck ein Spiel der Rugby-Weltmeisterschaft, die zu diesem Zeitpunkt in Australien ausgetragen wurde. Danach gingen die einen ins Bett, die anderen zum Kotzen.

Obwohl ich mich elend fühlte, entschied ich mich für das Bett. Dort gewann mein nahender Schlaf das Rennen gegen den stärker werdenden Brechreiz, wofür ich ihm noch heute dankbar bin. Denn mit der Seekrankheit verhält es sich offenbar wie mit dem Tauchen selbst – hat man einmal damit angefangen, kann man nicht mehr aufhören. So hatte, noch bevor eine Flosse, geschweige denn ein ganzes Tier zu sehen war, die Reise ihr erstes Opfer gefordert. Am nächsten Morgen nämlich, nachdem die *Coral* 200 Kilometer zurückgelegt hatte, stieg eine junge Holländerin aus dem Abenteuer aus. Dass sie allerdings nicht aus dem Schiff aussteigen konnte, gehört wohl zur niederträchtigen Natur der Seekrankheit. So saß sie abseits an der Reling, kreidebleich mit einem unglaubwürdigen Alles-gut-Lächeln, während die anderen Touristen über die Regeln informiert wurden. »Auf keinen Fall«, sagte die Tauchlehrerin in die angespannte Stille hinein, »solltet ihr unter Wasser in Panik geraten.« »Außerdem«, sagte nun der Kollege, »soll jeder vor dem Sprung von Bord seine Kreditkarte beim Kapitän abgeben.« Bitte? »Nur für den Fall, dass ihr nicht mehr hochkommt.« Als wären wir vom Schiff nicht genug verschaukelt worden.

»Verdammt« war von nun an die am öftesten strapazierte Vokabel auf der *Coral*. Verdammt klar sei das Wasser, in dem Fische noch in 30 Metern Entfernung zu sehen seien, verdammt tief, nämlich tausend Meter, verlaufe die *Abyss* genannte Wand bis zum Meeresgrund, verdammt viele bunte Korallen habe man gesehen, und verdammt, wer hat vergessen, sich nach dem letzten Tauchgang in die Checkliste einzutragen. Der Schuldige musste einen ganzen Esslöffel *Vegemite* essen. Der Brotaufstrich aus Hefeextrakt ist eine australische Spezialität, verewigt in dem Lied »Down Under« von Men at Work aus dem Jahr 1981. Die Rockband aus Melbourne lässt darin einen australischen Backpacker

Futter bei die Fische

auf Weltreise von seiner Heimat schwärmen, zu b-Moll und Flöte. Der Mann fährt einen überhitzten VW-Bus, über unbekanntes Land und von Marihuana berauscht. Eine Frau nimmt ihn auf und serviert ihm Frühstück, sie fragt ihn, ob er aus Down Under komme, dem Land der scharfen Frauen und der diese bereitwillig abschleppenden Männer. Später, in Brüssel, kauft der offensichtlich hungrige Mann bei einem Schrank von Mann etwas Brot. Ob er seine Sprache spreche, fragt er den Schrank, der ihn daraufhin anlächelt, ihm ein *Vegemite*-Sandwich reicht und singt: Ich komme aus dem Land Down Under, wo das Bier fließt und die Männer sich übergeben.

Offen bleibt, ob nicht ein Zusammenhang bestehen könnte zwischen dem gewöhnungsbedürftig salzig-bitteren *Vegemite* und dem Erbrechen. Jedenfalls sagt die Tatsache, dass australische Tauchlehrer den Aufstrich als Strafe verwendeten, vieles über seinen Geschmack. Dass es an Bord kaum Wiederholungstäter gab, noch mehr.

Der Samstag verging mit Essen, Trinken, Schlafen, Trinken, Tauchen und Trinken. Die Notwendigkeit des Trinkens war so ziemlich die einzige Gemeinsamkeit der Tauchergruppe und der Holländerin. Was diese verpasste: eine knallbunte Parallelwelt, mit lässig schunkelnden Weichkorallen und riesigen Unterwasserplaneten, schnutenziehenden großen Fischen und zitternden kleinen, mit flatternden Rochen und Schildkröten, die sich in Zeitlupe bewegten. Das alles sehen wir schwebend, es wäre mit einem LSD-Trip zu vergleichen, wenn ich so einen jemals erlebt hätte (in der WG in Melbourne nannten sie mich den *Catholic*, weil ich zum Erstaunen aller keine psychedelischen Drogen nahm).

Einmal zeigte sich sogar kurz ein Hammerhai, und der Tauchlehrer schrie mit Händen und Füßen nach seiner Kollegin. Sie hatte, so erfuhren wir später, in ihrer Laufbahn noch nie einen Hammerhai gesehen. Wir feierten zusammen die spektakuläre Sichtung. Vielleicht hat unsere Begeisterung dazu geführt, dass das Team leichtsinnig wurde.

Am kommenden Morgen sollten wir 30 Meter tief tauchen. Das ist die Gegend, in der einen durchaus der Tiefenrausch befallen könnte. Die Tauchlehrer schilderten uns am feierwütigen Vorabend in den schönsten Farben die gute Laune dort unten, die aber nun mal mit einer gewissen Orientierungslosigkeit einhergehe. Ein Rausch halt. Gefährlich sei dieser in der Regel nicht. Sehe man dort unten jedoch einen anderen Taucher das Mundstück der Sauerstoffversorgung den Fischen anbieten, sollte man ihn behutsam ein Stockwerk höher ziehen, wo es nüchterner zuginge. Voller Vorfreude rüstete ich mich mit einem ausgiebigen Abendessen und einer schlafreichen Nacht für die neue Erfahrung. Der *Catholic* hatte ausnahmsweise Unheiliges vor.

Wir tauchten immer zu zweit, damit der eine dem anderen hätte helfen können, wenn unter Wasser etwas schiefgelaufen wäre. Meine Tauchpartnerin, ebenfalls allein reisend, um einiges älter als ich, hatte nicht nur kein gutes Gefühl, sondern ein wahrlich schlechtes an diesem Morgen. Schon am Vorabend hatte sie aus Angst vor dem Tiefenrausch kaum gegessen und geschlafen, und nun stocherte sie nur in ihrer Müslischüssel, statt sie zu leeren, während ich mir bereits die zweite mischte, um gestärkt ins Delirium zu starten. Wir zogen unsere Neoprenanzüge an und kontrollierten gegenseitig die Einstellungen nach dem Prinzip der Frauen in Bangkok, die in Wahrheit Männer sind: »*Bangkok women really are fellas*« ist schließlich der Merkspruch, mit dem Taucher sich an die Anfangsbuchstaben ihrer Kontrollpunkte erinnern: Sitzt die Tarierweste (»BCD«) richtig? Sind die Gewichte in Ordnung (»Weights«)? Sind die Gurte richtig befestigt und im Ernstfall schnell zu lösen (»Releases«)? Funktioniert die Luftzufuhr (»Air«)? Bei einer letzten Kontrolle (»Final check«) liegt das Augenmerk auf dem Gesamteindruck, also auch auf Brille, Flossen und den komischen aufblasbaren Würsten, mit denen im Notfall Hilfe herbeigewunken werden kann.

Der Seegang war wilder als sonst, aber die Tauchlehrerin zeigte sich nach einer kurzen, hinter verschlossenen Kajütentüren geführten Diskussion mit ihrem Kollegen zuversichtlich. Wir sollten halt aufpassen. So ließen wir uns nacheinander und rückwärts ins Wasser plumpsen. Weiter und weiter sanken wir, die Taucheruhr zeigte zehn, zwanzig, tatsächlich dreißig Meter Tiefe an. Ich wartete vergeblich auf das versprochene Hochgefühl, wie ein Bargast, dem heimlich alkoholfreie statt der georderten echten Biere serviert wurden. Meine Partnerin hingegen grinste unter ihrer Maske wie jemand, der Wodka statt Wasser bekommen hat. Unentwegt zeigte sie das Okay-Zeichen (dieses ist nicht, wie man annehmen möchte, der nach oben gestreckte Daumen, sondern das Loch, das Zeigefinger und Daumen bilden, wenn man ihre Spitzen zusammenführt. Der ausgestreckte Daumen bedeutet dem Partner, dass man nach oben müsse. Viele Tauchgänge sind durch dieses Missverständnis zu Misserfolgen geworden). Nach ein paar Minuten war der Spaß vorüber, in dieser Tiefe ist Sauerstoff eine schnell vergängliche Annehmlichkeit. Außerdem zehrte das Anschwimmen gegen die immer stärker werdende Strömung an den Kräften und damit an der Luft, es brauchte diverse Anläufe, um zwischen den Wellen an die Leiter des Bootes zu gelangen.

Wieder an Bord, hörte ich erst meine Partnerin vom High schwärmen und dann den Tauchlehrer den unfairen Sachverhalt aufklären: Je weniger man gegessen und geschlafen habe, desto empfänglicher sei man für den Tiefenrausch. Nun, das hätte mich vorher mehr interessiert als danach, du gepiercter Flegel, grämte ich mich, nicht ahnend, dass echte Probleme anstanden.

Ein Paar nach dem anderen tauchte auf, die Passagiere kamen an Bord, trugen sich aus Angst vor dem *Vegemite*-Löffel pflichtbewusst in die Wieder-da-Liste ein und setzten sich neben die käsige Holländerin. Nur noch zwei Namen fehlten auf der Liste, die der japanischen Frauen. Die beiden waren klein, leicht und leicht zu verlieren.

Mit jeder Minute, die ohne ein Auftauchen der beiden verging, wurden wir an Bord unruhiger. Jeder spähte in eine andere Richtung, aber das Meer war zu aufgewühlt, zu uneben, um sich gründlich begutachten zu lassen. Niemand sprach ein Wort, hin und wieder blickte ich zur Tauchlehrerin. Sie stand professionell gefasst an der Reling und gab Anweisungen, als würde sie nicht um zwei Verlorengegangene bangen, sondern kundig die Windrichtung prüfen.

Die Wellen ließen die *Coral* schaukeln wie noch nie auf dieser Reise, und das Meer verwandelte sich immer entschlossener in ein zorniges, weißwasserspritzendes Ungetüm. Ich fror im Wind, aber wie die anderen schien es mir unangebracht, meine Position zu verlassen, um mir ein Handtuch zu holen. Dass ich oder jemand anders in der höllisch tosenden See nichts und niemanden entdecken würde, war mir allerdings klar. Dass diese Überzeugung in seiner Konsequenz bedeutete, dass ich keine Hoffnung mehr hatte, die beiden Frauen je wieder lebend zu sehen, war mir bewusst. Ich musste an den Ertrinkenden in Richard Flanagans *Tod auf dem Fluss* denken, das ich als Vorbereitung für meinen Tasmanien-Abstecher gelesen hatte: »Ich spüre, wie das Wasser um mich herum wirbelt und strudelt und über mich hinweg und jetzt auch durch mich hindurch, und mein Kopf macht die Bewegung mit und bildet ganz ähnliche Wirbel und Strudel, der Stoff meines Lebens läuft aus mir heraus, aus meinen Ohren und meiner Nase und meinem Mund und meinem Arsch und verwirrt sich mit dem Wasser zu unauflösbaren keltischen Knoten, und das Wasser ist jetzt nicht mehr eine Kraft, die mich vernichtet, sondern eine, die mich neu schafft, mich zu etwas anderem macht, und ich weiß nicht mehr, ob ich noch ich bin oder ob ich der Fluss bin oder der Fluss ich.«

Was zum Teufel machten wir hier draußen? Wir gehörten hier so wenig her wie die Fische, die gerade seelenruhig unter uns an Korallen knabberten oder fidel einander jagten, an Land gehören.

Plötzlich schrie einer der Passagiere auf, mit dem ausgestreckten Arm deutete er in die Ferne. Folgte man seinem Arm, waren weit draußen tatsächlich bunte Striche im dunklen Wasser zu sehen. Es waren die aufblasbaren Würste, hochgehalten von den beiden Japanerinnen.

Der Kapitän steuerte auf die beiden zu, doch war es immer noch eine gewaltige Aufgabe, sie ins Schiff zu holen. Das Meer war nun so wild, dass es weitere lange Minuten dauerte, bis die beiden Frauen die Leiter hochklettern konnten. Sie lächelten, als seien sie gerade einem heißen Entspannungsbad entstiegen. Die Tauchlehrerin aber brach in Tränen aus. Ihr Kollege sprach den Rest des Wochenendes kein überflüssiges Wort mehr mit ihr, also keines, das nicht nötig gewesen wäre für das vernünftige Hintersichbringen dieses verdammten Jobs.

Blieben noch die versprochenen Haie. Da aus Naturschutzgründen das Füttern von Haien im Great Barrier Reef untersagt war, fuhren die Tauchboote in die abgelegenere Coral Sea, jenseits des großen Riffs, wo die Tiere seltener besucht wurden und die Gefahr geringer war, dass sich die Tiere an das Prozedere gewöhnten. Der Tauchplatz trug den vielversprechenden Namen »Predators Playground« – Spielplatz der Raubfische.

Erholt von dem Schock oder als Ablenkungsmanöver, stiegen wir also in das flache Wasser. In einem Halbkreis reihten wir uns wenige Meter unter der Oberfläche kniend auf dem Sandboden auf, mit einem Meter Abstand zum Nächsten. Das vom Kapitän zuvor ins Meer geschüttete Blut hatte bereits viele Fische angelockt. Aber spannend wurde es erst, als eine Art Döner ins Wasser gehalten wurde. Die aufgespießten Tiere lockten sofort Hunderte hektische kleine Fische an. Bald steuerten auch die ersten Haie auf das Futter zu, gemächlich und mächtig. Es sind Szenen, wie ich sie nur vom Winterschlussverkauf kannte, bei Menschen natürlich. Silberspitzenhaie und Weißspitzen-Hochseehaie rissen sich große Stücke aus dem Döner, drehten ab, schwammen hautnah an uns knienden Tauchern vorbei und versteckten sich hinter Felsen, um ihre Beute in Ruhe zu vertilgen. Manche berührten uns bei diesem Manöver, und ich musste an den albernen Witz mit Hai-

Papa und Hai-Sohnemann denken (die beiden sehen eine Menschengruppe planschen, schwimmen hoch, zeigen drohend die Flosse und tauchen wieder ab. Ob man die hilflose Beute denn nun endlich fressen dürfe, fragt der ungeduldige Hai-Sohn, worauf der Hai-Vater entgegnet: Nein, einmal noch machen wir die Show, dann sind sie leer geschissen und schmecken besser).

Zurück an Bord waren alle selig. Bis auf den Tauchlehrer. Und die Tauchlehrerin. Und der Freund der erkrankten Holländerin, der auf den Tauchgang mit den Haien verzichtete, um bei der Patientin zu bleiben. Das nennt man wahre Liebe. Oder echte Angst.

Kapitel 16

Arche noro

Am sechsten Tag fährt die *Radiance* Port Douglas an. Am Steg haben die örtlichen Reiseanbieter ihre Ständchen aufgebaut, sie haben für uns Kreuzfahrer Extraangebote, die nicht zu verwechseln sind mit Sonderangeboten. Die Kreuzfahrer müssen an den Plakaten vorbei, ob sie nun wollen oder nicht: Schnorcheln, Parasailing oder Wandern im Daintree Forest, der laut Flyer mit 135 Millionen Jahren der älteste Regenwald der Welt ist und der zudem direkt bis zum weißen Strand reicht, ohne Legostadt dazwischen. Wir nehmen die Plakate mit Bewunderung zur Kenntnis, bei gleichzeitigem Bedauern, nicht alles erfahren zu können. Zu wenig Zeit bleibt den interessierten Passagieren, wir müssen am Spätnachmittag ja schon wieder am Schiff sein. Das ist wohl die Krux einer Kreuzfahrt: Draußen darf man nur anschauen, aber nicht anfassen, für mehr als einen langen Blick und ein kurzes Planschen reicht der Freigang nicht aus. So dient Queensland vielen Kreuzfahrern zuvörderst als 3-D-Fototapete für Beweisbilder, die zeigen, dass sie nicht nur faul an Bord geblieben sind. Eine wunderschöne Fototapete immerhin.

Wir buchen spontan zwei Parasailing-Flüge. Unser Plan: Einer von uns beiden bleibt mit Johanna an Land, während sich der andere am Fallschirm hängend und über ein Seil mit dem Schnellboot verbunden von diesem durch die Höhenluft herumziehen lässt und die Aussicht genießt; danach tauschen wir die Positionen. Der Plan des Kapitäns, der offenkundig keine Lust hat auf das aufwendige Prozedere: Nehmt die Kleine doch einfach mit. So kommt es. Die Angst vor der Höhe und die Übersorge um Johanna, sie sind auf der *Radiance* geblieben. Dort sind sie bis heute.

Von hier oben, am Fallschirm hängend, sieht die beliebte Fototapete aus wie ein Fototeppich. Natürlich lassen sich die Passagiere auch im Schiff fotografieren. Als Beiwerk stehen ihnen zuweilen der Kapitän, immer jedoch Leinwände zur Verfügung, ohne die kein Kitschfotograf sein Handwerk ausüben sollte. Eine der Leinwände zeigt die *Radiance,* und das irritiert dann doch. Sich den Mond, das Oval Office oder eine andere unerreichbare Kulisse herbeizuzaubern mag noch einleuchten – in einem Schiff ein Foto ebendieses Schiffes zu fotografieren keineswegs. Nach ein paar Tagen kann ich mir die Nachfrage bei den Schiffsfotografen nicht verkneifen. Warum bitte fotografieren Sie die Gäste hier drinnen vor der Leinwand statt draußen beim Landausflug? Das echte Schiff könnte als Motiv geradezu fotogen wirken. Die Fotografin klärt auf: Die Angestellten hätten schlicht kein Arbeitsvisum für Australien, sie dürfen an Land nicht arbeiten.

Wer den Geist eines Kreuzfahrtschiffes begreifen will, muss sich dessen Lebenslauf vergegenwärtigen: Gebaut im emsländischen Papenburg von der Meyer-Werft, wurde die *Radiance* – das erste Schiff, das rückwärts über die Ems nach Eemshaven überführt wurde!, wie es stolz, aber zugegeben ohne Ausrufezeichen auf Wikipedia heißt – als bis dahin größtes in Deutschland gebautes Passagierschiff 2001 an die amerikanische Reederei Royal Caribbean International abgeliefert. Seither ist sie beheimatet im Hafen von Nassau auf den Bahamas und unterwegs auf den Ozeanen dieser Erde. Wer so eine Vita hat, der weiß provinzielle Gemütlichkeit mit mondänem Größenwahn zu verbinden, und nichts weniger suchen und finden die Passagiere auf dem Schiff. Man sieht am Bullauge den Pazifik und die australische Küste vorbeiziehen, bis einem schwindelig wird, ob beider Unendlichkeit, und doch nimmt man, trotz aller Exotik, zu den Pommes den Ketchup, den man von zu Hause kennt. Nebenbei wird am siebten Tag Willis Island passiert, eine Insel, auf der es eine Wetterstation mit fünf Angestellten gibt und sonst nichts. Das Schiff stoppt hier nicht, auch wenn man gerne die fünf Gesichter gesehen hätte, wenn 2.000 Leute ihr Eiland stürmen und nach Latte macchiatos und der Toilette fragen.

Tag acht, wieder ein Tag auf See, wieder ein Kilo mehr auf der Waage. Pantoffelheimelig ist es geworden, man kennt mittlerweile die Tischnachbarn, also das ältere Ehepaar aus Winnipeg, bestehend aus einem ehemaligen Fernsehmanager, der nun Express-Ölwechsel anbietet, und seiner Frau, die irgendeinen Laden schmeißt. Ihre Faibles: Er liebt Brötchen, ist aber nicht so gern in Mexiko unterwegs (»Dritte-Welt-Einstellung, Korruption, schlechte Straßen«); sie zieht Weißwein Rosé vor. Auf der anderen Seite sitzen zwei junge Neuseeländer. Sam ist *Fencer*, also Zaunbauer, und mag gern Shrimps am Spieß; Anna ist Krankenschwester und sitzt neben ihm. Sie haben drei Fragen an uns: Welche deutschen Schimpfwörter gibt es? Was hat es mit Hitlers Eagle's Nest auf sich, also mit dem Kehlsteinhaus auf dem Obersalzberg, wo der Führer gerne weilte? Und wie tief ist wohl das Boot? Sie gehen immer nur von Bord, um zu shoppen. Und jeden Abend gehen sie ins Aurora Theatre, ohne zu wissen, was dort geboten sein wird. Einmal gehe ich auch dorthin. Ein Comedian tritt auf und imitiert

Prominente. Dass die Imitierten auf einer Leinwand gezeigt werden müssen, um überhaupt eine Verbindung herzustellen, ist schon wieder lustig.

Wir haben uns gewöhnt an das Leben im sonnigen Off und die sympathischen, weil unkomplizierten Hawaiihemd-Träger aus Kanada. Gewöhnt an die Aufsteller mit Angeboten wie das einer Ärztin, deren Behandlung um zehn Jahre jünger machen will. Sieht man ihr Gesicht und vergleicht es mit dem frischen Porträtfoto auf der Reklame, ist das Rezept schnell gefunden: Photoshop.

Dank Johannas Süße kennen wir auch die philippinische Kellnerin des *Windjammer*, eines Lokals, dessen Namen ich anfangs deutsch aussprach und für wahnsinnig melancholisch hielt, bevor ich begriff, dass dies ein englischer Begriff aus der Segelbranche sein muss (es ist ein großes Segelschiff). Die Filipina ist im Gegensatz zu Maria mit ihrem Mann an Bord, er ist ebenfalls Kellner. Kinderlos ist sie aber auch, mit dreißig. »Der Arzt sagt, es ist der Stress«, erzählt sie.

Wir kennen ihren indischen Kollegen, der seine beiden Kinder erst in sechs Monaten wiedersieht und der schon an zwei Orten in Deutschland war. Ach, in Berlin oder München etwa? Hamburg oder Schloss Neuschwanstein? »Warnemünde und Rostock«, sagt der Mann aus Goa. Und man kennt seinen asiatischen Kollegen, der Erikson heißt und von seinem Sohn erzählt, der Mackenzie heißt. Die Belegschaft dieses Schiffes speist sich aus vielen Ländern und noch mehr Kulturen, und doch sprechen sie alle eine Sprache und diese in Moll: Heimweh.

Für uns Passagiere aber ist die Aussicht auf den nächsten Hafen mittlerweile nicht mehr begleitet von Tatendrang und Neugier, sondern von einer vagen Unlust. Doch irgendetwas ist trotz der bequemen Konstanz an diesem Tag anders. Ist es die Musik im Restaurant? Sicher nicht, denn die Liedauswahl ist unüberhörbar überschaubar, das Mixtape nach ein paar Mahlzeiten in Fleisch und Blut übergegangen. Nein, es ist der neue, sehr bestimmte Hinweis eines Crewmitglieds, vor Betreten des Restaurants doch bitte den Desinfektionsmittelspender für die Handreinigung zu nutzen. Schon vorher war offensichtlich, dass Hygiene auf einem Schiff einen hohen Stellenwert genießt: Wo sonst weist ein Schild auf der Toilette darauf hin, die Türklinke beim Verlassen bitteschön mit einem Einmalhandtuch zu drücken. Nun aber wird die Angelegenheit merklich ernster, und spätestens als der Kapitän in seiner täglichen Durchsage zur verstärkten Gründlichkeit auffordert, ist den Passagieren klar, was Sache ist: Die einzige Gefahr, die hier drohen könnte, ist der gottverdammte Durchfallvirus. Der Kapitän freilich versucht den Keim im Keim zu ersticken und meldet den Virus jovial, als wäre er ein gerade Zugestiegener. Sechs Infizierte soll es bereits geben, flüstert der Kellner. Sitzt bald das ganze Schiff auf der Toilette? Treibt die *Radiance* dann als schwimmende Quarantänestation durchs offene Meer, als monströse »Arche Noro«? Sicher ist nur: So ein Virus ist hervorragender, da frischer Gesprächsstoff am Dinnertisch.

Am neunten Tag landen wir in Airlie Beach. Was die tendenziell betagten Kreuzfahrer hier nicht erleben werden, den Queensland-Geist der Millionen von Backpackern aus aller Welt nämlich, habe ich 2003 in meinem Blog bejammert:

Jetzt bin ich gerade in Airlie Beach, Mallorca-artige Stimmung treibt mich aber heute nach 2 Tagen Feiern zur Weiterreise. Die abendliche Balz kenn ich schon von Thailand her, das ist hier bis auf den fehlenden Sex=Geld-Faktor nicht anders. Im Groben gilt die Formel: Die Fitten bekommen die Fitten, die Dicken die Dicken. Dazu kommen Sekundärfaktoren wie Behaarung (je nach Geschlecht Bein oder Rücken), Tänzer oder In-der-Ecke-Steher, Maulaufreißen und Nationalität. Chancenreich sind Skandinavierinnen, Schotten gehen meist leer aus. Durchs Raster fallen die Mädels, die im Club ein Regenwimmerl umgeschnallt haben, und Japaner. An denen scheint die Pärchenglobalisierung spurlos vorübergegangen zu sein, die machen's unter sich aus. Faktor Nummer eins ist aber ganz klar Alkohol, der bringt meine Thesen ins Wanken. Die Strandaustralie-

rinnen, die ich bisher kennengelernt habe, haben zwar Muckis und nennen mich »Darling«, ich steh auf beides, aber nach dem Standard-Entree mit den fünf, sechs Fragen gerät das Gespräch schon arg ins Stocken. Denn wenn ich erzählen würde, dass mir morgen beide Beine amputiert werden, dann würden sie auch sagen: »Oh, really, that's so cool!« Da hab' ich kein' Bock drauf. Oder anders gesagt: Die Trauben, die dem Fuchs zu hoch hängen, sind ihm zu sauer. Jedenfalls lebe ich hier Harmlosigkeit, ich bin die fleischgewordene Political Correctness, ein reisender Ministrant. Ich bin der, der Batterien am Strand aufsammelt, der bei Rot an der Ampel wartet, wenn ein Kind danebensteht, ich bin der, der die Toilette so verlässt, wie er sie vorfinden möchte, und der, der wegschaut, wenn sich die Mädels im Schlafsaal umziehen, meistens. Es ist zum Kotzen. Manchmal muss ich mir selbst beweisen, dass ich noch rebellisch und cool sein kann, da geh ich dann schon mal mit vollem Magen ins Wasser, da kenn ich nix. Ich weiß nicht genau, was ich über Australien schreiben soll, es ist alles genauso, wie man es sich vorstellt. Für mich eigentlich viel zu teuer, gleichzeitig aber viel zu verlockend, um sich zu viele Gedanken zu machen. Bier und Fleisch werden hier in unvorstellbaren Mengen konsumiert, mein Körper denkt, ich sei auf Trennkost, und verliert Pfund um Pfund, gerade ist Rugby World Cup, also eh Ausnahmezustand und kollektiver Rausch. Man kommt leicht mit jedem ins Gespräch, wobei sich allerdings Probleme ergeben, wenn sie mich nach Sachen fragen, von denen ich keine Ahnung habe, also Rugby, Oktoberfest und mein Studium, und ein korrekter if-sentence ist nach 5 Bier auch Illusion. Hier lässt sich's länger leben.

Selbst wenn man nicht mehr als Backpacker unterwegs ist (und nicht Pfund um Pfund verliert, sondern gewinnt), ist Airlie Beach ein Ort, den man ansteuert, um wieder wegzukommen. Nicht, weil er so hässlich ist, sondern weil man von dort zu den weißesten Stränden Australiens segeln kann. Auf dem Segelboot haben die Urlauber dann auch eine Wahnsinnszeit. Die Sonne scheint, der Wind bläst moderat, aber wirkungsvoll, und so steuert das Schiffchen kommod zwischen den herrlichen Whitsunday-Inseln herum. Alle sind ostentativ zufrieden – bis auf eine deutsche Urlauberin. Den Deutschen muss man eben mehr bieten als nur das Wesentliche, sie sind als Experten auf dem Gebiet anspruchsvoll: Pro Jahr geben sie mehr als eine Milliarde Euro für Kreuzfahrten aus, immer noch, trotz des Kenterns der *Costa Concordia.* So steht es in einer Konsumstudie, die nebenbei bemerkt, dass sich drei Viertel dieser Urlauber über eine prähistorische Institution namens Kataloge informieren – anschaulicher hätte man die leichte Überalterung einer Reisegruppe nicht zeigen können. Die Westfälin jedenfalls ist genervt von der *Radiance*, weil auf der *Aida* schon mal alles besser war. Zum Beispiel haben da die Zimmermädchen schönere Figuren aus den Handtüchern in den Kabinen gemacht. Auch habe es da noch mehr Nachspeisen gegeben, und außerdem gehe es auf der *Radiance* wegen der Kanadier zu wie am Ballermann. Und jetzt habe sie auf dem Segelboot auch noch er-

Weißer wird's nicht: am Whitehaven Beach

fahren, dass der legendäre Whitehaven Beach nicht angesteuert werde, sagt die frustrierte Frau, während sich hinter ihr die schönste aller Landschaften präsentiert.

Was ich der Frau nicht sage: Ich war bereits zweimal am Whitehaven Beach, und er ist zu Recht legendär. Das erste Mal als Backpacker, das zweite Mal als Journalist. Bei der zweiten Reise flog ich den Strand dekadent im Wasserflugzeug an. Von oben aus gesehen war diese Welt noch in perfekter Unordnung. Fleckenteppiche mit ineinanderfließenden Rändern, leuchtend in Hellblau und Türkis, bevor am Horizont das Himmelblau wartete. Postkartenschön wäre es zu nennen gewesen, wenn die Weite irgendwie ins Format passen würde. Wir flogen vorbei an der kitschigen Insel, die wie ein Herz geformt ist, vorbei an den Whitsunday-Inseln mit ihren blendend weißen Quarzsandstränden. Gestört wurde die Romantik nur vom dröhnenden Motor des Flugzeugs, dessen kleiner Schatten auf dem menschenleeren Meer trieb.

Zwischen den Inseln irritierte ein weißer Fleck, ein Segelboot. Seine Besatzung planschte im Wasser, mit Flossen und Schnorcheln. Was sie dort unten sah, hat mit Kitsch nicht mehr viel zu tun. Denn dort unten ist die Unordnung im Great Barrier Reef verdammt unperfekt, unter Wasser ist vieles grau, was früher bunt gewesen war. Das Paradies bleicht aus, das Meer wird zu seinem eigenen staubigen Museum.

Die beiden Perspektiven – die eine aus einer *Cessna 208*, die andere durch die Taucherbrille – sind freilich mehr als bloße Blickwinkel. Sie stehen für zwei unvereinbare politische und ideologische Positionen in einem globalen Umweltstreit.

Die einen sehen im Meer ein schier unendliches und daher unendlich belastbares Reservoir, eines, dessen Kraft in der Masse und nicht im farbigen Detail liegt; so wurde erst 2012 der Ausbau des Hafens Abbott Point, 100 Kilometer nordwestlich von Airlie Beach, zum größten Kohlehafen der Welt genehmigt – samt der Entsorgung von drei Millionen Kubikmeter abgebaggertem

Schlamm im Meer (wie skandalös die Pläne sind, zeigt sich an der Reaktion der sonst nicht zimperlichen Deutschen Bank, die auf ihrer Hauptversammlung im Mai 2014 bekannt gab, sich nicht wie geplant an der Finanzierung des Hafens zu beteiligen).

Die anderen sehen ein durch Tourismus, Industrialisierung und Klimawandel geschundenes und versauertes Naturwunder, das es unbedingt zu schonen gilt. So streiten sich die Museumswärter seit Jahren um den Umgang mit dem bunten Relikt. Sicher ist: Die Korallen sterben weltweit, und am prominentesten gehen sie hier am Great Barrier Reef zugrunde, vor den Augen von jährlich zwei Millionen Urlaubern. Seit Mitte der 80er hat das Riff die Hälfte seiner Korallen verloren.

Keinerlei Sorge bereiten diese Zahlen Tony, dem Skipper dieses 26 Meter langen lila Segelbootes, das *Camira* heißt, seit sein früherer Name (*Tsunami*) einen freudlosen Klang hat. Tony ist vielleicht Mitte vierzig, und sein Löwenfell auf der freigelegten Brust ist golden. »Das Great Barrier Reef wird hier kleiner und dort größer. Und natürlich werden alle Entscheidungen, die der Öl- und Gas- und Kohleindustrie die Zerstörung des Riffs erlauben, wieder zurückgenommen. Die ganze Welt würde sonst doch einen Aufstand machen. Wenn etwas dem Riff schadet, dann die Touristen«, sagt er, während er das Schiff voll mit Touristen steuert. Es ist dies eine sehr australische Art, mit Gefahren umzugehen: mit Vertrauen und Verdrängung.

Zurück auf der *Radiance*. Die Reife der Passagiere zeigt sich an diesem zehnten Tag im Respekt vor Autoritäten bei gleichzeitiger eigener Klasse: Als der Kapitän zu einem Treffen in einer Bar lädt, verwandelt sich die legere Unbekümmertheit der Passagiere in vielleicht nicht anmutigen, aber doch anständigen Stil. Die Herren im Anzug und die Damen im Abendkleid hören dem bärtigen wie bärigen Norweger andächtig bei der Vorstellung seines Schiffes zu: zwei Gasturbinen mit je 25 Megawatt, mehr als 2100 Passagiere, fast 900 Crewmitglieder, darunter 58 Paare. Am Ende spielt die Band ein paar Rausschmeißer, und die Leute werden Richtung Buffet entlassen. Nur die Band und zwei ältere Japaner bleiben. Die Musiker spielen Santana und das Paar tanzt alleine auf der Tanzfläche. Für diesen Moment, für diese fünf intimen Minuten »Samba Pa Ti«, von denen die beiden Engumschlungenen vielleicht ihr gemeinsames Leben lang geträumt haben, ist das laute Treiben der Partygesellschaft seemeilenweit fern, und die *Radiance* scheint nur für das stolze Paar und diesen Augenblick in See gestochen zu sein. Es ist, als stünde das Schiff während des Tanzes still und einzig die Erde drehte sich. Nach all der leichten Unterhaltung und all den schweren Mahlzeiten bewegt mich die Intensität dieser unvermittelten Romantik, und daran ist nicht allein der Wellengang schuld.

Am elften Tag fahren wir Brisbane an, *been there, seen it*, und außerdem ist die Unlust, von Bord zu gehen, mittlerweile einer Abneigung gegen Festland gewichen. Wir bleiben auf dem Schiff, wo man die anderen Passagiere nach dem Frühstück zum Ausgang hetzen sieht. Wie sie ein letztes Mal vor dem Ausstieg zum Buffet blicken, sieht man ihnen deutlich an, dass sie jetzt auch lieber zu Hause blieben. Trotz der nun schon zwölf Noro-Erkrankten.

»Mittwoch« steht schon wieder auf der Steinplatte im Aufzug, wo tatsächlich »My Heart Will Go On« läuft, vom *Titanic*-Soundtrack. Humor haben sie ja. Den letzten vollen Tag, bevor sie am nächsten Morgen ausgeladen wird, verbringt das weiße Monstrum abermals auf See. Man packt und rüstet sich für das Leben auf der anderen Seite, wie im 18. Jahrhundert die britischen Knackis, als sie nach langer Seereise in Australien landeten. Oder wie 400 Millionen Jahre zuvor die Knochenfische, bevor sie Amphibien wurden – mit dem Unterschied freilich, dass man selbst deutlich aufrechter an Land geht. Denn wie die vielen anderen Lektionen, die man in den vergangenen Tagen auf dieser faszinierenden Wampenbildungsreise gelernt hat – über sich, über Kanada, über

Queensland und vielleicht sogar über Westfalen –, bleibt auch die von der richtigen Körperhaltung unvergessen.

Kapitel 17

Nichts ist schwerer als Easy-Going

Dem Schiff entstiegen, gönnen wir uns in Sydney ein Taxi. Nach einer halben Stunde erreichen wir den Stadtteil Bondi Beach, eine Gegend, die noch australischer zu sein scheint als alles bisher Bewunderte und Verwünschte. Das Auto hält vor dem »Brown Sugar«, vor dem wir auf unseren Vermieter warten sollen. Auf dem ausgehängten Menü des Restaurants: Marokkanische Eier, also pochierte Eier an gemächlich gekochten, pikant gewürzten Paprika und Tomaten, englischem Spinat und Za'atar Toast mit Ziegenkäse oder Chorizo. Ein ordentlicher Hunger wäre dem Angebot angemessen, aber das hastig gegurgelte Frühstück auf dem Schiff hat mich bereits gesättigt.

Der Anblick des vorbeispazierenden Halbnackten, der sich ein Surfbrett unter den sehnigen Arm geklemmt hat wie andere Leute die Zeitung, gibt den finalen Ausschlag, auf ein zweites Frühstück

Starker Mann am Bondi Beach (nicht ich)

zu verzichten. Die Morgensonne scheint dort nicht einfach auf der Curlewis Street, sie taucht sie auch nicht bloß in irgendein stimmungsvolles Licht. Sie belichtet sie wie Scheinwerfer ein Foto-Set. Das Viertel ist eine einzige Kulisse, errichtet und wieder sanft verkommen gelassen, um lässige Urbanität oder urbane Lässigkeit auszustrahlen. Nichts ist neu gebaut oder frisch gestrichen, und doch wirkt alles wie von Hipster-Hand upgedatet, als glaubten sie hier fest daran, eine fotogene Zeitgeistlichkeit werde sie irgendwann erlösen.

Junge Frauen joggen in Figuren und Kleidern, wie man sie nur aus der Werbung kennt. An ihren durchtrainierten Seiten laufen fettfreie Männer mit nackten, verschwitzten Oberkörpern. Es sind dies intakte Menschen, die morgens nicht dem Bett zu entsteigen scheinen, sondern einem Nike-Katalog. Vielleicht werden sie vom Fremdenverkehrsamt bezahlt für ihre Anstrengungen, es ist jedenfalls ziemlich beeindruckend, mit welcher frühmorgendlichen Konsequenz den Touristen hier das australische Idealbild von Sonnyboys und All Australian Girls vermittelt wird, deren Sonnenbrillen größer sind als ihre Hintern. Auf die Straße ist »Look right« gepinselt, es ist eine Hilfestellung für die Touristen hier, aber es liest sich auch wie ein Imperativ zum Gutaussehen.

Bei dem Anblick der durchtrainierten Australier fällt mir ein alter, sehr flüchtiger Bekannter ein. Er fehlt mir. Wie gerne würde ich mit ihm mal in die Ferien fahren; wenn ich ehrlich wählen müsste, sogar lieber als mit so manchem Bekannten. Auf den Urlaubsbildern würde er jedenfalls das bessere Bild abgeben als so manch mitreisender Schulausflügler damals.

Ich meine den Surf-Body. Er kündigt sich regelmäßig an, großspurig und mit einem überzeugten »Diesmal wirklich!« Und doch zeichnet sich in den Monaten, spätestens in den Wochen vor der Abreise schon ab, dass das wieder nix wird. Und mit den Jahren wird sein Erscheinen immer unwahrscheinlicher. Wer statt auf ihn auf Godot oder Jesus wartet, kann sich größere Hoffnung machen.

Die Diät-Industrie aber ist doppelt clever: Sie ist nicht nur erfolgreich, obwohl sie nicht funktioniert; sie ist vor allem erfolgreich, weil sie nicht funktioniert – würden die Diäten wirken, brauchte niemand mehr das nächste »12 Kilo runter in 2 Tagen«-

Heft, dessen Formel nur durch Amputationen diverser Gliedmaße funktionierte.

Die Menschen werden irgendwann auf Perpetuum mobiles um die Welt fliegen und sich immer noch über ihre Hüften ärgern. Neben den Staubsaugern (wer jemals einen dieser Brösel ignorierenden Staubsaugerroboter hatte, kann bestätigen, dass diese Technik keine Zukunft hat) werden in den Rumpelkammern stylishe Fettabsauger für den Hausgebrauch stehen, und doch werden sich die Leute über ihre Plauze aufregen. Und irgendwann, wenn es keine Bikinis mehr geben wird und die Menschen, je nach Laune der Geschichte, entweder total nackt oder komplett verhüllt an den Strand gehen werden, wird man sich beim allgemeinen Lamento über die fehlende Bikini- oder Badehosen-Figur zwar über diesen Ausdruck wundern – das Lamento aber wird es so sicher geben wie klassische Staubsauger. Jedenfalls ist es schwer, durch Surfen eine Surf-Figur zu bekommen, wenn man zu schwer zum Surfen ist.

Die Optik ist in Bondi aber nicht alles. Man kann sich Wartezeiten herrlich auf einer Bank sitzend vertreiben, mit geschlossenen Augen die Sonne genießen und allein am Schuhgeräusch die Mitmenschen beurteilen. Das ist generell auf Reisen eine empfehlenswerte Erfahrung, ist das Ohr doch ein massiv unterschätztes Urlauberorgan. Die Nase riecht daheim Sonnencreme und lässt einen sofort an eine Reise in die Hitze denken; das Auge ist sowieso dauerüberwältigt von selbst gemachten oder aufgezwungenen, jedenfalls omnipräsenten Postkartenbildern; die Zunge ist ein delirierender Begleiter, der verrückt wird bei exotischen Gewürzen oder geschmacksblind bei dem Wein, der in Italien so mundete und sich daheim als Essig präsentiert (der Tastsinn ist zu vernachlässigen, er verrichtet seine einzig verbliebene Aufgabe, das Bestreichen des Smartphone-Bildschirms, überall und am Bondi Beach erst recht – die Leute hier sind sicher leichter von ihren Tätowierungen zu befreien als von ihren iPhones).

Akustisch aber wird man zu Hause kaum von Urlaubserinnerungen eingeholt. Weil die fremden Klänge im Gegensatz zum Fusel keine Mitbringsel sind. Der Soundtrack einer Reise beginnt und endet mit ihr (außer man ist so wahnsinnig (betrunken) und kauft tatsächlich eine der quakenden Holzkröten in Bangkok oder eine CD der portugiesischen Fado-Heuler in Lissabon oder das Hassobjekt der Flughafenmitarbeiter: ein Didgeridoo). Die typischen Urlaubstöne beginnen beim dümmlichen Fiepen der Detektoren, mit denen die Flughafensicherheit die Passagiere nach Metall absucht, und reichen dann von der wilden Huperei italienischer Autofahrer bis zum Generatorenbrummen auf einsamen Inseln, vom lauten eigenen Schnaufen beim Tauchen bis zu den namensgebenden Schreien der Geckos, von der Fernsehbeschallung in spanischen Bars bis zum Rattern uralter Züge; nicht zu vergessen sind Klassiker wie Meeresrauschen, Kuhglockengeläut und Kakerlakenkrabbeln.

Wenn man ehrlich ist, kann man zu Hause auf all diese Geräusche gut und gerne verzichten. Ihre Abwesenheit in der Heimat ist essenziell für ihre Genießbarkeit (oder im Fall der Generatoren: ihre Erträglichkeit) in der Ferne – alle Klänge bleiben, wo sie hingehören.

Was hört man nun blind am Bondi Beach sitzend? Die Kabel ihrer Kopfhörer schlagen bei jedem Schritt Takt gebend gegen die flachen Bäuche der Jogger, es sind die einzigen Geräusche, die diese auf ultraleichten, ultrabunten Schuhen wandelnden Wesen erzeugen. Wer nicht joggt, trägt klackende Arbeitsschuhe. Und wer hier weder arbeitet noch joggt, der watschelt. *Thongs*, also Zehentrenner, oder um den gebräuchlicheren Markennamen zu benutzen: Flip-Flops, sind in Australien mehr als nur Sommerschuhe. Selbst in Restaurants oder in Läden werden sie getragen und stehen dabei ostentativ für die Lockerheit, Lässigkeit und Ungezwungenheit des Strandvolkes. Importiert nach Deutschland, stehen sie eher für die Sehnsucht und Geschmacksunsicherheit der Reiseweltmeister.

Man würde gerne sagen, die Zehentrenner hätten sich in den vergangenen Jahrzehnten eingeschlichen in das schattige Abendland, aber von Schleichen kann ja keine Rede sein. Was am Bondi Beach sexy und passend wirkt, ist in den Straßen von Karlsruhe oder in der Mainzer Fußgängerzone ein ästhetisches Übel. Frauen schlurfen über den Asphalt, während die Gummischuhe ihren unbetonten Waden einen furchtbar schalen Beifall spenden. Und Männer exhibitionieren ungeniert das hässlichste ihres an hässlichen Teilen nicht armen Körpers.

Wer weder Australier noch einer der abendländischen Dauerträger ist, kann sich in den ersten Tagen am Strand schwertun bei der Assimilation. Die Sehnen schmerzen am großen Onkel, und die Haut zwischen den Zehen, die den Riemen umfassen, ist gereizt wie ein italienischer Autofahrer, von den giftigen Inhaltsstoffen der billigsten Modelle ganz zu schweigen. Der Riemen indes ist so locker befestigt, dass ein leichter Zug daran den Schuh endgültig zu dem macht, was er eigentlich schon seit Fertigung ist: Gummimüll. Andererseits sind die Schuhe sehr praktisch.

So bleibe ich persönlich in der Flip-Flop-Frage doch recht unentschieden zurück (der Begriff *flipflop* steht in der amerikanischen Politik nicht umsonst für die radikale Meinungsänderung). Ich entscheide mich natürlich trotz der Zweifel, die Dinger zu tragen. Es ist quasi meine Pflicht als Gast. Das Idealbild der selbstverständlich lockeren und legeren Strandmenschen und Surfer funktioniert nur als solches, wenn es dazu ein ästhetisches Gegengewicht gibt. So leiste ich als rot gebräunter und BMI-normaler Nichtsurfer ebenfalls einen essenziellen Beitrag zur Ästhetik von Bondi.

Ein Auto hält vor dem Restaurant, endlich. Es steigt aus: John. Zu verlebt sieht der Mann aus, als dass er sich freiwillig so früh im Viertel, in dieser Freiluft-Arena der Fitten, herumtreiben würde. Sein Erscheinen hat einen anderen Grund: John ist unser Vermieter. Ich hatte ihn noch von München aus über *Airbnb* kennengelernt. »Beach Breezer, 100 mtrs to water!«, hieß es in der Beschreibung der Wohnung, die nun im Nachbargebäude des *Brown Sugar* auf uns wartet. Dass das Wasser von hier aus gar nicht zu sehen ist, liegt weniger an der australischen Neigung zur Übertreibung – das Wasser ist etwa 500 Meter entfernt – denn an dem Hügel, der zwischen uns und dem Meer liegt.

John schickt uns sogleich über den Hügel, er müsse noch sauber machen, wir könnten das Gepäck ja schon mal in der Wohnung lassen und zum Strand gehen. Er steht neben seinem europäische Sportwagen imitierenden Holden V8 Commodore, die verquollenen Augen unter einer Piloten-Sonnenbrille verschanzt, sein Bauch unter dem gespannten Holzfällerhemd ist ein Alleinstellungsmerkmal in dieser Gegend.

John und seine Geschäftspartnerin besitzen hier am Strand in Sydney fünf dürftig ausgestattete Wohnungen, in denen keine festen Mieter mehr leben, sondern feierwütige Urlauber. Und weil am hippen Bondi Beach, was die Kosten der Unterkünfte angeht, ganzjährig Festwoche ist, kann John es sich heute leisten, nichts anderes mehr zu machen als ein paar Besorgungen und kleinere Reparaturen. Dass nebenan ein Handwerker gerade die Fenster austauschen muss, weil die Einheimischen genervt sind von den nachtaktiven Backpackern, stört ihn so wenig wie seinen Hund.

Ich treffe ihn wieder am Nachmittag, als er den Hund Gassi führt. Seit zwei Jahren mache er das Airbnb-Ding, erzählt er, einen Kaffeebecher in der einen Hand, die Leine in der anderen. Früher habe er langfristig vermietet, aber das lohne sich nicht. Die Wucherpreise, die er nun von den Kurzzeit-Touristen verlangt, die »zahlen die Raten für die Wohnungen, die Rechnungen und mich«.

Irgendwann will er ein richtiger Immobilienmakler werden. »Das hier ist die teuerste Gegend Australiens«, sagt er. »Was denkst du, wie viel die Hütte da drüben wert ist?«, fragt er und nickt in die Richtung eines schmucklosen Einfamilienhauses. »Drei bis vier Millionen«, antwortet er sich selbst. »Hier leben die Packers und die Murdochs, die reichsten Familien des Landes. Und weil der Dollar so stark ist, geben die Reichen jetzt noch mehr Geld aus.« Das treibe die Preise nach oben.

Einer dieser reichen Bondi-Badenden ist der Schauspieler Hugh Jackman. Wenn Hugh Jackman »Being on the weekend #bondi« twittert, dann sind da natürlich Fotos vom Strandbesuch seines muskulösen Oberkörpers zu sehen. Jackman ist der berühmteste Australier, den ich je getroffen habe (später habe ich mich bei einem Picknick in einem Park in Melbourne mit dem Künstler Stuart Ringholt unterhalten, dessen Werke auch bei der *documenta* in Kassel ausgestellt waren: Videos von einander fremden Menschen, die sich für das Projekt minutenlang anschrien. Das sollte eine befreiende Wirkung haben, genauso wie die Nackttouren durch ein Museum in Canberra, die er (natürlich selbst auch nackt) anbot. Beide Aktionen verhalfen ihm jedoch nicht zu dem Weltruf, der ihn zum berühmtesten Australier machte, den ich je getroffen habe. Aber zumindest werde ich den allerersten Satz seines Buches *»Hashish Psychosis: What It's Like to Be Mentally Ill and Recover«* – im Gegensatz zu so manchem Jackman-Film – so schnell nicht vergessen: »One night, at the age of 23 I wanted to have sex with my mother.« Der Satz ist jedenfalls einprägsamer als, sagen wir: »Die Scheinwerfer der Autos blendeten mich in Augenhöhe.«)

Ich traf Hugh Jackman im Herbst 2011 im Bayerischen Hof für die Süddeutsche Zeitung zum Interview. Über die Murdochs, diesen weltweit gefürchteten Medienclan, wollte er nicht sprechen. Und doch verrät er zwischen den Zeilen, wie die Australier, die es geschafft haben, miteinander leben und untereinander klüngeln. Man kennt einander, man hilft einander. Er nennt es »Kameradschaft«. In Bayern spräche man von »Amigos«. Das Ganze klang in etwa so:

Ich: Mr. Jackman, sind Sie mir böse, wenn wir heute nicht von Ihnen als »Sexiest Man Alive« sprechen?

Er: Sie sind gerade zu meinem Lieblingsinterviewer geworden.

Ich: Sie sind auf weltweiter Werbetour für Ihren neuen Film. Wissen Sie eigentlich, in welcher Stadt Sie gerade sind?

Er: Natürlich, München ist großartig. Als ich gestern angekommen bin, hab' ich mir ein Rad geliehen und bin durch die Stadt gefahren. Und heute Morgen bin ich im Englischen Garten in den Eisbach gesprungen.

Ich: Wie bitte? Wurden Sie nicht sofort von rolligen Fans angefallen?

Er: Nein, ich bin extra früh aufgestanden, damit ich nicht so vielen Leuten begegne. Man muss sich mit der eigenen Bekanntheit zu arrangieren wissen.

Ich: Waren Sie schon mal in München?

Er: Ja, das ist lange her. Wie die meisten 18-jährigen Touristen habe ich mich in den Wirtshäusern mit Bier betrunken und am Bahnhof übernachtet.

Ich: Sehr klischeehaft.

Er: Ich weiß, sehr australisch. Ich erinnere mich daran, meinen Freunden so fest zugeprostet zu haben, dass die Krüge zerbrochen sind. Ich glaube, wir wurden rausgeschmissen. Und ich habe mich in ein Mädchen verliebt. Ich erinnere mich daran, ihr einen Abschiedskuss gegeben zu haben, bevor ihre Bahn abgefahren ist. Ich habe mir kurz überlegt, meine Freunde stehen zu lassen und auch einzusteigen. Ich habe es nicht getan. So bin ich dann auf dem Fußboden des Bahnhofs gelegen und habe gedacht, ich hätte den größten Fehler meines Lebens begangen. Ich habe sie nie wiedergesehen.

Ich: Vielleicht treffen Sie die Frau ja heute wieder. Draußen warten eine Menge Journalistinnen. Wie viele Frauen interviewen Sie im Vergleich zu Männern?

Er: Das Verhältnis ist wahrscheinlich zwei zu eins.

Ich: Die Kolleginnen schwärmen von Ihrem Charme und Ihrer Lockerheit.

Er: Ich kann auch ein Bastard sein, wenn Ihnen das lieber ist.

Sehr charmant, sehr locker. Jackman sitzt tiefenentspannt auf dem Sofa, mit Dreitagebart und Kurzhaarfrisur. Ein 1,89 Meter großer Energieriegel, der beim Bankdrücken angeblich 150 Kilo auflegt. Ab und zu nimmt er sich ein paar Ananasstücke aus der Schale auf dem Tisch. Sein Handy klingelt. Jackman entschuldigt sich und holt ein uraltes Telefon aus der Hosentasche. Es gebe nur eine Person, die diese Nummer habe, sagt er: seine Frau. Deborra-Lee Furness ist ebenfalls Schauspielerin und 13 Jahre älter als er. Die beiden haben sich beim Dreh einer australischen Serie kennengelernt. Nach zwei Fehlgeburten entschied sich das Paar, zwei Kinder zu adoptieren. Er geht nicht ans Telefon. Nervt ihn die omnipräsente Technik?

Er: Ich entziehe mich ihr, soweit es geht. Was meinen Lifestyle betrifft, bin ich vom alten Schlag. Mit der Technik verhält es sich doch wie mit frischen Beziehungen – erst ist es aufregend, aber nach drei Wochen denkt man: wie langweilig. Meine Frau sagt, ich solle mir ein iPhone kaufen. Aber ich will keine Mails auf dem Telefon.

Ich: Für Journalisten ist so ein Smartphone recht praktisch.

Er: Versteh ich ja. Ich habe selber mal Journalismus studiert. Ich war im ersten Jahrgang, der nicht mehr Steno lernen musste.

Ich: Heute sind Sie selbst ein Objekt von Journalisten. Hilft Ihnen Ihre Erfahrung beim Umgang mit der Presse?

Er: Sehr. Ich habe wahrscheinlich mehr Verständnis für Journalisten als die meisten anderen Schauspieler. Ich fühle mit ihnen, wenn es ihnen peinlich ist, dass sie eine dumme Frage gestellt haben. Auch gebe ich wahrscheinlich mehr preis als andere. Wobei eine gewisse Zurückhaltung für meinen Job nicht das Schlechteste ist. Zum Beispiel weiß ich nicht viel über Judi Dench, und das hilft wohl dabei, ihr die Charaktere abzunehmen, die sie spielt. Auch Jack Nicholson tritt nie im Fernsehen auf.

Ich: Haben Sie nie schlechte Erfahrungen mit der Presse gemacht?

Er: Doch. Nachdem ich einmal von meinen Eltern erzählt hatte, suchten Journalisten meine Mutter in England auf. Sie ist eine nette Person und hat die Reporter auf eine Tasse Tee eingeladen. Später standen wirklich fiese Geschichten über sie in den Zeitungen.

Als Hugh Jackman acht Monate alt war, begab sich seine Mutter laut *Sydney Morning Herald* wegen Depressionen ins Krankenhaus. Der Junge wurde vorübergehend zu Pateneltern gebracht. Den Vater sah er am Wochenende, die Mutter nie. Nach einem Jahr kam sie wieder, verließ ihren Mann und die fünf Kinder aber sechs Jahre später von heute auf morgen. Sie zog mit Hughs beiden Schwestern nach England, in ihre Heimat, zurück. Heute ist die Familie versöhnt. Hugh Jackman lebt in New York.

Ich: Sie waren aber kein Opfer der Abhörmethoden von *News Of The World*, der mittlerweile eingestellten Zeitung von Rupert Murdoch, oder?

Er: Ich hoffe nicht. Natürlich wäre ich sauer, wenn auch meine Mailbox gehackt worden wäre. Darüber hinaus wäre es besonders unangenehm, da ich mit Rupert Murdoch befreundet bin.

Ich: Haben Sie ihn je nach dem Skandal gefragt? Immerhin wurden viele Ihrer Kollegen abgehört.

Er: Nein. Unsere Familien kennen sich seit zehn, fünfzehn Jahren, wir sprechen niemals übers Geschäft. Aber ich denke mal, er war entsetzt, als er von den Abhöraktionen hörte.

Ich: Murdoch stammt aus Melbourne, Sie wurden in Sydney geboren. Gibt es in Hollywood ein australisches Netzwerk?

Er: Durchaus, wenn auch kein offizielles. Australien ist ein kleines Land, wir sind nur 20 Millionen Einwohner. Man kennt sich, fühlt eine gewisse Kameradschaft. Mit Cate Blanchett habe ich einmal Ende der Neunziger für eine Fernsehserie vorgesprochen. Doch dann hat sie die Hauptrolle im Kinofilm »Elizabeth«

bekommen. Sie hat die Serienrolle sausen lassen. Für die Schauspielerin, die sie dort ersetzt hat, war ich aber zu groß. So habe ich meine Rolle auch nicht gekriegt.

Ich: Sie sind nach der Schauspielschule erst zum Theaterspielen nach England, später als angehender Filmstar in die USA gezogen. Sie kommen rum.

Er: Ich habe das Reisen schon immer geliebt, als Kind hatte ich eine Weltkarte neben dem Bett hängen. Und als ich in die USA gezogen bin, fühlte ich mich ohnehin nie als Fremder, da meine Frau schon mehrere Jahre hier gelebt hatte und wir bereits viele Freunde hatten. Nicole (Kidman) und auch Tom (Cruise), zum Beispiel. Ich hatte nur einen Vorsatz: nie nach Los Angeles zu ziehen. Immer wenn ich dorthin musste, hatte ich das Rückflugticket schon in der Tasche.

Der Mann kann mehr als oben ohne: Er ist ein formidabler Moderator, hat auch schon durch die Oscar-Verleihung geführt. Er ist ein exzellenter Theaterschauspieler, hat sogar einen Tony verliehen bekommen. Vor dem großen Rugby-Endspiel der australischen Liga hat er einst vor mehr als 100.000 Zuschauern die Nationalhymne gesungen. Und trotzdem geht der Mann noch zur Schule.

Ich: Sie besuchen die *School of Practical Philosophy*. Was ist das?

Er: Ich besuche die Schule seit zwanzig Jahren, wenn es geht, jede Woche. Man ist dort Teil einer festen Gruppe, in meiner sind zwölf Leute. Zusammen nehmen wir uns anspruchsvolle Werke vor. Das kann die Bibel sein oder Shakespeare, Sokrates, die Upanishaden. Wir lesen die Werke und überlegen, was sie mit unserem Leben zu tun haben.

Ich: Was bringt Ihnen das?

Er: Es ist, als lernte man, präsent zu sein. Ich habe anfangs gedacht: Großartig, das wird mir als Schauspieler helfen, denn darum geht es in dem Beruf ja. Schon bald habe ich gemerkt, dass es um viel mehr geht.

Ich: Was meinen Sie?

Er: Ich habe den spirituellen Pfad gefunden, den ich schon immer gesucht hatte. Ich bin in einem sehr religiösen Haushalt aufgewachsen, aber mit 15, 16 fand ich das sehr engstirnig. Die Schule hingegen ist sehr weltoffen. Sie hat mein Leben verändert, wirklich.

Man stellt sich Jackman vor, wie er auf einer Hollywood-Party davon erzählt und sich die anderen Smalltalker denken: Klugscheißer. Die Schule freilich, von der Jackman so schwärmt, ist wegen angeblich sektenähnlicher Methoden ziemlich umstritten. Zum Schluss also lieber wieder etwas Leichtes.

Ich: Eine Frage noch: Wer so viel Brusthaar hat, dem wächst es doch sicher auch büschelweise auf dem Rücken, oder?

Er: Nein, schauen Sie!

Jackman steht auf und lupft sein Hemd, erst vom Nacken, dann vom unteren Rücken. Tatsächlich: alles glatt, bis auf drei verstreute Alibihaare, die beweisen, dass er nicht wachst. Bleibt eigentlich nur noch die logische Frage nach einem Brusthaartoupet. Aber die Zeit ist um. Als letzte Notiz schreibe ich mir noch »Ananas« auf, für den Einkaufszettel.

Zurück am Bondi Beach, besser gesagt: in dessen Keller. Wer nämlich anders als die netten Murdochs klamm ist und trotzdem hier leben will, teilt sich mit drei anderen eine Zwei-Zimmerwohnung. Vielleicht sind die jungen Leute ja deswegen so dünn und so früh unterwegs: die Miete vom Mund abgespart und immer auf der Flucht vor dem Lagerkoller.

Wenn ihnen das Geld ausgeht, verkaufen sie ihre Sachen, an jeder zweiten Ecke gibt es einen *Garage Sale*. Oder sie gehen gleich ins »Happy Hockers«: ein Pfandleihhaus in der strandnahen Hall Street. Im Laden hängen Skateboards von der Decke, Platten stapeln sich im Regal. Surfbretter, Comics, Uhren. Der Pfandleiher hinter dem Tresen sagt: »Die Leute kommen wegen 50 oder 100 Dollar, weil sie keine Verwandten oder Freunde darum bitten möchten.« Wer nach Bondi zieht, will als Gewinner gelten, der sich das schöne Leben leisten kann. Nicht wie jemand, der sich durch schöne Bilder in ein horrend teures Viertel hat locken lassen, das er sich nun nicht leisten kann, Opfer einer fremdverschuldeten Selbstüberschätzung. »Sie haben vier Monate Zeit, um sich ihre Sachen wieder zurückzukaufen. Plus Zins natürlich. Man möchte meinen, in dieser Gegend gibt es so was nicht, aber jeder ist mal an dem Punkt, an dem er nichts mehr hat.« Der Mann spricht natürlich nicht von den Murdochs, sondern von den zugezogenen Surfern. Und von Leuten wie Heather.

Heather, schlank, schwarzes längeres Haar, mädchenhafte Bewegungen, arbeitet im »Hair Tamers«. Seit acht Jahren schon. Ich lasse mir die Haare von ihr raspelkurz rasieren. Damit sei ich eine Ausnahme, sagt sie. Seit Bondi für Ausländer so teuer geworden ist, lassen sich die Touristen die Haare im Urlaub hier wachsen. »Haarefärben ist nicht gerade lebenswichtig«, sagt sie verständnisvoll. Sie selbst wohnt im billigeren Nachbarviertel. »Fünf Minuten mit dem Roller. Der ist praktisch zum Parken, schließlich ist Sydney eine alte Stadt, die Straßen sind für Pferde gebaut worden, nicht für parkende Autos.« Dann hat sie mit dem Roller ja leichtes Spiel. »Na ja, mittlerweile gibt es sogar für Roller Strafzettel fürs Falschparken – eine Minute über die Zeit, und schon sind neunzig Dollar fällig.« Das australische Easy-Going hört auf, wenn es ums Geld geht. Oder wenn es um Frauen geht. Man frage James Packer.

James Packer ist der Urenkel von Robert Clyde Packer, einem 1879 in Tasmanien geborenen Journalisten, der als junger Mann zehn Schilling neben einer Pferderennstrecke gefunden haben soll, die er angeblich auf einen 12:1-Außenseiter setzte. Mit dem überraschenden Gewinn soll er sich die Überfahrt auf das Festland geleistet haben, wo ihm, und das nun ist sicher, eine Karriere als Medienimpresario gelang.

In vierter Generation führt der 1967 geborene James Packer die Geschäfte fort, die Dachfirma seiner vielen Firmen heißt heute »Consolidated Press Holdings Limited«. Weil er neue Geschäftswege ging und verstärkt und erfolgreich in seine »Crown«-Casinos investierte, soll Packer heute zwischen drei und vier Milliarden Dollar schwer sein. Doch seine Herkunft und all das geerbte und verdiente Geld hat ihn nie glücklich werden lassen.

Aufgewachsen zwischen Hausangestellten und Gästen aus Film und Fernsehen, Sport und Politik, ging James Packer auf die elitäre Cranbrook-Schule. Dort lernte er seinen späteren Mitbewohner und Trauzeugen David Gyngell kennen. Zu Hause stellte ihm sein Vater, Kerry Packer, eine Maschine in den Garten, die Cricketbälle mit 190 Kilometern pro Stunde auswarf. Der Sohn sollte mit ihr üben. Als der private Cricketcoach die Geschwindigkeit auf immer noch furchterregende 160 Kilometer pro Stunde drosselte, schrie ihn Kerry Packer an: »Willst du aus ihm etwa ein Weichei machen?«

Nach der Schule arbeitete er auf einer familieneigenen Farm im Northern Territory. Der Sohn eines ehrgeizigen und jähzornigen Medienmoguls, der schon mal einen Cricketball nach seinen Angestellten warf oder eine Pistole aus der Schreibtischschublade zog, hütete Schafe. Für ein Studium waren seine Noten nicht gut genug. »Warum soll er auf die Universität«, sagte sein Vater, »um zu lernen, wie man Marihuana raucht?« Später arbeitete James Packer bei der Rothschild Investment Bank in London und schließlich in Sydney in der Werbeabteilung der Consolidated Press.

Bis 1998 war Packer, ein großer Mann mit fleischigem Gesicht und breitem Kinn, mit Kate Fischer (Model) verlobt. Kurz nach der Trennung von ihr heiratete er auf seinem Anwesen in Bellevue Hill in Sydney Jodhi Meares (Model). Elton John sang »Can You Feel the Love Tonight« für 750 Gäste. Die Ehe hielt nur drei Jahre, weil er sich ständig um den Konzern kümmern musste und sie kein langweiliges Leben als stille Begleiterin eines prominenten Geschäftsmannes führen wollte. Sie ging, und Packer litt furchtbar unter der Trennung. Er wurde depressiv, rauchte wie ein

Schlot, machte keinen Sport mehr, wurde dick. Dass ihm ein neuer Freund zu Hilfe eilte, gab dem Drama eine weitere bittere Wendung: Hugh Jackmans Freund Tom (Cruise) überzeugte ihn von den Vorzügen von Scientology.

2007 heiratete er Erica Baxter (Model), und die beiden wurden Eltern von drei Kindern. 2013 ließen sie sich scheiden, und bald nach der Trennung hieß es, Packer habe ein Verhältnis mit Miranda Kerr (Model). An diesem Punkt verlagert sich die Geschichte in den anderen Wohnort Packers: nach Bondi Beach.

Packer gehört hier ein Haus mit fünf Schlafzimmern und einer Garage für acht Autos. Vor dieser bescheidenen Zweitwohnung warteten im Mai 2014 mehrere Paparazzi, die eigentlich auf ein Foto von dem Highclass-Paar hofften. Tatsächlich wurden sie Zeugen einer sehr australischen Auseinandersetzung unter Männern.

Packers Schulfreund David Gyngell, mittlerweile CEO beim Medienkonzern Nine Entertainment Co., fuhr an dem vierstöckigen Haus vor, um das Turteltäubchen zur Rede zu stellen – Gyngell war Trauzeuge bei Packers Heirat mit Erica gewesen und zeigte sich nun *not amused* über dessen halböffentliche Liebelei mit Miranda Kerr.

Aus der Unterredung wurde schnell ein Faustkampf auf offener Straße, der von den ohnehin anwesenden Paparazzi pflichtbewusst dokumentiert wurde.

Zwei der reichsten Männer Australiens, beste Freunde seit Kindheitstagen, prügeln sich am berühmtesten Strand des Landes, um eine Frage der Ehre zu klären: Wie behandelt ein echter Mann die Mutter seiner Kinder, wenn ihm gleichzeitig die schönste Frau des Kontinents zugeneigt ist? Dagegen sind griechische Tragödien seichte Pulp Fiction. Packer ist mittlerweile übrigens mit Mariah Carey (kein Model) zusammen.

Gyngell und Packer mussten damals 500 Dollar Strafe zahlen. Gyngell verriet später, dass ihn seine Frau, als er lädiert und mit schlechtem Gewissen nach Hause kam, einen Idioten nannte und ihn für seine Kampfmontur tadelte: Gyngell trug wie sein Gegner eine Jogginghose, dazu war er unrasiert und hatte keine Schuhe an. Nein, nicht einmal *Thongs*.

Kapitel 18

Poppy-Star

Am nächsten Tag veranstalten die Bondi-Bewohner einen Straßenflohmarkt, auch eine Art, hier etwas Geld zu verdienen. Blusen von vorgestern, und damit von morgen, hängen über Küchenstühlen, Vintage-Mode, Surf-Filme auf VHS, Secondhand-Ledertaschen und überall Sonnenbrillen. Als ich einen Mann nach dem Preis eines Bildes frage – ein Emu, pointillistisch und knallbunt gemalt –, antwortet ein Baum. Besser gesagt: ein Junge, der hinter mir in einem Baum sitzt. »Das ist von meiner Schwester Poppy«, sagt er. »Schön. Wie alt ist deine Schwester denn?« »13.« »Ist sie auch hier?« »Nein, sie ist beim Training.« »Welches Training?« »Skateboarden. Ich kann Ihnen eine Visitenkarte geben.« Er gibt mir eine Karte. »Meine kleine Schwester skatet auch, Turniere und so, sie ist erst sieben«, sagt der Junge, stolz auf die talentierten Schwestern. »Und was machst du so?«, frage ich ihn. »Schauspielern«, antwortet er. Was für eine Familie!, denke ich und frage nach: »Machst du Filme oder bist du am Theater?« Er blickt verunsichert zu Boden. »Nein, nirgends, ich meine, ich schauspielere gerne, einfach so«, sagt der Junge, dem ich wohl gerade ungewollt vermittelt habe, dass er ein Versager ist, wenn er sein kindliches Hobby nicht ähnlich professionell ausübt wie seine Schwestern. Das Bild kostet übrigens 140 Dollar.

Zwei Spazierrunden über den Garage Sale später sehe ich ein Auto in die Einfahrt biegen, an der der sprechende Baum steht. Ich gehe hinüber, begrüße einen kahlköpfigen, durchtrainierten Mann, der sich als Andrew vorstellt. Höflich entschuldigend weise ich mich ihm als Journalist aus, der sich für die Geschichte der Tochter interessiert. »Welches Medium?«, fragt er und lamentiert, wie schwierig ein Interviewtermin in Poppys Zeitplan zu schieben sei (zumal für ein ausländisches Medium, das er nicht kennt, lautet die deutliche Botschaft): »Sie trainiert gerade in der Olympiahalle in Sydney, auf einer 14-Feet-Halfpipe. In ein paar Tagen fliegt sie nach San Diego zu internationalen Meisterschaften.« Seine Frau kommt aus dem Haus, sie ist molliger als er, und wärmer und herzlicher. Ihre Hände sind voller Farbe. Sie hat Bilder gemalt, mit der jüngeren Tochter, die nun auch aus dem Haus kommt. »Einen Seestern und Wasser«, sagt das Mädchen, sie trägt einen Wuschelkopf sowie die Schneidezähne unterschiedlich lang. Als sie begreift, dass wir über ihre Schwester sprechen, sagt sie begeistert: »Poppy will die beste Skaterin der Welt werden, zusammen wollen wir die Skater Sisters werden!« Andrew, weniger begeistert, gibt mir seine Handynummer und nennt mir den Treffpunkt: »Morgen Vormittag am Strand. Nicht am Northern Beach, wo das Klubhaus aussieht wie ein Klo, sondern weiter südlich. Wir sehen uns bei den Nippers.«

Zu Hause sehe ich mir die Homepage von Poppy an. Sie hat ein eigenes Logo (ihr Schriftzug mit einem Unterstrich in Skateboard-Form) und sieben Sponsoren. Auf Fotos ist sie zu sehen, wie sie auf der Couch liegt und eine Rede vorbereitet, wie sie kopfüber in der Luft liegt, das Skateboard unter den Füßen, der pinke Helm über den blonden Haaren, wie sie im Tonstudio einen Werbespot für eine Kopfhörer-Marke aufnimmt. Man kann von ihr entworfenen Schmuck kaufen, und den bunten Emu gibt es auch. Ihre Biografie besteht aus vier Hobbys (Surfen, Skaten, Malen, Klavier) und einem Dutzend Turnieren in Australien und den USA. Aber einen Hinweis, was zum Teufel Nippers sein sollen, finde ich nicht.

Sonntagvormittag. Der Strand ist voll mit Kindern, es sind Hunderte, sie tragen alle rote Badekappen und machen Übungen: Sie liegen auf dem Bauch, ein Pfiff, sie springen auf, drehen sich um und rennen los, begleitet von Geschrei, das die Möwen übertönt. Sie sind die Nippers, junge Surf Lifesavers. Ihr Training wird traditionell angeboten von den ortsansässigen Rettungsschwimmer-Klubs. Kinder der Familien, die in Strandnähe wohnen, sollen auf die Herausforderungen des Meeres vorbereitet werden. Nebenbei wird ihnen ein Gefühl vermittelt, wie sich Sport in der prallen Sonne anfühlt und wie selbstverständlich Athletik und Bewegung zum Alltag gehören. Sollten sie nicht wegziehen, werden sie die Erfahrung brauchen können. Und wegziehen wollen die wenigsten.

Ich halte Ausschau nach einem hippen, durchtrainierten Vater mit Glatze, der mit einem blonden Mädchen unterwegs ist. Genauso gut hätte ich in einem nordkoreanischen Militär-Camp nach einem dunkelhaarigen Soldaten mit Kurzhaarfrisur in Uniform suchen können. Auf meine SMS bekomme ich auch keine Antworten.

Tatsächlich habe ich Glück und entdecke ihn, auch er ist auf der Suche – Poppy hat sich beim Trainer abgemeldet und ist weg. Als wir auch sie mit viel Glück im Getümmel finden, hat Andrew es eilig, das nächste Training steht an. Andrew hat nun schlicht keine Zeit mehr, um mich wegzuschicken. Ich begleite die beiden

Barfüßigen nach Hause und fühle mich dabei natürlich overdressed mit meinen Flip-Flops.

Andrew erzählt, wie seine Frau und er 1995 aus Kanada einreisten. »Ich kannte nur Eishockey«, antwortet er auf die Frage, ob er Poppy zum Skaten gebracht habe. Von einem Freund der Familie habe sie ihr erstes Skateboard bekommen. Von Anfang an sei sie ehrgeizig gewesen, »hat jeden Trick hundert Mal probiert, bis er geklappt hat«. Vorbilder habe sie keine gehabt, »es gab ja kaum skatende Mädchen vor Poppy«. Vielmehr sei sie nun dafür verantwortlich, dass Mädchen skaten, »spätestens seit den beiden Dokumentationen über sie. Eine davon von Walt Disney«. Poppy geht schweigend zwei Meter voraus.

Wir sind am Haus angekommen. Drinnen wird Andrew hektisch und packt die Sachen zusammen. Poppy aber, gänzlich unbeeindruckt von der Eile, setzt sich im Wohnzimmer ans Klavier und stimmt erst »Mad World« aus dem Film *Donnie Darko* und dann »Clocks« von Coldplay an. Ihr Bruder sitzt mit Kopfhörern vor einem riesigen Bildschirm und spaltet Zombieschädel, zumindest, bis ihn sein Vater im Vorbeihuschen beauftragt, noch schnell Bio-Würstchen zu kaufen. Die kleine Schwester ist in ein Smartphone vertieft. Andrew bittet Poppy, die nur ein T-Shirt und eine Bikini-Unterhose trägt, sich umzuziehen, was das Mädchen geflissentlich ignoriert. An der Wand hängt eine mit Kreide beschriftete Tafel, die drei Namen der Kinder stehen da in einer Tabelle über unleserlichen Kategorien. Vielleicht ist es ein Belohnungsplan, vielleicht eine Aufgabenverteilung, vielleicht eine Fehlerliste. Ansonsten der übliche Style-Kram der gediegen Lässigen: afrikanische Holzmasken an der Wand, eine in der Wohnküche frei stehende Spüle, ein schweres Ledersofa, gepflegtes Chaos.

Andrew macht den Fernseher aus, sein Sohn macht ihn wieder an. »Wir werden Poppy bald zu Hause unterrichten«, sagt er zu mir, während Poppy professionell desinteressiert auf ein iPad starrt. Es fehle dem Kind einfach an Zeit. Sie trainiere ja bereits zusätzlich auf dem Trampolin, bald müsse sie mit Yoga beginnen. »Mal schauen, ob sie genug Disziplin dafür hat.« Der reguläre Schulbetrieb kollidiere mit dem Turnierplan, und Poppy müsse doch dranbleiben. Wegen der Sponsoren, »das Finanzielle ist immer ein Thema, die meisten Turniere sind ja in den USA«.

Wie läuft so ein Turnier ab?, frage ich sie. »Jeder fährt drei Runden«, sagt sie, ohne den Blick von dem Display abzuwenden. »Jede Runde hat 45 Sekunden, man muss so viel zeigen wie möglich.« Hast du nie Angst bei den Sprüngen?, frage ich sie. »Eigentlich nicht«, sagt sie, »nur bei dem 360 Gay Twist manchmal.« Ein Sprung also, bei dem sie sich in der Luft einmal um die eigene Achse dreht, mit dem Skateboard unter den Füßen, und wieder in der Halfpipe landet und weiterfährt.

Andrew, der immer noch mit Tüten und Rucksäcken durch das Haus rennt, konnte oder wollte Poppys letzten Satz nicht hören. Er kommt ins Wohnzimmer und sagt: »Sie schafft den 540er«, also die eineinhalbfache Drehung in der Luft. Zwei andere Mädchen hätten das auch schon geschafft, «aber wir wollen Poppy als die Erste etablieren, die ihn regelmäßig steht. Komm, zeig es ihm.« Poppy tippt auf ihr iPad ein und kippt es, sodass ich das Video auch sehen kann. Das erste Mädchen versucht den Trick und stürzt, das zweite schafft ihn. »Dad, wir haben doch ausgemacht, dass wir das erst nächstes Jahr probieren«, sagt Poppy. Wahrscheinlich hat noch nie ein auf Leistung getrimmtes Kind deutlicher gesagt, dass der Vater es überfordert mit seinen Ansprüchen. Für einen kurzen Moment sind sich Walt Disney und Nordkorea ganz nah. Dann wirft Andrew, ungerührt von Poppys Sorge oder mit seinen Gedanken schon bei den Bio-Würstchen, seinem Kind eine Hose zu. Ich verabschiede mich mit dem stillen Vorsatz, meiner Tochter ein besserer Vater zu sein.

Kapitel 19

Achtung, Oberflächenspannung

Tue ich Poppys Vater vielleicht unrecht? Ist es ethisch verwerflich, sich nach einer so kurzen Zeit eine Meinung zu bilden, ob nun eine gute oder schlechte? Wie viel Zeit bräuchte es, um »die Wahrheit« herauszufinden, in diesem Fall: ob Poppy unter ihrem Vater und seinen Ansprüchen leidet? Hilft er ihr oder schadet er ihr? Ist er mir unsympathisch, weil er einen schlechten Tag hat? Habe ich einen schlechten Tag? Und ist seine Wahrheit womöglich eine ganz andere als meine und als ihre?

Es sind dies Fragen, die sich nicht nur Journalisten stellen müssen, sondern auch Reisende. In der Natur der Sache liegt es schließlich, sich nicht viel Zeit zu nehmen für eine neue, fremde Landschaft oder Person, bevor man sich samt Urteil wieder auf die nächste einlässt. Jede Postkarte nach Hause ist ein Zeugnis für den Aufenthaltsort und seine Bewohner, jeder Dia-Abend zu

Hause eine Fotoreportage. Zufällige Bekanntschaften werden zu Repräsentanten eines ganzen Volkes, meteorologische Launen zerstören zementierte Vorstellungen von der Trauminsel, unerwartete Hilfsbereitschaft bei einer Autopanne sichert lebenslange Sympathie für ein Land. Ein schlechter iranischer Koch kann den delikaten Ruf des persischen Essens für immer trüben, ein guter britischer den üblen des englischen auf einmal tilgen. Und immer liegt es im Auge (oder auf der Zunge) des individuellen Betrachters, wie ein Ort aussieht (oder schmeckt). Und immer erliegt er der Versuchung, dem ersten Eindruck zu verfallen, nicht abzuwägen, der Oberfläche zu vertrauen, Klischees bestätigt zu sehen und bequeme Antworten zu akzeptieren, statt unbequem nachzufragen. Wird man sich gewahr, wie trügerisch der erste Blick und die erste Einschätzung waren, ist es bestenfalls Zeit, sich zu korrigieren; schlimmstenfalls ist es Zeit, sich zu schämen. Mir ist es auf dieser Reise abends in einer Hotelbar widerfahren, gleich zu Beginn in Brisbane.

Dort sollen Teelichter in Milchglasgläsern der sterilen Atmosphäre zu etwas Romantik verhelfen. Der Mann ist etwa 1,90 groß und trägt oben kurzes schwarzes Haar und hinten einen halben Meter langes gewelltes. Er hat ein schwarzes Hemd und eine schwarze Jeans an, einen silbernen Armreif, schwarze Stiefel. Seine Stimme hat einen kehligen Whiskey-Ton, der sich so aufdringlich nach Kehlkopfkrebs anhört, dass ich meine Kopfhörer in die Ohren stecken muss. Eine junge Frau an der Bar, die gebückt auf ihrem Hocker sitzt und der das Oberteil ins Fleisch schneidet, fragt ihn, ob sie seine Haare anfassen dürfte. Sie darf. Sie lachen, und er fasst nun ihr in die Frisur. Sogleich macht sie mit ihrem Handy Selfies zum Fremdschämen: mit wechselnden Männern, sie mit Kussmund in Richtung der blitzenden und damit die Oberflächlichkeit der Szenen perfekt beschreibenden Kamera, während er ihr einen Schmatz auf die zerschminkte Wange gibt. Sie sind nicht allein hier. Das Klacken von Stöckelschuhen überall, der Takt von schreitender Eleganz nirgends. Ein ergrauter, aber sportlicher kleiner Kerl trägt ein beißend lila Hemd, das er nicht in seine Jeans steckt. Cowboy-Schreiten in Lederschuhen.

Fast alle Männer hier sehen so aus, die einen muskulöser, die anderen haarloser. Lautes Gelächter, Frauen, die über die Witze der Männer lachen, Männer, die über ihre eigenen lachen. Derbes, besoffenes Blecken der Gebisse beim automatisierten Mitlachen auf Nummer sicher, vorauseilender Sozialgehorsam noch vor der Pointe. Gequietsche wie Turnschuhe auf Linoleum. Alle trinken Bier, manche Frauen Cocktails. Abendkleider, wie man sie nur aus 80er-Jahre-Filmen kennt. Ein ernst gemeintes kurzärmeliges Hawaiihemd. Schwere Ketten um starke Männernacken. Der Anblick reicht, um Synthesizer zu hören. Herausgeputzt für das gnädig sanfte Licht der Bar. Man kann sich die Männer in den gleichen Posen, mit der gleichen Kumpelkraftmeierei in der Kabine einer Rugby-Mannschaft vorstellen. Der ältere Mann mit der Glatze hat bereits einen gläsernen Blick, das schräge Grinsen ist gefroren, der Blick geht immer wieder ins Leere. Die Männer umarmen die Frauen, vor allem immer wieder eine. Eine dunkle Frau in den mittleren Jahren hat ein durchsichtiges Hemd an, die Haare hochgesteckt, sie wirkt verkrampft im Lockersein.

Der Mann mit dem leuchtenden Hemd steht nun neben mir an der Pinkelrinne. »Wooooh!« Das Licht macht jedes Gesicht zu einer Gangster-Visage aus einem Mafiafilm. Am Feiern? »Have to!« Draußen jodelt der Mann in Schwarz. Firmenausflug, an dem sich näherkommt, was sich nicht näherkommen soll? Dorfausflug? Ü-50-Single-Party? Der Mann lässt mich mit meinen ungestellten Fragen allein im Klo zurück.

»Last Round!«, schreit der Barkeeper, dabei ist es erst halb neun. Eine ältere dicke Frau mit grauer Kurzhaarfrisur und getigerter Bluse fällt rückwärts vom Stuhl, sie bleibt dort unerträglich lange Sekunden liegen, den Kopf unter einem Barhocker wie ein gebändigter Tiger. Eine Freundin hilft ihr auf, und die Gefallene weint sich nun an ihrer Brust aus wie ein kleines Kind, während sie sich mit einer Hand den Hinterkopf reibt. Die Kellnerin bringt ihr einen nassen Lappen und ein Glas Wasser. Es ist das einzige nichtalkoholische Getränk an diesem frühen Abend. Es ist traurig.

Gerade, als ich selbstgewiss und mit der Überheblichkeit des stillen Beobachters aufbrechen will, torkelt eine der Frauen auf mich zu. Sie fragt mich, ob ich gesehen hätte, wie sie ihren Drink über ihr Kleid geschüttet hätte. Sie sei ganz nass und zeigt auf ihren nackten Bizeps, aber ich sehe nichts. Ich müsse es doch gesehen haben, weil ich doch die ganze Zeit zu ihr hinübergesehen hätte. Ich verneine und sie reagiert auf meinen Akzent mit einem aufgesetzten Akzent ihrerseits und fragt, woher ich käme. Ah, Deutschland, ihre überblonde Freundin komme auch aus Deutschland, sie spreche sogar Deutsch. Sie selbst komme aus Melbourne. Was ich mit dem Laptop mache, ob ich auf Facebook sei. Ich frage zurück: Was machen Sie hier heute eigentlich?

Sie feiert, sagt sie, wie jedes Jahr um diese Zeit, seit ein paar Jahren schon. Warum? Der Sohn ihres Schwagers starb am 5. Oktober bei einem Unfall. Mit 24 Jahren, am Geburtstag seiner Mutter. Sie ist die Frau mit den schlecht blondierten Haaren. Ihr Mann steht am Rand der Gruppe, ein kräftiger, glatzköpfiger Maori aus Neuseeland. Sein Blick ist glasig, das Lächeln bemüht. Seine Familie macht jedes Jahr um dieselbe Zeit Urlaub und säuft und feiert und gedenkt. Ich mag mir gar nicht vorstellen, was an diesem Abend hinuntergespült und hinuntergeschluckt werden muss. Um neun Uhr, in Neuseeland ist es nun Mitternacht, singen sie »Happy Birthday« für die Frau. Danach zahlt die Frau die Rechnung und sie gehen hinaus in die Nacht. Zurück bleibe ich, beschämt durch diese Lektion in Demut. Es ist traurig.

Aber was mag die Lösung sein? Nicht immer erscheint eine torkelnde Frau, um ein Missverständnis aufzuklären, um einen falschen Eindruck zu berichtigen. Und was, wenn ich noch mit den Feiernden mitgegangen wäre und womöglich eine weitere Volte miterlebt hätte, die das Fazit abermals ändert? Es gibt keine Lösung. Ethnologen, die jahrzehntelang in einer Gesellschaft leben und forschen, haben am Ende vielleicht kein aussagekräftigeres oder »wahreres« Bild von ihr als ein Urlauber, der auf der Durchreise eine einzige Beobachtung macht oder ein kurzes Gespräch führt.

Wahrscheinlich ist es in der Fremde am fairsten, Nachsicht zu üben oder Verständnis zu zeigen bei den wundersamen Szenen und Skepsis zu vermeiden bei den wunderbaren.

Kurz: Poppys Vater ist womöglich doch ein guter Vater. In meiner ganz eigenen Erinnerung wird er dennoch auf ewig ein Depp bleiben.

Kapitel 20

Charlie und die Schokoladenfabrik

Am Northern Beach sieht das Klubhaus tatsächlich wie ein großes öffentliches Toilettenhäuschen aus, da muss ich Andrew doch recht geben. Ein sehr schickes immerhin. Ich frage dort ein paar Kaffee trinkende ältere Herren, die aussehen, als hätten sie was zu erzählen. Mich interessieren weniger die Rettungswesten denn die Rettungswesen: die berühmten Life Saver vom Bondi Beach. Die ältesten einschlägigen Klubs des Landes sind der 1907 gegründete Bondi Surf Bathers' Life Saving Club (auf Andrews Seite) und dieser hier – der ein Jahr zuvor gegründete North Bondi Surf Life Saving Club.

Aber wen ich auch frage bei dem Kaffeekränzchen, das sich als »Coffee Club (and Table of Knwoledge)« bezeichnet, sie verweisen alle sofort auf Charlie. Charlie Christensen. Der Mann muss der strenge Pressesprecher des Klubs sein, und die anderen Mitglieder schweigen wohl aus Furcht vor ihm. Als ich ihn schließlich unten in der Umkleidekabine finde, wird klar: Die anderen Mitglieder schweigen aus Ehrfurcht.

Charlie liegt mit angewinkelten Beinen auf einer Bank und dehnt vorsichtig ein Glied nach dem anderen. Er trägt ein ärmelloses Shirt und eine äußerst knappe Badehose. Sein graues Haar ist voller als Andrews und meines zusammen. Seine Haut ist gesprenkelt mit Altersflecken, als wäre er an diesem sonnigen Morgen neben einem explodierten Nutellaglas aufgewacht. Vielleicht sind auch ein paar Melanome dabei, aber was bitte soll das Charlie kümmern. Der Mann ist über 90 (der alte Alan Tucker könnte locker sein Sohn sein). Die Zukunft braucht ihn nicht mehr zu beschäftigen, er muss nicht mehr besorgt nach vorne schauen; er muss nur darauf achten, am Leben zu bleiben. Charlie, der fast siebzig Jahre lang Menschen aus dem Wasser gezogen hat, ist sein eigener permanenter Lebensretter geworden.

Ich frage Charlie, ob er mir vor seinem täglichen Morgenbad im Meer – keine Wassergymnastik, versteht sich, sondern echtes Schwimmen – von diesem Leben berichten möchte. Er dreht den Kopf nach links. Ist das ein Nein? »Du musst in mein rechtes Ohr sprechen, das ist mein besseres«, sagt Charlie. Wir setzen uns draußen auf eine Bank, und Charlie beginnt seine Geschichte. Alles, was er auslässt oder was ich verpasse mitzuschreiben, habe ich aus einem Artikel des Sydney Morning Herald.

»Seit 65 Jahren bin ich im Club«, fängt Charlie an, und es hört sich an, als meine er damit den Beginn seines Lebens. Richtig auf die Welt kam er 1920 in einem nahen Vorort, und nicht nur ist er sein Leben lang in Paddington geblieben, auch ist er dort kein einziges Mal umgezogen. Er wohnt immer noch in dem Haus, das sein Vater 1918 nach seinem Einsatz in Gallipoli für 250 Pfund gekauft hatte. Wollte er nicht mal woanders wohnen? Charlie lächelt. »Zeig mir einen schöneren Ort, und ich ziehe hin.«

Charlie Christensen

Das erste Mal in dem Meer, auf das Charlie nun blickt, war er als Dreijähriger. Seine Mutter badete mit ihm in dem Kinderbereich, den sein späterer Surf Club geschaffen hatte. Er war auch am 6. Februar 1938 im Wasser, dem Tag, der als »Black Sunday« in die Geschichte einging. »Ich war damals beim Zoll und verbrachte den freien Sonntag mit Body-Riding. Es war schon seit Tagen sehr heiß und der Strand war entsprechend voll. Plötzlich rollten mehrere riesige Wellen heran und überspülten den Strand, in so kurzer Folge, dass all das Wasser nicht mehr zurückfließen konnte. Als es sich schließlich doch wieder zurückzog, riss es das Badezeug und auch die Leute mit sich ins Wasser. Ich half den Rettern, aber für fünf Verunglückte konnten wir nichts mehr tun. Mit heutigen Methoden hätten wir drei von ihnen gerettet.«

So wie sein Vater im Ersten Weltkrieg dienen musste, so wurde Charlie für den Zweiten eingezogen. Aber seine Ohren hörten damals schon schlecht, und seine schwachen Augen waren auch nicht zu gebrauchen auf dem Schlachtfeld. »In der Armee fragten sie mich: Willst du, dass Australien den Krieg gewinnt? Ich sagte: Natürlich. Und sie sagten: Dann schleich dich fort.« Zu Hause war der gesamte Bondi Beach mit Stacheldraht gesichert, damit keine feindlichen Schiffe landen konnten. Charlie hatte aber noch ein anderes Problem: »Die Yanks kriegten all die Mädchen.« Der Krieg ging zu Ende, aber Charlies Pech blieb. Sein Leben lang blieb er »ein glückloser Junggeselle«.

Erst mit 27 Jahren trat Charlie in den Lifesaver Club ein. Das Wasser, in das er damals sprang, hatte jedoch wenig von dem paradiesischen Blau von heute. »Das Meer hier war lange braun von all der Scheiße und Pisse, die hineingeleitet wurde. Die Anlage, die dafür verantwortlich war, hieß bei uns: Schokoladenfabrik. Zum Glück gibt es die längst nicht mehr. Vieles war anders damals. Alle Mitglieder des Vereins hatten angelsächsische Namen. Heute sind Mädchen aus Japan und Jungs aus Schweden dabei.« Charlie erzählt im Zeitraffer: Der blühenden Nachkriegszeit folgte eine Depression, gefolgt von »der amerikanischen Periode der 60er und 70er, in der Gier als etwas Gutes galt«. 1966 führte er als Präsident einen Namensvetter im Teenageralter durchs frühere Clubhaus: Prince Charles, der auf Australien-Visite war. Ein paar Jahre später begann der Club auf Charlies Drängen auch

Frauen aufzunehmen. »Sie waren die besten Mitglieder.« Ein Aborigine war auch mal dabei, aber der hatte lange Finger, wie Charlie bedauernd sagt. Heute ist der Club mit 2500 Mitgliedern der größte seiner Art in Australien. Und die Konkurrenz im Süden des Strandes? »Wir streiten vielleicht beim Frühstück miteinander«, sagt er, »aber wenn es darauf ankommt, sind wir eine Familie.«

Zehn Jahre war Charlie bei der Strandwache, dann in der Reserve, später Veteran, schließlich Ehrenmitglied. Dazwischen war er Präsident des Clubs, angeblich kein zimperlicher. Zu tun hatte er dabei stets genug. »Die Touristen verstehen die Wellen nicht. Man muss immer dorthin schauen, wo die Wellen nicht brechen. Da werden die Menschen aufs Meer hinausgezogen. Früher wurde, wer trotz Warnung hinausschwamm, schon mal festgenommen. Wir drohten ihnen mit einer Woche Gefängnis. Oder mit der Psychiatrie, wegen versuchten Selbstmords. Dort landete natürlich niemand. Heute jedenfalls dürfen alle alles, und wir müssen warten, bis sie wirklich in Not sind.« Und was ist mit den Haien? »Sie folgen den Fischen in die Bucht oder suchen dort nach ihnen. Wir sehen hier jedes Jahr zwanzig bis dreißig«, sagt er so ungerührt, als spräche er von Delfinen.

Charlie schildert seinen Alltag als alleinstehender Rentner. »Ich stehe jeden Morgen um halb sieben auf, nehme den Bus mit der Nummer 380 zum Bondi Beach, mache meine Dehnübungen und schwimme, trinke Kaffee, gehe einkaufen, esse zu Mittag, lese Zeitung, esse zu Abend und fahre um acht Uhr wieder nach Paddington zurück.« Er hört sich an, als könnte er sich kein erfüllenderes Leben vorstellen. Zeig mir einen besseren Ort, und ich ziehe hin.

Charlie ist ein hier legendärer Eigenbrötler. Der Kalender in seiner Küche ist aus dem Jahr 1973, und eine andere Anekdote geht so: 2001 wachte er mit Schmerzen in der Brust auf. Ohne jemandem Bescheid zu geben, ging er um drei Uhr früh auf die Straße, winkte das erste Mal in seinem Leben ein Taxi heran und ließ sich ins Krankenhaus fahren. Als die alarmierte Polizei ihn in der Klinik fand, hatte er bereits einen vierfachen Bypass.

2013 traf er in Bondi noch mal einen alten Bekannten: Prince Charles besuchte bei seiner Australienreise abermals Bondi und bekam von Charlie ein 47 Jahre altes Foto geschenkt. Ein weiteres Mal werden die beiden sich nicht begegnen.

Ich hatte Charlies Geschichte noch gar nicht ganz aufgeschrieben, als ich online den Artikel des Sydney Morning Herald fand, aus dem ich mich bei der Schilderung nun bedient habe. Es war ein Nachruf. Charles »Charlie« Christensen starb im Herbst 2014, ein paar Monate nach unserem Treffen.

Bei der Beerdigung sagte Charlies Neffe, Phil Christensen: »Jeder verdient es, einen schrulligen Onkel zu haben, und mein Bruder und ich haben mit Charlie den Jackpot gezogen.« Nur wenige Tage später hätte Charlie seinen 94. Geburtstag gefeiert. Der »Coffee Club (and Table of Knowledge)« sang ihm ein letztes Happy Birthday.

Kapitel 21

Bretter, die die Welt bedeuten (könnten)

Von dem Klubhaus hat man, logischerweise, einen sehr guten Blick aufs Meer. In der Mitte sind ein paar geübte Surfer im Wasser, ganz links die Anfänger. Die beiden Gruppen repräsentieren für mich Wunsch und Wirklichkeit. Mein eigener Traum von Australien war immer auch ein Traum(a) vom Surfen.

Ich war Ende zehn, also am Ende meiner Pubertät, als ein Anfänger-Kurs an Frankreichs Atlantikküste gleich mehrere Zwecke erfüllen sollte. Schließlich war jedes Surfer-Poster, jedes Blumenhemd, jeder Wellenreit-Film, jedes Hawaii-Video ein Beweis für die Allmacht dieses Sports. Endless Summer. Die Bilder waren Motivation pur: Werde ein Surfer und du bekommst eine spirituelle Verbindung zum Meer, eine Vorstellung von der Wucht der Natur, einen ausgeglichenen Geist und, noch viel wichtiger: Muskeln, Bräune, Lässigkeit, Bewunderung, California Girls, Sex on the Beach. Oder halt woanders Sex. Hauptsache Sex.

Kelly Slater war damals der Held aller hormonverbombten Jungen. Weil er nicht nur Turnier um Turnier gewann, sondern auch das gut gepolsterte Herz von Pamela Anderson. Neben ihr wirkte er noch dazu wie ein souveräner Sportmillionär, der sich die begehrteste Frau der Welt aufriss und, wenn die Blondine ihm zu nervtötend wurde, einfach mit den Jungs ins Meer sprang.

1998 gewann er noch ein Turnier oben an der Gold Coast, und nach fünf aufeinanderfolgenden Weltmeistertiteln hörte Slater mit den Wettkämpfen auf und reiste um die Welt. Er lebte dann den zweiten großen Traum junger Männer, er lebte wie ein Rockstar. Spätestens, als er einmal mit Pearl Jam auf der Bühne stand und ausgerechnet bei dem Neil-Young-Cover »Rockin' in the Free World« Gitarre spielte, war die Sache quasi von oben entschieden: Das Surfen sollte mein Ding werden.

Das anspruchsvolle Hüpfen aus der Bauchlage in den Stand, während die Welle das Brett unter dem Körper erfasst, sowie das anschließende Befahren dieser Welle, ist noch körperliche Akrobatik, ein anstrengendes, aber doch rein physisches Tun. Erst durch den Lifestyle der Surfer wird es zu einer Ersatzreligion.

Australien war damals noch weit weg, der Atlantik aber nur ein paar Zugstunden entfernt. Wir buchten damals einen einwöchigen Kurs, der eine sommerliche Interrail-Reise abschloss. Die deutschen Surflehrer, die am Campingplatz in St. Girons wohnten, kamen aus Berlin, was sie für einen Jungen aus der niederbayerischen Provinz unerreichbar lässig erscheinen ließ (Berlin war damals noch hip). Zwischen Pinienbäumen lernten wir Schüler, wie Wellen entstehen und wann sie brechen. Wir wurden aufgeklärt über die Geschichte des Sports, über polynesische Höhlenmalerei aus dem 12. Jahrhundert, die schon eine Art Surfkultur zeigt, über hawaiianische Tradition, über kalifornische Evolution und über australische Städte, die Surfers Paradise hießen. Die

Könner zeichneten sich damals schon dadurch aus, dass sie Bondi Beach korrekt »bondei« aussprachen.

Am Morgen weckten uns nicht die Beach Boys, aber immerhin die Sportfreunde Stiller: »Lass uns Wellenreiten gehn, heute fallen wir hundert pro nicht vom Brett«. Wir zogen uns Neoprenanzüge an, die uns mit ihrer Körperbetontheit in dem Vorhaben, muskulöser und sehniger zu werden, nur bestärkten. Wir schlossen den Klettverschluss der Leine um den Knöchel, die uns mit dem Anfänger-Brett verband und dafür sorgen sollte, dass uns das Board beim Sturz nicht abhaute. Wir klemmten uns die anfängergerechten Schaumstoffbretter unter den Arm und gingen, mit jedem Schritt im Sand einsinkend, ins kalte Wasser. Kräftezehrend und furchtbar ineffizient aufs Meer hinausgepaddelt, setzte ich mich auf das Brett und wartete. Hätte der Surflehrer nun die Anweisung gegeben, wir sollten alle raus aus dem Wasser, hätte es nicht einmal einer Erklärung für den Abbruch gebraucht – ich wäre glücklich am Strand gelandet, glücklich und gänzlich uninteressiert an nicht erledigten Aufgaben. Ich fühlte mich gut. Dann rollte die Welle heran.

Im Krimi »Pacific Private« lässt der Schriftsteller Don Winslow seinen Protagonisten darüber philosophieren, was passieren mag in so einer Situation: »Sagen wir mal, Sie halten sich für den Größten und denken, keiner kann Ihnen was, dann paddeln Sie raus und werden von der Welle zermalmt – hochgehoben, niedergedrückt, herumgeschleudert, über den Grund gezerrt und eine Zeit da unten hängengelassen. Als wollte Gott sagen: ›Hör mal, du Staubkorn, wenn ich dich wieder hochlasse, dann steig von deinem hohen Ross.‹«

Der Mann hat recht, selbst wenn man Gott aus der Angelegenheit lieber heraushält. Dem Wasser war ich egal, es kümmerte sich nicht darum, ob eine Bierdose oder ein Algenteppich oder eben ein Surfanfänger auf ihm lag. Mit einem Krachen zog es mich hinunter, ohne dass ich auch nur die Chance hatte, einen

Moment auf ihm zu reiten. Wie eine Waschmaschine spülte es mich durch und wirbelte mich umher. Wo oben und unten war, wusste ich nicht, bis ich irgendwo mit dem Kopf aufschlug und endlich in dieser ewig dauernden Atemlosigkeit erkannte, dass ich an einem Ort gelandet war, der nicht oben war. Schließlich spuckte mich das Wasser am Strand aus wie eine Katze ein Haarknäuel.

Es wurde danach nicht besser. Und Tausenden anderen geht es genauso, in den Coolness-Mühlen an den Küsten Westeuropas oder Ostaustraliens, in den Surf-Camps, wo die Castings gnadenlos sind, weil das Meer die Jury ist. Und an Land ist der Wettbewerb genauso gnadenlos. Weil keine andere Disziplin von ihren Protagonisten so unverschämt überhöht wird wie das Surfen. Die Folge ist ein irrwitzig großer Markt, der die Nachfrage junger Menschen bedient, die eine irrwitzig kleine Chance haben, jemals richtig surfen zu können, und deshalb viel Zeit und Lust haben, ihre Sehnsüchte wenigstens mit einem irrwitzig teuren Pulli zu stillen. Kompensation statt Sensation.

Das Geschäft mit dem Schein mag die Touristen nicht in die Armut treiben. Viele aber treibt es in die Armseligkeit. Denn der Unterschied zu anderen Moden ist: Geben die Träger von Baseballkappen ernsthaft vor, Baseballspieler zu sein? Nein. Bei Surfkleidungträgern ist das anders. Wir *wanna-bes*, die wir in den Fluten versagten, haben uns später im nahen Billabong- oder Rip-Curl-Outlet getroffen.

Die große Lüge unserer Leistungsgesellschaft ist, dass man nie aufgeben sollte. Tatsächlich tut es zuweilen ganz gut, aufgeben zu können, die Kapitulation ist ein Stück wohlige Freiheit. Hinzu kommen pädagogische Schanden wie: Wenn du etwas wirklich willst, dann schaffst du es auch. So habe ich Surfen nie aufgegeben, deswegen Badewannen voller Wasser verschluckt und an Selbsthass grenzende Zweifel erduldet. Habe ich dadurch etwas gelernt? Natürlich: Dass ich nach dieser ersten Welle in St. Girons hätte aufhören sollen. Aber ich habe den Albtraum über die ganze Welt geschleppt wie meine ganz persönliche Seuche.

So suchte ich einen Mythos und fand doch nur Frust, Lethargie und Feigheit. In San Sebastián habe ich den Stadtsurfern zugesehen, mir selbst aber Eile vorgespielt, die einen eigenen Versuch zeitlich nicht erlaubte. In Südafrika war ich nicht in Stimmung. Auf Bali sagte mir die Atmosphäre nicht zu. Im mexikanischen Puerto Escondido war Surfen wegen des starken Windes verboten – was für eine Erleichterung. Andernorts hörte ich Furcht einflößende Anekdoten von Ortsansässigen, die fremden Surfern keine Welle überließen oder den zugereisten Störenfrieden die Autoreifen aufschlitzten. Schon im alten Hawaii hatten die Könige eigene Surfstrände. Wer dort mit seinem Brett auftauchte, musste mit der Todesstrafe rechnen.

Aber nicht immer war ich feige. Ich bewarb mich später bei der Surfschule in St. Girons um eine Mitarbeit, vielleicht als Helferlein der Lehrer oder als Mann für alles. Sie fragten mich beim Bewerbungsgespräch nach meinem Surfkönnen. So arbeitete ich schließlich persönlich für die Surflehrerin, in der vordersten wie verantwortungsvollsten Position. Wenn die guten Wellen anrollten und sich die Könner ins Wasser stürzten, war ich ihre rechte Hand. Kurz: Ich wurde als Babysitter ihrer Tochter engagiert.

In meiner Freizeit durfte ich zwar mit Brettern meiner Wahl surfen, aber ich scheiterte freilich grandios. Nach dieser in gleich vielfacher Hinsicht demütigenden Erfahrung fuhr ich weiter nach Portugal, wo ich mir als Übersprungshandlung erst mal ein sündhaft teures Surfbrett kaufte. Im Jahr darauf fuhr ich damit wieder surfbereit an die Atlantikküste und ging die ganze Woche lang nicht ins Meer.

Wieder in Deutschland, glaubte ich dem Thema endlich entfliehen zu können. Kein Strand, keine Sonne, kein Meer, keine Möglichkeit und damit auch kein Müssen. Aber immer wenn ich in München an der Eisbach-Welle im Englischen Garten vorbeifuhr, schauderte mich der Gedanke an das Surfen, und wenn ich im Radio »Perfekte Welle« der Band Juli hörte, hätte ich aus dem Stand literweise Meerwasser im Strahl kotzen können.

Gedankenlos sprach ich später in meiner WG in Melbourne von meiner Begeisterung für das Surfen, ohne mein Scheitern daran zu erwähnen. Meine Mitbewohner schenkten mir zum Geburtstag ein Surfbrett.

Sie nahmen mich mit auf das Musikfestival »Meredith«, von dem mir nur eine Erinnerung bleiben sollte: Wir fuhren in einem Kastenwagen, wie ihn die *Ghostbusters* haben, wieder Richtung Melbourne zurück, als die Polizei uns an die Seite winkte. Am Steuer saß Guy, nun fing der an zu hyperventilieren. Bevor ich mich um ihn sorgen konnte, ließ Guy bereits das Fenster runter und blies in den Alkoholtester. Anschließend fuhren wir ungestraft weiter und Guy, der in der Nacht vor der Fahrt gesoffen hatte, als gäbe es kein Morgen oder zumindest keine Heimfahrt am Morgen, erklärte mir den Trick mit der alkoholverschleiernden Hyperventilation. Und weil er nicht nur schlau, sondern auch nett war, machte er auf dem Heimweg eine weite Schleife nach Torquay.

Drei Tage lang blieb ich dort am Zeltplatz. Nur ich und ein Surfbrett. Neben mir saßen nun keine selbstverliebten Surf-Heinis oder Poser auf dem Meer, an deren blasierter Arroganz ich mich mittlerweile ganz gut abarbeiten konnte, sondern gemütliche Familienväter mit Wampe, gegen die beim besten Willen nichts einzuwenden war. Sie gehören zu den mehr als 2,7 Millionen Australiern, die regelmäßig surfen, das ist mehr als jeder zehnte Inselbewohner. Sie surften, als machte es Spaß.

Eine letzte Chance hätte ich verdient, sagte ich mir, bevor das Kapitel für immer erledigt sein sollte. Ich legte mich auf das Brett und spürte, wie sich hinter mir ein Berg türmte. Mein Körper schnellte nach oben, die Füße sprangen auf das Brett. Tatsächlich: Für eine Ewigkeiten währende Sekunde war jetzt diese Kraft zu spüren, diese unbeschreibliche Allmacht, ein übermannendes Gefühl, von dem nur Fliegende, Verliebte oder Berauschte berichten können. Glück wird es wohl genannt.

Winslow schreibt dazu: »Eine Welle zeigt dir deinen Platz im Universum«, und weiter: »Angenommen, Sie sind ganz unten. Man paddelt raus und fühlt sich scheiße, als gäbe es auf der ganzen Welt keinen Platz für einen. Man paddelt raus und der Ozean schenkt einem einen wunderbaren Ritt, als wäre der nur für einen ganz allein, verstehen Sie? Und damit sagt Gott: ›Schön dich zu sehen, mein Sohn, das ist für dich und alles wird gut.‹«

Für Sekunden fühlt es sich, als würde ich übers Wasser gehen. Es ist eine Offenbarung, ein Wunder, eine Droge und eine Gemeinheit, weil es mich klammern lässt an eine unerwiderte, unerreichbare Liebe. Und es lässt die bittere Wahrheit zutage treten: Das Surfen ist unschuldig, die Surfer und ihr Paradise sind nicht anzuklagen, selbst die *wanna-bes* und die sie ködernden Unternehmen sind nicht verantwortlich für meine Bitterkeit und Überdruss. Sie alle haben recht. Denn am Ende ist das Surfen nur eine Lektion fürs Leben, eine nasse Metapher für die alltägliche Diskrepanz zwischen Können und Wollen, zwischen Sein und Schein. Es lehrt Demut und Bescheidenheit. Ein Korrektiv auf der übermütigen Suche nach sich selbst. So ist auf dem Negativ des zum Weinen schönen Bildes vom Surfen doch nur eines zu sehen: ich.

Vier Jahre hat Kelly Slater nach seinem Rücktritt gebraucht, um zu erkennen, wo sein Platz ist, im Wasser nämlich. Inzwischen über 40, gewinnt er immer noch Rennen. Wahrscheinlich wird der Mann noch länger im Meer herumtollen als Charlie Christensen. Das ist das Einzige, was der Mann und ich gemein haben: Wir können beide nicht Schluss machen mit dem Surfen. Aber damit soll nun Schluss sein. 15 Jahre hat es bei mir gedauert, bis ich erkannt habe, wo ich hingehöre: nicht auf das Surfbrett. Die Vernunft ist stärker als die Vision. Und billiger. Und gesünder.

Teil 5

SYDNEY – MELBOURNE: FEUER

Kapitel 22

Objekte im Rückspiegel sind näher, als sie erscheinen

Von Sydney bis nach Melbourne sind es 1100 Kilometer, wenn man während der Fahrt Meerblick genießen möchte. Wir möchten. Wir, das sind mittlerweile Malah, Johanna, ich und Verena, eine angereiste Freundin aus München. Zu viert nehmen wir uns einen bulligen Mietwagen.

Verena ist für uns Mitreisende ein großes Glück. Leider hatte sie selbst während dieses Roadtrips großes Pech.

Jedes Paradies macht mal Pause. Ungünstig nur, dass sich Australien dafür ausgerechnet diese beiden Wochen ausgesucht hat. Auszüge aus der Chronologie des Unglücks: Im Flugzeug hat Verena einen Mittelplatz; in Sydney angekommen, spürt sie Kühle statt Schwüle; der geplante Trip zu den nahen Blue Mountains fällt wegen eines Buschfeuers aus; bei ihrem Whale Watching taucht ein einziger Wal auf, bei den beiden Fahrten davor waren es sechzehn und elf; über den Hyams Beach, den weißesten Strand der Welt, fegt gnadenlos der Wind; die Fahrt in den Nationalpark Wilsons Prom müssen wir wegen Regen absagen, genauso den Besuch der Pinguin-Insel Phillip Island, irgendwo dazwischen verbringen wir den einzigen heißen Tag dieses Roadtrips kilometerfressend im Auto. Im Radio heißt es irgendwann, die Gegend erlebe den kältesten Sommer seit dreißig Jahren.

Sicher, das sind First World Problems. Aber wer gerade den Großteil seines Jahresurlaubs und einen Batzen Geld verbraten hat, der hat jedes Recht, sich zu beschweren. Hört ja eh keiner bei dem lauten Wind. Das Land der Zukunft? Nicht unbedingt für Verena.

Für mich ist die Fahrt nach Melbourne hingegen eine wetterunabhängige, da nostalgische Freude. Als ich hier 2003 noch in einer WG wohnte, schrieb ich darüber in meinen Blog:

Zu den Mitbewohnern: Roland und Guy jobben in Piercingstudios und wollen mir Löcher in die irrsten Körperstellen stechen, während mich ihre jüdischen Freunde zu überzeugen versuchen, dass mann sich ohne Vorhaut weniger wahrscheinlich mit HIV infiziert. Dewi arbeitet zufällig auch bei SBS. Sie ist Muslimin und fastet gerade ramadanbedingt, den kargen Tag verbringt sie dann mit Kochen und Backen, was mir vor und ihr nach Sonnenuntergang zugute kommt. Chrissy bedient in einem netten Café, was die ganze Sache billiger macht, und Ali schleppt mich zu unspektakulären Wohlfühl-Partys, wo alles sehr angenehm und freundlich ist, und zu spektakulären Unwohlfühl-Partys. Die finden in hippen Nebenräumen von hippen Clubs statt, von der Plebs getrennt durch Türsteher und eine rote Samtkordel. Da sitzen dann benebelte Mädchen mit tiefen Augenringen und Ausschnitten, ihre Oberteile mit Klebeband am sehr dünnen Körper fixiert, in den Armen älterer Herren, während die jüngeren wild auf der Tanzfläche zappeln und sich sehr oft an die Nase fassen. Ganz interessant, kannte ich vorher nur aus Mamas »Bunte«, ist halt nicht unbedingt meines, zumal Bier nur zu Puffpreisen zu erstehen ist.

Wenn ich weder DVDs noch Partygäste anglotze, spiel ich mit den Jungs Basketball, trink mit den Mädels Käffchen und leb zufrieden einen geruhsamen Alltag. Oder ich arbeite bei SBS. Das Praktikum ist natürlich ein Schmankerl, ich kann weitgehend tun, was ich will, mach einen guten Job und versteh mich gut mit den Leuten. Zugute kommt mir Glückskind, dass durch einen Administrationsfehler ausnahmsweise noch eine weitere Praktikantin hier arbeitet, was in puncto Arbeitszeit und Druck für beide sehr erleichternd ist. Der angesehene, öffentliche Sender befindet sich in einem hypermodernen Gebäude auf dem Federation Square, welcher eine Mischung aus Marienplatz und Potsdamer Platz und somit täglich aufs Neue eine Attraktion ist. Auf einer Etage befinden sich die Schreibtische von 68 Redaktionen, alle in einer anderen Sprache sendend. Der Federation Square bietet zudem noch eine weitere erfreuliche Einrichtung, in einer haben am Montag die Hilton-Sisters die Fashion Week eröffnet, sehr erwärmend. Meinen Job mach ich umgeben von freundlichen Mitarbeitern aus aller Welt, und wenn ich aus dem verglasten Büro schaue, seh ich herumstöckelnde Laufstegmiezen (die natürlich auch zu dünn sind und am Vormittag mehr trinken als ich am Abend). Mit denen teilen wir uns das Kaffeepausencafé, da sitzen dann mein Chef, meine Kollegen und ich und glotzen, Voyeurexperten wie ich natürlich mit verspiegelter Sonnenbrille. In die Realität wird man hier aber spätestens zurückgeholt, wenn das »Wunschkonzert« ertönt, unsere Zielgruppe sind nämlich bereits pensionierte Deutsche in Australien. Ich hab die Anrufe entgegengenommen (diese Tätigkeit wird in meinem Zeugnis als »producing« aufgeführt werden), wofür meine Altenheim-Erfahrungen aus Zivizeiten sehr hilfreich waren. Schließlich hatte ich das Vergnügen mit Erwin (»bei Blasmusik und Märschen, da komm ich so richtig in Stimmung«), der sich Peter Alexander wünschte, mit Hubert, der »So ein Tag, so wunderschön wie heute« von den Mainzer Hofsängern hören wollte (»weil mir der deutsche Karneval so abgeht«), und der Frau Maier, die sich gar nichts wünschte (»ich wollt nur sagen, die Musik gefällt mir sehr gut, aber der Mann im Radio, der soll bitte nicht immer dazwischenquatschen«). Vom Wetter erzähl ich hier nix, kann sich ja jeder denken. Fotos gibts vorerst keine mehr, meine Kamera ist kaputt, was ja eigentlich gar nicht möglich ist, weil ich sie erst nächstes Weihnachten geschenkt bekomme. Mädels, haut's rein, dürr nervt.

An diesem ersten Abend in der abermals über Airbnb angemieteten Wohnung plante ich gleich drei Mädels beim Reinhauen beizustehen. Ich verschwinde jedoch kurzfristig, um mit alten Kumpels in einer Halle Fußball zu spielen. Und auch an den kommenden Abenden werde ich nicht bei den Mädels weilen, sondern alleine in die Berge fahren. Dass die drei auch ohne mich brav reinhauen, sehe ich an den Bildern, die mir Malah aufs Handy schickt: Sie braten sich Lachsfilets. Ich hingegen bekomme bei meiner Tour keine Fische zu Gesicht, sondern nur Fischer.

Kapitel 23

Walhalla, das Anti-Australien

Angeln ist nicht gleich Angeln, gilt doch das Fliegenfischen gemeinhin als die Königsdisziplin. Dabei wird nicht einfach nur eine Rute mit Wurm in die Tiefe gelassen und Bier trinkend auf Action gewartet. Stattdessen schwingt der Angler seine Rute gefühlvoll vor und zurück, bis die Schnur in der Luft lassohafte Kreise zieht und der kunstvoll gebundene Köder schließlich punktgenau beim vermuteten Fisch landet. Ich sehe die Fliegenfischer auf dem Weg ins 180 Kilometer entfernte Walhalla. Sie mögen nicht aussehen wie Könige. Aber ich würde mich als ein solcher fühlen, hätte ich nur ihr Talent (und ihr Geld für die Ausrüstung und ihre Zeit).

So ästhetisch und angesehen ist seit jeher diese Angelart, dass sie gar nicht erst auf die gestresste Postmoderne zu warten brauchte, um petri-heillos überhöht zu werden: »In unserer Familie«, lautet der erste Satz des Romans »Aus der Mitte entspringt ein Fluß«, der in den Zwanzigerjahren spielt, als die Angelegenheit noch kein Hightech-Kohlefaser-Sport war, und in den Siebzigern von Norman Maclean geschrieben wurde, »gab es keine klare Trennungslinie zwischen Religion und Fliegenfischen.«

Aus der Ferne sehen Fliegenfischer in ihren Unterkörperkondomen aus wie Gerhard Schröder beim Elbe-Hochwasser, nur eben in Grunge-Farben – wäre da nicht die Rute in ihrer rechten Hand. Den angewinkelten rechten Arm kippen sie im Takt vor und zurück, das Handgelenk bleibt steif. Die Schnur, die oben die Angel verlängert, streckt sich, wird meterweit nach vorne, nach hinten und wieder nach vorne geschleudert. Drei, vier Mal nehmen sie auf diese Weise Anlauf, während sie mit der linken Hand weitere, aus der Rolle gezogene Schnur freigeben, um die Reichweite zu verlängern.

Grund für das aufwendige Prozedere: Die Fliege ist viel zu leicht, als dass sie einfach nach vorne katapultiert werden könnte. Weil weder Blei noch schwere Köder benutzt werden (wie bei den simpleren Varianten Grundangeln und Spinnfischen), kann beim Fliegenfischen einzig mit dem Gewicht der Schnur gespielt werden.

Endlich, mit einer letzten Vorwärtsbewegung, lassen die Fliegenfischer die Schnur nach vorne schießen. Die Schnur und das Fliegenimitat an ihrer Spitze sinken auf die Wasseroberfläche, genau ans Ziel: an eine vielleicht acht Meter entfernte ruhige Stelle, an der es sich ein Fisch gemütlich gemacht haben könnte. Der sollte nun die falsche Fliege schnappen und zack, dank eines kurzen Rucks an der Angel, an der Schnur zappeln. Das wäre eine konservative Schätzung des Fortlaufs.

Die Ohnmacht, die Zufälligkeit und das gedankliche Umherschweifen, die oft zum stundenlangen Angeln vom Stuhl aus gehören – nix für Selbstoptimierer und Ehrgeizige. Sie gehen lieber auf die Pirsch, bewegen sich permanent in die optimalen Positionen, suchen die Fokussierung auf das Wesentliche.

Der Vater von Norman Macleans Protagonisten war da schon dezidierter in seiner Haltung: »Mein Bruder und ich hätten das Fischen lieber gleich so gelernt, daß wir hinausgingen, einfach ein paar fingen und bei den Vorbereitungen völlig auf alles Schwierige oder Komplizierte verzichteten, was von dem Spaß ablenken würde. Aber wir wurden nicht über den Spaß in die Kunst unseres Vaters eingeführt. Wenn unser Vater das Sagen gehabt hätte, so wäre es keinem Menschen, der nicht richtig zu fischen wußte, gestattet gewesen, einen Fisch durchs Fangen zu entehren.« Und dann sagt der Erzähler, an den Leser gerichtet: »Wenn Sie auch nie zuvor eine Flugangel in der Hand hatten, werden Sie es bald faktisch und theologisch als wahr erkennen, daß der Mensch von Natur aus ein Schlamassel ist.« Die Fische, weise wie sie sind, kommentieren diesen Befund: stumm.

Nicht jeden machen die Gewässer des Landes so glücklich wie die Fliegenfischer hier. »Australien ist kein so schönes Land wie Europa, weil es nicht so viele schöne Flüsse besitzt; und es sind eben schöne Flüsse, die ein schönes Land ausmachen. Die meisten Flüsse in Australien verdienen den Namen Fluss nicht; es sind eher eine Reihe Wasserlöcher und im Sommer oft ausgetrocknet, aber es gibt einen schönen, breiten, langen, tiefen Fluss, den Murray-Fluss. Er erstreckt sich über 1200 Meilen. Gäbe es mehrere solche Flüsse wie den Murray, dann wäre Australien wirklich ein schönes Land.« So lautet das Urteil von Favell Lee Mortimer.

Der Murray aber liegt 300 Kilometer weiter nördlich in seinem Bett. Diese beschwerliche Fahrt führt zum kleineren Stringer's Creek. Der Asphalt quält sich hinauf durch den Wald, jede Kurve könnte die letzte sein und geht doch über in die nächste. Am Himmel wechseln sich graue und schwarze Wolken dabei ab, die düstere Stimmung zu sichern. Das Autoradio gibt nur noch Dauerrauschen her, das Gssschrrrrsch ist unterarmhaarsträubend

– nichts vermittelt dem gemeinen Stadtmenschen eindringlicher, dass er von nun an auf sich allein gestellt ist, auf fremdem Terrain und hilflos im Notfall.

Die Dame am Mietwagenschalter hatte es allzu gut gemeint, und so bin ich drei Stunden lang mit einem viel zu protzigen Geschäftsauto übers Land gefahren. Wie ein Mafioso, der sich in der Pampa einer Leiche entledigen möchte. Erst im Wald komme ich mir wieder vor wie ein Großstädter, der sich verfahren hat und jeden Moment von einem stummen Vollbärtigen mit Trucker-Mütze und Latzhose aufgehalten wird, um im Häcksler zu enden. Man kann diesem Auto viel vorwerfen, aber nicht, dass es die Fantasie hemmen würde. Sollte dieser Ausflug ohne Leiche enden, wäre jedenfalls schon viel gewonnen.

Links und rechts zwischen den Eukalyptusbäumen schunkeln Sträucher im Wind, von denen ich später erfahren sollte, dass es Akazien und Myrten sind. Ich schalte das nutzlose Radio aus, aber mein Gehirn hört weiter, es spielt den fiktiven Soundtrack eines Hitchcock-Films ab. Den Takt gibt der Regen vor, der auf die Windschutzscheibe prasselt.

Eine Handvoll Ruinen und Nachbauten alter Häuser stehen endlich an einem Fluss, der sich reißend anhört und doch nur plätschert. Der Stringer's Creek ist ein vorlautes Gewässer. Er fließt links der Straße, rechts, steil am Berg, sehe ich die vielen Steinplatten und Kreuze im Gras. Von der Straße aus gleichen die gestaffelten Gräberreihen des Friedhofs einer Publikumstribüne. Als wollten die Verstorbenen den besten Blick haben auf die Lebenden hier unten, gespannt, wer als Nächstes die Seiten wechseln wird. Noch bevor ich den ersten Bewohner sehe, zeigt sich mir die Stadt als Ort, in dem die Toten mehr mitzuteilen haben als die Lebenden. Aber wen mag das wundern, in einer Gegend, in der trotz der australischen Sonne regelmäßig Schnee fällt, in einer Stadt, die den Namen Walhalla trägt.

Vogelperspektive am Balkon des Star Hotel

»Herzlich willkommen im Star Hotel«, sagt Michael Leaney, der mit seinem grauen Fleecepulli und den schweren Caterpillar-Schuhen eher nach Austria denn nach Australia aussieht. Mehr als zwanzig Grad warm sollte es um diese Zeit in Victoria sein. Als das Radio vorhin noch nicht rauschte, hatten sich die Moderatoren über den kältesten November seit 25 Jahren gewundert. Neun Grad zeigte das Autothermometer, das mich mit seiner Einstelligkeit an meine sehr optimistische Kleiderordnung erinnerte. Eine Trucker-Mütze und eine Latzhose wären jetzt recht. Oder wenigstens ein Vollbart.

Der winterfeste Michael steht an der Rezeption eines Hotelnachbaus. Das Original ist 1951 abgebrannt, nachdem – hier gibt es zwei Versionen – das Warmwassersystem kollabiert oder in der Hotelküche die Zubereitung eines Weihnachtspuddings gescheitert war. Hinter Michael, an der mit alten Zeitungen tapezierten Wand, hängen ein Stromzähler und eine Infotafel. Um elf Uhr vormittags am 16. Dezember, heißt es da, sei Walhalla als letzte Stadt in Australien an die Stromversorgung angeschlossen worden. Das Jahr: 1998. Neunzehnhundertachtundneunzig.

Seit siebzehn Jahren erst haben sie Strom, die fünfzehn Einwohner und ihre Besucher, und das sind jedes Jahr immerhin 100.000. An Ostern kommen bis zu 8.000 an vier Tagen, an anderen Tagen kommt kein einziger. Ranzige Autobahnraststätten haben natürlich auch beeindruckende Kundenzahlen. Doch keiner der Walhalla-Touristen macht hier nur mal Pinkelpause, während er auf dem Weg woandershin ist. Walhalla liegt auf keiner Strecke, die Stadt erreicht man nur über die sich windende Sackgasse. Oder, was viele GPS-Nutzer ins Lenkrad beißen lässt oder gar zur Umkehr zwingt, über eine brutale Schotterpiste. Wer diesen Wald hier ansteuert, entscheidet sich bewusst gegen die anderen Wochenendausflüge, die sich von Melbourne aus anbieten. Gegen die Great Ocean Road mit ihren Stränden, gegen die weite Weingegend im Yarra-Tal und gegen den Nationalpark Wilsons Promontory mit seinen Kängurus und Wombats. Walhalla ist frei von dieser landestypischen Grundausstattung. Das hier ist Anti-Australien.

Dass so viele Menschen in die Stadt reisen, liegt weniger an deren wanderbaren Musterlage im Forst. Es ist vielmehr ihre Vergangenheit als legendärer Goldgräberort, eine Vergangenheit, die heute auf dem steilen Friedhof liegt. Die Australier dürsten nach Vergangenheit, ist sie doch ein rares Gut in einer geschichtsarmen Gesellschaft. 250 Jahre sind hier schon eine Ewigkeit. Da kann die Schildkröte Europa nur milde lächeln über die Eintagsfliege Australien.

Wir gehen zum Friedhof. Michaels Wanderschuhe knirschen auf dem Kiesweg, als er mich zu den mehr als 1.300 Gräbern führt. Er trägt nun eine Sonnenbrille. Vom Wetter in der Gippsland-Region heißt es, alle Jahreszeiten fänden an einem einzigen Tag statt. Zwei hätten wir jetzt schon mal.

Er erzählt vom Früher, nicht gerade gelangweilt, aber er tut auch nicht so, als verbreitete er die Geschichte von der Geschichte zum ersten Mal. Der aufgesetzte wie liebenswerte Enthusiasmus, den manche Supermarktkassiererinnen in der Stadt schon bei der Beratung über den fruchtigsten Kaugummi zeigen, ist ihm fremd. Die Fakten platzen nicht aus ihm heraus, sondern entweichen gleichmäßig und kontrolliert wie die Luft aus einem löchrigen Fahrradreifen. Fasziniert von der Geschichte seiner Stadt ist er aber immer noch. Wenn Michael in breitem australischem Dialekt und mit einem schwer zu identifizierenden, irgendwie zischenden Sprachfehlerchen von den Träumen und Hoffnungen der hier Begrabenen erzählt, von ihrer Gier und ihren Entbehrungen, dann hört sich sein *gold* an wie *God*.

1851 wurde in Victoria das erste Mal Gold gefunden, und natürlich wurde im Folgenden jeder Quadratmeter der Gegend danach abgesucht. Zwölf Jahre später wurde eine Gruppe in einem Zufluss des Thomson River, im heute so vorlauten Fluss Walhallas, fündig, und zwar pünktlich zu Weihnachten. Man kann sich bildlich vorstellen, wie der Finder damals in eine Bar im nächsten Ort stürmt und von dem Gold berichtet, worauf sich die amüsierten Gäste nach Weihrauch und Myrrhe erkundigen. Ned Stringer hieß der Mann, der als Erster einen Claim in der Gegend abstecken ließ, am 12. Januar 1863. Stringer's Creek wurde der Ort zunächst getauft, heute heißt so nur noch der Fluss, in dem er schürfte. Der frühere Strafgefangene konnte sein Glück nicht fassen, und genießen konnte er es ebenso wenig, starb er doch acht Monate später an Tuberkulose.

Glücksritter und Malocher stürmten in die junge Stadt, deren größter Mine schließlich ein norwegischer Minenleiter ihren Namen gibt – er hatte sich erinnert gefühlt an den legendären Ort der nordischen Mythologie, an dem die gefallenen Helden nach der Schlacht ruhen. Die Stadt war damit schon bei ihrer Geburt als Friedhof angelegt.

Zur Hochzeit in den 1870er-Jahren aber gab es in der Stadt eine Bücherei, einen Debattierklub, einen Chor, eine Theatergruppe und sogar einen Schachverein. Aber der gesittete Teil der Stadt war der kleinere. So edel das gefundene Metall war, so plump führten sich viele seiner Entdecker auf. Schließlich waren viele Einwohner nichts anderes als deportierte Verbrecher, die ihren plötzlichen Reichtum standesgemäß eher in Alkohol und Angeberei denn in Kirchen und Schulen investierten. Während ihre Frauen und Kinder in Melbourne oder Sydney auf ihre Rückkehr oder zumindest auf ein paar Schecks warteten, vergnügten sich die neureichen Männer in den neuen Goldgräberstädten mit Huren. So oder so möchte man damals nicht Frau gewesen sein. Der Mensch ist von Natur aus ein Schlamassel.

Drei Brauereien standen im Ort. »Selbst die Kinder tranken Bier«, erzählt Michael, »zur Sicherheit.« Das Wasser des Stringer's Creek war nämlich stark arsenbelastet, und viele der Verstorbenen, an denen Michael nun vorbeistapft, hat das Gift krepieren lassen. Die damalige Altersstruktur in der Mine erinnert an den heutigen Profifußball oder an Model-Karrieren: Mit 16 Jahren begann man zu arbeiten, wer mit 24 Jahren immer noch im Geschäft (in diesem Fall: am Leben) war, durfte sich glücklich schätzen, und mit 30 wurde man an die Luft gesetzt (in diesem Fall an die frische, oben im Freien, wo es natürlich auch eine Menge zu tun gab).

Aber so frisch die Luft auch gewesen sein mag: Hier oben konnte kaum Gemüse oder Obst angebaut werden, und der Weg zur nächsten Stadt war weit und mühsam. Der Schatz lag, mal abgesehen von der roten Wüste, am menschenfeindlichsten Ort des

Kontinents vergraben. Nur die Chinesen schafften es mit einem ausgefeilten Terrassensystem, die wenigen Stunden Sonne im Tal effektiv zu nutzen.

Die anderen Bewohner des Ortes scherten sich nicht um den Sonnenschein, sie ließen sich unter Tage blenden vom Gold. Aus aller Welt kamen sie, ihr Schatz war der glänzende Grundstein für das multikulturelle Australien von heute. Auf den Grabsteinen in Walhalla stehen irische, deutsche, italienische Namen. In einem tausend Meter tiefen Schacht füllten die Männer, umnebelt von Faulgasen, die Eimer mit der abgetragenen Erde. Einmal nach oben weitergereicht, wurden die Klumpen zum Bach gebracht, wo das Wasser den Dreck vom Gold trennen sollte. Mehr als siebzig Tonnen wurden im Laufe der Jahre aus den Schächten getragen und ins Schatzamt in die nächste große Stadt verfrachtet – auch wegen Lieferungen aus Walhalla war Melbourne damals die reichste Stadt der Welt. »Die Collins Street wurde komplett durch Walhallas Gold finanziert«, sagt Michael.

Michael stammt aus Melbourne. Über seinen früheren Job sagt er nur, dass er dafür ein Handy brauchte. »Das war zu einer Zeit, als nur Immobilienmakler und Zuhälter Handys hatten, und die waren groß wie Ziegelsteine.« Michael wirkt nicht wie eins von beiden. Mitte der Neunzigerjahre zog er nach Walhalla. »Nein, der Umzug ist keine Flucht vor der Stadt oder ein geplanter Rückzug gewesen«, sagt er. Es sei eher ein Zufall gewesen, eine günstige Gelegenheit, ein Haus zu kaufen. Er habe eine Anzeige in der Zeitung gesehen und zugeschlagen, »ich habe ein Haus zum Preis eines Autos gekauft«. In dem Haus wohnt nun der Koch des Hotels, in dem Michael lebt. Niemand hier lebt schon so lange in Walhalla wie er. Die Wohnhäuser seiner Nachbarn sind in der Gegend verstreut. Er trifft die anderen Anwohner selten, die meisten leben ja hier, weil sie ihre Ruhe haben wollen. Jeden dritten Sonntag wird in der Kirche ein Gottesdienst gefeiert, und wenn die Bänke mal wieder leer zu bleiben drohen, startet Michael einen Rundruf. Eine Familie, die mit ihren drei Kindern immerhin ein Fünftel der Stadtpopulation ausmacht, hat er erst drei Jahre nach deren Zuzug kennengelernt. Manchmal verlässt Michael tagelang das Hotel nicht.

Was er vermisst? Das japanische und indonesische Essen. Sicher nicht vermisst er seine früheren Freunde, »die zwanzig Minuten zu spät zur Verabredung kommen«. Michael, das ist nicht zu leugnen, ist eine Diva.

Seine Familie wohnt immer noch in Melbourne, seinen Bruder sieht er alle zwei Jahre, seine Schwester alle sieben. Manchmal besuchen ihn seine Eltern. Ihm gefolgt ist jedoch niemand. »Die Leute kommen und gehen«, sagt er, viele hielten die Abgeschiedenheit hier oben nicht lange aus. »Um den Überblick zu behalten, habe ich meine eigene ›1. Juli-Regel‹. Wer zwei Julianfänge hier ist, der zählt zu den ernsthafter Zugezogenen.« In 16 Jahren waren das 42. Er selbst könne sich vorstellen, für immer hierzubleiben, sagt er und nickt noch mal in Richtung der Gräber.

Walhalla ist längst zum Museum geworden und Michael zu dessen Verwalter. Er kümmert sich um eine professionelle Vermarktung, um die Instandhaltung der Ruinen und die Erforschung der Stadtgeschichte. Wie ein Bürgermeister sich um die Bürger seiner Gemeinde kümmert, hütet Michael in seiner Geisterstadt die Geister. Irgendetwas sagt mir, dass Michael ein guter Fliegenfischer wäre.

Auf dem Rückweg zum Hotel kommen wir an einem Kind vorbei, das auf der Straße einen roten Königssittich füttert. Der Vogel ist das einzig Bunte weit und breit. Die Sittiche kämen regelmäßig an sein Hotel, sagt Michael, »letztens haben sich zwölf von ihnen um mich herum versammelt. Unheimlich.« Er sei sich vorgekommen wie in einem Film, sagt er, wie in einem Hitchcock-Film. Natürlich.

Schwere Bücher liegen auf dem Tisch im Aufenthaltsraum, sie illustrieren Michaels Erzählungen mit schwarz-weißen Fotos. Walhalla ist darauf als lebendige Gemeinde zu sehen, mit bis zu

4.000 Einwohnern, zehn Hotels und sieben Kirchen. Die Berge der Umgebung aber waren stoppelig und nackt. »Zigtausend Tonnen Holz wurden jedes Jahr in den Minen verbraucht«, sagt Michael. Die Minen mussten mit dem Holz stabilisiert werden, die Maschinen mussten am Laufen gehalten werden, die Arbeiter brauchten Licht. So galt die Holzfällerei damals als »die andere Goldmine«. Man könnte auch sagen: Der eine Raubbau fördert einen zweiten Raubbau, und wenn dann beide Rohstoffe am Ende sind, ziehen die Räuber weiter und hinterlassen einen ausgesprochenen Saustall.

Die Holzfäller, die hier auf dem Friedhof liegen, hätten sich jedenfalls immer weiter von der Stadt entfernen müssen, um noch Bäume zu finden. Später finde ich beim Googeln nach Gold, Walhalla und Wald den Vers: »In langer Zeiten Lauf / zehrte die Wunde den Wald; falb fielen die Blätter / dürr darbte der Baum.« Es stammt aus der anderen großen Goldgeschichte, aus dem »Ring des Nibelungen«.

Am Ende war der Weg zu den noch vorhandenen Bäumen zu weit und damit zu teuer. Und als der Ort 1910 seine lang geplante Eisenbahn bekam, war der Goldrausch längst vorüber und das verkaterte Walhalla auf dem Weg zur Geisterstadt. »Der Zug kam 30 Jahre zu spät«, sagt Michael, und ich warte vergeblich auf den schlechten Scherz über die heutige Bahn, der in einem Gespräch unter Deutschen unvermeidlich wäre (die Australier haben einen effizienten Weg gefunden, sich nicht über unpünktliche Züge grämen zu müssen: Sie fahren nicht mit der Bahn). Dank der Bahn stünden in Walhalla heute kaum historische Gebäude, sagt Michael stattdessen. Von 1915 an, als alle Minen geschlossen waren, wurden Maschinen und große Teile der Stadtfassade auf die Waggons gehievt und abtransportiert, wie eine weiterziehende Zirkus-Kulisse. »Die Einwohnerzahl hat sich innerhalb von zwei Jahren halbiert und innerhalb von zwei Jahrzehnten von 2000 auf 250 reduziert«, sagt Michael. Was blieb, sind die Gräber.

Der Goldrausch mag kurz gewesen sein in Victoria, aber er war folgenreich, nicht nur für die Neureichen. Weil sich die Bevölkerung Australiens von Anfang der 1850er- bis Ende der 1870er-Jahre verzehnfachte, war eine soziale Revolution unvermeidbar. Die einfachen Bauern und traditionellen Dörfler fühlten sich schikaniert vom *British Empire*, das immer noch regierte im Land. Ländereien wurden neu verteilt, was eine aus Ex-Knackis geformte Gesellschaft freilich nicht gerade stoisch hinzunehmen gedachte. Es sei überhaupt eine harte Zeit gewesen, sagt Michael, der mit übereinandergeschlagenen Beinen im Sessel sitzt und im Tee rührt, als gäbe das *British Empire* heute noch den Ton an.

Kapitel 24

Urbane Legenden in der Pampa

Am nächsten Morgen möchte Michael mir die Umgebung von Walhalla zeigen, was in dieser Gegend nichts anderes bedeutet, als wandern zu gehen. Wir wollen in der Nähe des Ortes Erica starten, und so kurven wir in Michaels Auto aus der Stadt hinaus. Michael deutet auf ein paar Eichen am Straßenrand. »Unter denen liegt wahrscheinlich noch Gold. Eichen lieben Arsen, und wo Arsen ist, ist auch Gold nicht weit.« Er hat das Autofenster geöffnet. »Es ist leichter, andere Autos zu hören als zu sehen.«

Wir passieren tatsächlich Schilder mit der Aufschrift »Slow down, icy conditions ahead«, und an der ersten Kreuzung sehen wir einen frierenden Backpacker stehen, der mit seinem Daumen um eine Mitfahrgelegenheit bittet. Wir halten und lassen den jungen Japaner erst seinen schweren Rucksack und anschließend sich selbst auf die Rückbank schieben. Er sei auf dem Weg zu einer Farm im Süden, zum Arbeiten. Wir können ihn nur wenige Kilometer mitnehmen, bis zur nächsten größeren Kreuzung, und doch sehe ich den Backpacker noch heute vor meinem geistigen Auge, wie er im Wald liegt, blutig, vergewaltigt, gefoltert, zerschossen, gesteinigt. Ich hätte Michael, nachdem der Japaner ausgestiegen war, eben nicht nach den Backpacker-Morden fragen sollen, für die Australien so bekannt ist wie für seine Koalas.

Michael kennt die Legende von Ivan Milat mindestens so gut wie die Geschichte des Goldrauschs. Er berichtet mir von all dem Horror, während wir zu zweit im unheimlichen, düsteren Wald herumstapfen. Nur einem einzigen Menschen, dem Studenten Paul, begegnen wir auf der Wanderung. Auch dafür ist Walhalla bekannt: Hier startet der Australian Alps Walking Track, ein 650 Kilometer langer Wanderweg durch mehrere Nationalparks – Baw Baw, Alpine, Kosciuszko, Namadgi und Brindabella – bis nach Tharwa, nahe Canberra. Fünf bis acht Wochen lang wandern, nur um am Ende in der angeblich langweiligsten Stadt des Kontinents zu landen – das ist wahrer Sportsgeist oder echter Patriotismus. Michael ist diesen Weg noch nicht gegangen, er fährt ohnehin lieber Ski. Früher konnte er das hier in der Gegend, aber seit der Klimawandel hier die Temperaturen hochtreibt – außer natürlich in der Zeit, in der ich da bin –, muss er nach Neuseeland ausweichen. Paul hat sich die 650 Kilometer vorgenommen. Er trägt schwere Stiefel, eine dieser langen Hosen, die sich spontan in kurze verwandeln lassen, einen großen Rucksack mit Regenüberzug und ein T-Shirt. In der Hand hält er einen selbst geschnitzten Gehstock.

Paul erzählt, dass er den Wanderweg vor drei Jahren schon mal zu gehen versucht hat, mit seinem Bruder. Damals mussten sie nach drei Tagen abbrechen, weil sein Knie schmerzte. Vergangenes Jahr habe er sich den Ellenbogen gebrochen, und die Ärzte hätten ihm damals geraten, sich ein Ziel zu setzen. So ist er nun noch mal aufgebrochen, diesmal alleine. Lediglich 38 Tage habe er für die Wanderung veranschlagt, seine Freundin erwartet ihn pünktlich zu Weihnachten daheim in einer Vorstadt im Osten Melbournes.

»Ich habe nur Trockenfutter und etwas Beef Jerky eingepackt«, sagt er. Hat er Angst vor dem Hunger? »Nein. Ich habe vor der Wanderung drei Boxen mit Essen auf der Strecke vergraben. Die Koordinaten habe ich mir aufgeschrieben, mit dem GPS werde ich die Verstecke hoffentlich wiederfinden.« Hat er Angst vor dem Schnee? »Nein, Schnee ist gar kein Problem, schlimm wäre nur ein Buschfeuer. Die größte Herausforderung wird aber die Einsamkeit sein.«

Ich gebe ihm meine Visitenkarte. Er verspricht mir, sich bei mir zu melden, sobald er sein Abenteuer überstanden hat und darüber berichten kann. Danach geht er wieder Richtung Canberra weiter, und Michael und ich wandern weiter in den nun menschenleeren Wald.

Ich muss zugeben, und ich bin nicht stolz darauf, dass ich mehr Interesse an Ivan Milat habe als an vielen anderen ehrwürdigeren Herrschaften Australiens. Vielleicht, weil ich selber in Tasmanien per Anhalter unterwegs war, vielleicht, weil Blaulicht neben Rotlicht traditionell das faszinierendste Genre des Geschichtenerzählens ist, vielleicht, weil das Land mit seiner Weite so viel Platz bietet für unsichtbare Abgründe, vielleicht, weil wir gerade durch potenzielle Tatorte latschen.

Jedenfalls frage ich unermüdlich nach Details, im Wald und auch noch, als wir nach der Wanderung wieder zu Hause in der Kaminwärme sitzen. Michael googelt nun beflissen nach Antworten. Im unheimlichen, düsteren Star Hotel, wohlgemerkt.

Die Geschichte begann demnach mit Vermisstenmeldungen: Zwischen 1989 und 1992 verschwanden in und um Sydney Deborah Everist und James Gibson, ein Paar aus der Umgebung Melbournes, die Regensburgerin Simone Schmidl, die per Anhalter unterwegs gewesen war, das ebenfalls aus Deutschland stammende Paar Georg Neugebauer und Anja Habschied sowie die Britinnen Caroline Clarke und Joanne Walters.

So gab es gleich mehrere Kandidaten, als eine Gruppe Wanderer im Belanglo State Forest, südlich von Sydney, im September 1992 eine übel zugerichtete Leiche fanden und die gerufene Polizei ein paar Meter weiter gleich noch eine. Eine Obduktion ergab, dass es sich um die beiden Britinnen handelte. Auf Walters war 35 Mal eingestochen, auf Clarkes Kopf zehn Mal geschossen worden. Ein Jahr später fand ein Mann einen Schädel und Oberschenkelknochen, die gerufene Polizei stieß auf zwei weitere Leichen. Diesmal waren es die Überreste des australischen Paares.

Blieben die drei deutschen Vermissten. Simone Schmidls Schädel wurde schließlich am 1. November 1993 gefunden. Die Kleidung allerdings, die am Fundort entdeckt wurde, war die von Anja Habschied. Deren Leiche und die ihres Freundes wurden zwei Tage später in der Nähe ausgegraben. Habschieds Kopf wurde nie gefunden, Neugebauers wies neun Einschusslöcher auf.

Bald war der Polizei klar, dass alle sieben Personen ein und demselben Täter zum Opfer gefallen waren. Alle Leichen lagen auf dem Bauch, mit den Händen auf dem Rücken, und alle waren auf gleiche Weise mit Stöcken und Farn bedeckt. Alle sieben hatten Stichwunden am Oberkörper, teilweise nach dem Tode zugefügt, den Frauen waren die Oberteile aufgeschnitten oder hochgeschoben oder ausgezogen worden. Einige der Opfer waren stranguliert und brutal geschlagen worden.

Die Polizei wertete nun Verkehrsdaten, Mitgliedschaften bei Fitnessstudios, Waffenlizenzen und Polizeiakten aus, und am Ende hatte sie eine Liste mit 32 Verdächtigen. Einer der Namen auf der Liste: Ivan Milat, ein ehemaliger Häftling, gegen den 1971 unter anderem wegen der Entführung zweier Frauen und der Vergewaltigung einer von ihnen ermittelt worden war. Er galt als Waffennarr, besaß ein Grundstück in der Nähe des Waldes, und außerdem bot er kurz nach der Entdeckung der ersten beiden Leichen seinen Nissan Patrol zum Verkauf an. Und doch fehlte der entscheidende Beweis. Den gab im November 1993 ein Brite namens Paul Onions.

Onions meldete sich von Großbritannien aus bei der australischen Polizei, um von einem Vorfall im Jahr 1990 zu berichten. Damals habe er seinen Job als Ingenieur aufgegeben, um als Backpacker durch Australien zu reisen. Nach ein paar Wochen am Strand entschied er sich in den Tagen nach Weihnachten, den Weg einzuschlagen, den auch unser japanischer Mitfahrer wählte: Er wollte sparsam per Anhalter in den Süden fahren, auf der Suche nach einem Job als Obstpflücker.

Auf dem Parkplatz eines Cafés sprach ihn ein lächelnder, bärtiger Mann an: »Wo willst du hin? Brauchst du eine Mitfahrgelegenheit, Mate?« Der nette Mann stellte sich als Bill vor.

Als sie etwa eine Stunde unterwegs waren, änderte sich Bills Verhalten schlagartig, Onions sprach später von einer Jekyll-und-Hyde-Situation. Am Eingang zum Belanglo State Forest hielt Bill den Wagen an und zog unter dem Sitz einen schwarzen Revolver hervor. »Weißt du, was das ist? Das ist ein Raubüberfall«, schrie Bill. Als er wieder unter den Sitz griff und ein Seil hervorzog, stürzte Onions aus dem Wagen und rannte weg. »Stop, oder ich schieße«, rief ihm Bill hinterher. Onions hörte einen Schuss. Keines der Autos, die ihm entgegenkamen, hielt an, und bald hatte ihn Bill eingeholt und zu Boden gerissen. Onions entkam abermals und lief auf die Straße, diesmal hielt ein Wagen. Er wies die Fahrerin an, schnell loszufahren. Das dumme Grinsen Bills, das er vor seiner erfolgreichen Flucht noch sah, sollte ihn sein Leben lang begleiten. Als er nach seiner Rückkehr von der Mordserie in Australien las, entschloss er sich zu dem Anruf bei der Polizei. Die lud ihn sofort nach Australien ein, um bei den Ermittlungen zu helfen.

Im Mai 1994 identifizierte er den 49 Jahre alten Ivan Milat als Bill. Nach Milats Festnahme fand man in dessen Haus nicht nur die Tatwaffe, sondern auch Kleidung und Campingzubehör und

Kameras seiner Opfer. Auch eine Trinkflasche mit der Aufschrift »Simmi« fand man, das war der Spitzname von Simone Schmidl.

Zwei Jahre später stand er für seine Taten vor Gericht, im dunkelblauen Anzug mit grauem Hemd und dunkelblauem Schlips. Seinen Schnauzer hatte er sich abrasiert. Er plädierte auf »nicht schuldig«.

Er wurde von einer Jury schuldig gesprochen und siebenmal zu lebenslanger Haft verurteilt. Onions lehnte damals die Belohnung für seine Hilfe, immerhin eine halbe Million Dollar, mit der Begründung ab, er wolle nicht von dem Horror profitieren.

Aber die Geschichte ist hier noch nicht zu Ende. Nach einem Jahr im Gefängnis scheiterte ein Fluchtversuch, den Milat zusammen mit einem wegen Drogenhandel verurteilten Politiker aus Sydney unternahm. Am nächsten Tag fand man den Politiker erhängt in seiner Zelle, und Milat wurde in ein Hochsicherheitsgefängnis verlegt. 2001 schluckte er Rasierklingen und Metallklammern, 2009 schnitt er sich einen Finger ab, um ihn ans Gericht zu schicken. 2011 verlor er 25 Kilo bei einem Hungerstreik – Milat wollte, auch wenn er nur mit neun Fingern hätte spielen können, eine Playstation in seiner Zelle. Er hat sie nicht bekommen.

2012 wurde wieder eine Leiche im Belanglo State Forest gefunden. David Auchterlonie wurde dort an seinem 17. Geburtstag mit einer Axt erschlagen. Als Täter wurden zwei neunzehnjährige Freunde des Opfers verurteilt, einer der beiden hieß: Matthew Milat. Der Großneffe von Ivan Milat bekam 43 Jahre Haft. Die Richterin sprach von einem geplanten Mord aus Spaß, die letzten zehn Minuten des Opfers seien voller Horror und unvorstellbarer Folter gewesen.

Nach der Tat soll Milat geprahlt haben: »Ihr kennt mich, ihr kennt meine Familie. Ihr kennt den Nachnamen Milat, ich habe gemacht, was sie machen.« Dazu muss man wissen, dass Ivan Milats Bruder verdächtigt wurde, bei den Taten geholfen zu haben. Im Haus der Mutter der beiden wurde ein Kavallerieschwert entdeckt, mit dem der Kopf von Anja Habschied abgeschlagen worden sein könnte. Und im Jahr 2005 erklärte John Marsden, ein ehemaliger Anwalt Milats, der damals im Sterben lag, dass sein früherer Mandant bei den Morden an den beiden Britinnen Unterstützung von seiner Schwester gehabt habe.

»Schau dir doch einfach mal *Wolf Creek* an«, sagt Michael noch. Der Film basiere auf den Backpacker-Morden und ähnlichen Fällen. Ich habe ihn mir nicht angeschaut. Und von dem Canberra-Wanderer habe ich übrigens nie wieder etwas gehört.

Ich möchte Michael zum Essen einladen, im einzigen Pub der Stadt. Das Wally Pub ist vielleicht 200 Meter vom Star Hotel entfernt, aber Michael denkt gar nicht daran, zu Fuß zu gehen. »Wir sind die zweitfetteste Nation nach den USA«, sagt er und steigt ins Auto, »aber wir holen auf.« Als wir ankommen, schließt Michael das Auto gar nicht erst ab. Die tatsächliche Kriminalitätsrate in der Gegend ist erstaunlich, ja desillusionierend niedrig.

Vor dem Pub steht ein Schild, das umständlich darauf hinweist, dass am Dienstag gefälligst Ruhetag ist: »From Wednesday to Monday«. Der Wirt ist da stur, wie Michael stolz erzählt: »Bob hat einmal 400 Dollar ausgeschlagen, die ihm eine Gruppe Touristen geboten hat, um am Ruhetag im Pub ein Football-Finale anzuschauen.« An diesem Tag läuft »Dancing with the Stars« auf dem Fernseher in der Ecke, und hätte ich genug Geld, würde ich Bob 400 Dollar geben, um dieses Finale nicht ansehen zu müssen.

Auf der Karte steht der Wally Burger – Semmel, Fleischpflanzerl, Tomate, Spiegelei, Schinken, Rote Beete, Salat, Zwiebel, Semmel. Die Adipositas-Krone ist zum Greifen nah. In Australien gibt es eben keine jahrhundertealte filigrane Esskultur wie in Europa. Hier zählt das Einfache und Direkte. In den Pubs sind die Mahlzeiten üppig und fettig; die Bedienungen und Köche sind freundlich und offen, und vor allem bemühen sie sich nachsichtig um Verständigung mit den der Speisen unkundigen Ausländern. Kurz: Das hier ist das Gegenteil von Frankreich.

Michael empfiehlt »Flake«, und so bekomme ich doch noch Fisch serviert: Haifleisch. Michael erzählt nun die nächste Horrorgeschichte. Diesmal handelt sie auch von ihm.

Kapitel 25

Gegen den Brand

Wahrscheinlich weiß jeder Australier, sicherlich aber jeder Victorianer, was er am 7. Februar 2009, am »Black Saturday«, gemacht hat. Michael weiß es natürlich auch. »Es ging am Freitag mit Warnungen los, per Mail, im Radio, per Telefon. Wir haben die anreisenden Gäste angerufen, dass sie bitte nicht kommen sollen. Wenn doch, müssten wir sie zurückschicken. Die Gäste, die schon da waren, sollten Samstag früh um 7 den Ort verlassen.« Ein Dorfbewohner sei noch am Freitagabend in den Nachbarort gefahren, um Pizza zu holen. Was er auf dem Weg sah, waren lodernde Bäume und dichter Rauch. Als es zu regnen begonnen habe, sei schwarzes Wasser vom Himmel gefallen. »Als klar war, wie schnell und wie heftig sich das Feuer näherte, brachten wir die Gäste in Sicherheit.« In Sicherheit bedeutet in einer Stadt wie Walhalla: in die Mine. Sechs Leute seien an der Oberfläche geblieben, Michael sei einer von ihnen gewesen.

Und dann zeigt Michael eine Facette, die tief blicken lässt. Die Enttäuschung, die er offenbar durch Mitmenschen erlebt hat, die Einsamkeit, in der er sich heute so wohl fühlt, sein Verständnis von Eigenverantwortlichkeit und sein Respekt vor und für Naturgewalten, das alles fließt ein in seine Urteilsfindung: »Ich weiß, dass ich mich wie ein Bastard anhöre, aber die Menschen, die bei dem Feuer gestorben sind, haben den Tod verdient. Das ist Darwinismus. Diese Idioten urbanisieren das Buschland, sind sich aber nicht darüber im Klaren, was das bedeutet, und wenn, dann sind sie dafür nicht gerüstet.«

Am nächsten Morgen sitzt ein zweiter Gast im Frühstücksraum des Star Hotel. Die junge Frau trägt einen schwarzen Zopf, eine Hose, die aussieht, als schütze sie sogar im Atomkrieg, und dicke Stiefel. Weil ich die letzten Tage mit dem hilfreichen und netten und doch seltsamen Michael sowie mit Bob und Ivan Milat verbracht habe, frage ich sie, ob ich mich zu ihr setzen könnte. Natürlich, sagt sie. Ihr Name ist Renee. Sie wohnt schon ein paar Nächte im Star Hotel, war aber entweder im Wald oder im Bett. Sie hatte sich eine Erkältung eingefangen und sich Suppe aufs Zimmer bringen lassen. Gearbeitet hat sie trotzdem.

Als Studentin ist sie im Auftrag des Bushfire CRC unterwegs, einer staatlich finanzierten Organisation, die sich der Erforschung der Buschfeuer widmet. Renee sammelt an 17 aufeinanderfolgenden Tagen Bodenproben. Sie will herausfinden, wie das Wasser aus dem Wald abfließt. Die Forschung beschränkt sich aber nicht nur auf geologische Aspekte. »Meine Kommilitonen befragen Überlebende des Black Saturday, um herauszufinden, warum damals so viele gestorben sind.« Michael würde nun sagen: Weil sie Idioten sind, die es verdient hätten, erst in der Hölle auf Erden und final in der echten zu landen. Aber Michael ist zum Glück nicht da.

»Ich glaube, es geht einzig darum, eine Entscheidung zu treffen: So schnell wie möglich weggehen oder, wenn man darauf vorbereitet ist, bleiben, um das Hab und Gut zu verteidigen.« In anderen Ländern nähmen die Behörden den Betroffenen die Entscheidung ab, sie evakuierten einfach alle bedrohten Häuser. »Dazu haben wir nicht die Ressourcen«, sagt Renee und wiederholt: »Es geht einzig darum, eine Entscheidung zu treffen.« Viele Australier haben an jenem Samstag eine Entscheidung getroffen, und nicht wenige die falsche.

2010 war ich in Melbourne, um die Aufarbeitung des »Black Saturday« durch die Royal Commission zu verfolgen, eine überparteiliche Instanz. Im Foyer im elften Stock hingen die Bilder, sie waren bunt, aber keineswegs farbenfroh. »Hi, mein Name ist Alex Emmins, und ich gehe in die 5. Klasse. In den Buschfeuern des Schwarzen Samstags habe ich meine Schule, mein Haus und ein Familienmitglied verloren«, steht neben einem mit Wasserfarben gemalten Bild, das einen schwarzen Baum mit grünen Blättern zeigt. »Ich habe auch eine Schlange, die sich im Gras versteckt, und einen Vogel und ein Vogelnest gemalt, um zu zeigen, dass alle Tiere zurückkommen.« Manche Kinder haben Sam gemalt, den damals zum Nationalhelden aufgestiegenen Koala, der sich seine Pfoten an den glühend heißen Bäumen verbrannt hatte, bevor er von einem Feuerwehrmann gerettet wurde.

Drinnen im Saal hört die Kommission die Überlebenden des Buschfeuers an. Allein in der Umgebung Melbournes starben an diesem einen Tag 173 Menschen, 414 wurden verletzt. Mehr als 2.000 Häuser brannten aus. Der blaue Himmel über dem Bundesstaat war schwarz. Und in das trauernde Melbourne zog mit dem Rauch die Gewissheit ein, dass die Gegend für immer mit der Furcht vor dem Feuer wird leben müssen.

Natürlich hatte es immer schon verheerende Feuer gegeben. Doch Anfang 2009 war das heiße Melbourne noch heißer als sonst: 46,4 Grad. Zudem nährten starke Winde die Feuerwände, bis diese mehr als hundert Meter hoch waren. Von der Kraft des Feuers erzeugte Winde rissen ganze Bäume aus dem Boden. In Kinglake-Marysville, der am stärksten betroffenen Gegend, entsprach die später berechnete Wucht des Feuers der von 1.500 Atombomben. Der Rauch zog bis über die Antarktis. Straßenschilder schmolzen zu Klumpen.

Dass manche der Feuer absichtlich gelegt worden sind, gilt als gesichert. Der damalige Premierminister Kevin Rudd sprach von Massenmord und brach vor laufenden Kameras in Tränen aus. Zwar gab es Verdächtige, aber überführt werden konnte niemand. In der ersten Verzweiflung wurden Schuldige für die Tragödie gesucht, die tatsächlich später von den Untersuchungen der Kommission nicht gänzlich entlastet werden konnten: Umweltschützer, welche die Rodung von Wald verboten hatten, Stadtplaner, die der Überpopulation in den beliebten Vorstädten nicht Einhalt ge-

Nach dem Schwarzen Samstag

boten hatten, und auch Politiker, die wie Renee als Losung »stay and defend or leave early« ausgegeben hatten, also in etwa: »Bleib daheim und verteidige dein Haus oder flüchte früh«, statt auf Evakuierung zu setzen.

Die Kommission regte schließlich Pläne zur Evakuierung, Frühwarnsysteme, kontrolliertes Abbrennen von Wäldern, effektivere Kommandostrukturen und viele weitere Vorhaben an, aber ob eine Gewalt wie die des Feuers am »Schwarzen Samstag« wirklich gebändigt werden kann, bezweifeln viele Australier.

Kapitel 26

Tasmanisches Teufelszeug

Wer von Deutschland aus an Australien denkt, hat nicht die Brände, nicht die Morde an Backpackern und erst recht keine verlassenen Goldgräberstädte im Sinn, sondern ein Paradies. Einen Ort, an den man sich sehnt, an dem man womöglich auch leben möchte. Allein im Jahr 2014 sind mehr als 3.500 Deutsche nach Australien ausgewandert.

Auch Thomas Broich ist ans andere Ende der Welt gezogen. Der gebürtige Münchner war Mitte der Nullerjahre eines der größten deutschen Fußballtalente, er galt als zukünftiger Nationalspieler, als kommender Star. Aber er war damals nicht nur besser als die meisten seiner Kollegen und Konkurrenten, er war vor allem: anders als sie. Wenn seine Mannschaftskameraden Playstation spielten, las er Bücher, wenn sie Rap hörten, legte er eine Klassik-CD ein. Bald hatte er den Spitznamen »Mozart«. Seine

Karriere in der Bundesliga führte ihn über Borussia Mönchengladbach zum 1. FC Köln und schließlich zum 1. FC Nürnberg, doch der ganz große Durchbruch, der ihm prophezeit wurde, gelang ihm nicht. Zu isoliert war er in den Mannschaften, zu eigenartig, zu eigensinnig, zu eigenwillig, auch zu überheblich. Sein Image stand ihm im Weg, er verlor die Lust am Sport. Mit jedem Jahr wurde er unglücklicher in der Heimat.

Australien ist nicht nur ein Ort, an den man sich sehnt, sondern auch einer, an den man flieht. So nahm Broich im Jahr 2010 ein ungewöhnliches Angebot an. Statt seine Karriere mit erst 29 Jahren desillusioniert zu beenden, unterschrieb er einen Vertrag bei »Brisbane Roar«. Die australische Liga galt damals unter europäischen Fußballprofis als schlechter Witz. Broich aber interessierte weniger das sportliche Niveau als die hohe Lebensqualität. Und dass diese am anderen Ende der Welt zu finden war, störte ihn nicht. Im Gegenteil.

»Es war damals sicher auch eine Flucht«, sagte er, als ich ihn Jahre später vor einem Auswärtsspiel seiner Mannschaft in Sydney zum Interview traf. »Ich musste mir die Chance geben, mich selbst neu zu erfinden.« Weil er das in Deutschland nicht mehr konnte, zumindest nicht als Fußballer, ging er so weit weg wie möglich. »Mir war es egal, dass das Training manchmal etwas rumpelig war, oder dass nur elf Leute richtig kicken können und der zwölfte bei uns nicht mal in der Bezirksliga spielen würde.« Die üblichen Maßstäbe galten nicht mehr. Die Menschen hier richteten nicht so schnell über andere wie in Deutschland, erzählte er. »Ich habe hier zum ersten Mal das Gefühl, dass ich ich sein darf.« Er genieße das Leben in Brisbane seit dem ersten Tag. »Das Licht war gleich so magisch, alle Farben und Gerüche waren so intensiv.« Die Oberflächlichkeit, die den Australiern gern unterstellt wird? Broich spricht lieber von einem Optimismus. Er schätze es, dass er nicht mehr alles tausendmal hinterfragen müsse. »Der deutsche Tiefgang kann auch was Depressives haben«, sagt er.

Broich ist länger als geplant in Brisbane geblieben, auch weil der australische Fußball in den vergangenen Jahren an Renommee gewonnen hat. Das liegt nicht nur, aber auch an ihm – dreimal ist seine Mannschaft nationaler Meister geworden, zweimal wurde er als bester Spieler der Saison ausgezeichnet. Und er ist zum Fußballer des Jahrzehnts in Australien gewählt worden. Er mag nicht das typische Beispiel eines Expats sein, aber vielleicht ein nachahmenswertes. Auf jeden Fall ist er glücklich, wo er nun ist.

Könnte für uns Victoria sein, was Queensland für Thomas Broich ist? Ein Ort nicht nur zum Urlaubmachen, sondern zum Leben? Weder sind wir auf der Flucht, noch müssen wir uns neu erfinden – doch der Reiz des Landes ist auch ohne Leidensdruck immens.

So sind wir nun wieder in Melbourne angekommen, diesmal mit dem Auto. Die Stadt ist kein Geheimtipp mehr, regelmäßig landet sie im Ranking der lebenswertesten Städte ganz vorne, stets vor Sydney übrigens. Es hat seine guten Gründe, weshalb nicht nur immer mehr Australier aus den unvorstellbar weiten Landschaften ihres Kontinents in diesen verhältnismäßig kleinen Fleck drängen, sondern auch immer mehr Touristen. Wirtschaft? Von der Krise dort unten rechts auf dem Globus übersehen. Strand? Praktisch gelegen am hippen Viertel St Kilda. Sport? Australian Open für Tennisanhänger, Formel 1 für Motorfans, Fußball, Cricket, Rugby, Football und Pferderennen – der Melbourne Cup Day, an dem sich die Damen Hüte groß wie Schlauchboote aufsetzen, ist in der Stadt tatsächlich ein offizieller Feiertag.

Dazu profitieren Kultur und Küche der Stadt von den Einwanderern. Etwa von John So, einem in China geborenen Politiker. 2004, während seiner Amtszeit als Bürgermeister der Stadt, weihte er ein kontrovers diskutiertes Straßenschild ein, gegen den Willen der ansässigen Geschäftsleute, die im Straßennamen am liebsten den kommerziellen Charakter des Viertels betont sehen wollten. »Lasst uns rocken«, sagte So stattdessen bei der Straßentaufe, und: »Wie das Lied verkündet, gibt es einen Highway zur Hölle, doch ist dies eine Gasse in den Himmel.« Sooft das Schild danach gestohlen wurde – allein sechsmal in den ersten zwei Jahren –, so oft wurde es wieder angebracht.

Melbourne, keine 200 Jahre alt, verhält sich in seiner Gemütlichkeitsenergie wie eine gerade der Pubertät entkommende, aber immer noch idealistische, gestylte, sich zwischen Meer und Berge fläzende Göre unter den sonnigen Metropolen. Doch dieses Mal ist es hier kühl und grau, die dicken Pullis, eigentlich nur für den Notfall eingepackt, ziehen wir kaum mehr aus. Weil es andauernd regnet, sind wir die meiste Zeit in der angemieteten Wohnung oder in Cafés, die uns den hohen Dollarkurs vor Augen führen. Die über Skype angerufene Familie erzählt vom warmen Herbst in der Heimat, und natürlich vermisst man einander.

Die Göre (Melbourne, nicht Johanna) hat eine schlechte Phase, sie stellt uns auf die Probe. Und nach vier, fünf zermürbenden Tagen steht wieder die größte aller Reisefragen im schlecht beheizten Raum: Was machen wir eigentlich hier?

Es ist kein neues Gefühl. Die Frage stellte sich mir zehn Jahre zuvor auch zuweilen, trotz meiner Begeisterung. Im Sommer 2003/2004 etwa feierte ich in der Stadt das Ende meines Praktikums, meinen Geburtstag, Weihnachten und Silvester. In Blogeinträgen las sich diese intensive, aber eben auch harte Zeit so:

November 2003:
Ich habe gearbeitet, ohne dabei Geld zu verdienen, und dieses Geld, das ich nicht habe, investierte ich schließlich in eine Coldplay-DVD, obwohl ich gar keinen DVD-Player besitze. Aber in einem Land, das einen öffentlichen Feiertag hat, nur weil ein traditionelles Pferderennen stattfindet (mein erster Arbeitstag = Melbourne Cup Day = frei), und in dem offensichtlich geistig Umnachtete mitten im Sommer Weihnachtsdekoration aufhängen, erlaube ich mir das einfach mal. Genauso wie der Rugby

World Cup und die Fashion Week ist übrigens auch das Praktikum vorbei. Wer hätte vor 14 Monaten, als der Begriff »Radio« für mich noch ein anderes Wort für Kassettenrekorder war, gedacht, dass ich bald in Australien in einem landesweit gesendeten Programm einen Spontan-Kommentar zum Thema »Eheversprechen« abgebe. Ansonsten war ich relativ zufrieden mit mir und überaus zufrieden mit dem Job, ich komm mir halt immer noch vor wie ein Betrüger, der vorgibt, Radio zu machen, und in Wirklichkeit mit seinem Bayerisch den Äther sabotiert. Das Bayerisch war übrigens auch der Grund, wieso ich diesen beliebten Praktikumsplatz überhaupt bekommen hab, CSU-artig hat mich mein Landsmann, der Chef, ausgewählt. Meine Englisch-Interviews waren klasse, ich hab mich so unbeholfen angestellt, dass ich ein Sieben-Minuten-Gespräch auf 30 Sekunden zusammenschneiden musste. Übrig blieb ein erheiterter Polizeisprecher, der über zwei ertrunkene Touristen berichtete. Zum tausendsten Mal in den letzten vier Monaten feiere ich jetzt also Abschied und wie immer fällt's mir schwer, aber wenigstens bleib ich noch ein wenig in Melbourne.

Mitte Dezember 2003:
Jugend a. D.

Sehr geehrte Damen und Herren,

seit ich denken kann, ist das 24-Jahre-alt-Werden der Übertritt ins Erwachsenendasein. Mit 23 ist man noch Jugendlicher, mit 24 ist man Verantwortlicher. Als die Beatles 23 waren, haben sie schon Lieder geschrieben, die einem für immer im Ohr bleiben, ich kann das lediglich von meinem Tinnitus behaupten. Als Jesus mit 23 aufgewacht ist, wollte er nicht mehr einschlafen, bevor er nicht die Welt verbessert hatte, für mich ist der Tag schon gerettet, wenn mir über Nacht keine Holzmaske auf den Kopf gefallen ist. Als Muhammad Ali 23 war, hatte er schon diverse Weltmeistertitel errungen, während ich mich erst mal besoffen aufs Ohr hau, wenn mir ein Besoffener mal aufs Ohr haut. Als Schiller 23 war, hat er schon Gedichte für die Ewigkeit geschrieben, ich kann nicht mal eins aufsagen, außer »Big Bubbles – no Troubles« vielleicht.

Sokrates hat sich mit 23 seine Philosophie ausgedacht, das Einzige, was ich mir ausgedacht hab, ist die krude Jesus-Anekdote von oben, um auf meine bereits angestaubte Maskengeschichte überzuleiten. Meine Eltern waren mit 23 schon verheiratet und haben meine Schwester erwartet, ich hab noch nicht mal einen Tanzkurs gemacht, dafür kann ich diverse Scheinschwangerschaften nach All-you-can-eat-Barbecues vorweisen. Boris Becker war mit 23 schon dreimal Wimbledon-Sieger, ich hab in den letzten vier Spielen der hiesigen Basketball-Hobby-Mannschaft ebenso viele Punkte erzielt. Konstanz beweise ich lediglich beim Kultivieren meiner Süchte, Kaffee, Bier, Fernsehen, Nachos mit Dip und Nichtabspülen. Ich war dreimal bei den Rolling Stones, aber noch nie in Osteuropa. Meine Kreativität beschränkt sich auf das Kreieren absurder Ausreden. Mein politisches Engagement besteht aus dem Lesen der Titanic. Auf die hier oft gestellte Frage, was die deutsche Wiedervereinigung, historisch gesehen, gebracht hat, fallen mir nur der Feiertag und ein alberner Dialekt ein, die deutsche Geschichte vor dem Dritten Reich ist mir unbekannt. Meine finanzielle Unabhängigkeit ist eine erstrebenswerte Idee in ferner Zukunft. Ich hab drei Bücher des Philosophen Michel Houellebecq gelesen, wenn mich jemand fragt, was er so philosophiert, fallen mit nur die schmutzigen Details ein. Ich hab mehr Bücher von Stuckrad-Barre (3) als von Günter Grass (0) gelesen. Ich kann mehr potenzielle Liebhaber von Heidi Klum als Nobelpreisträger aufzählen. Ich hab das Heimvideo von Pamela Anderson und Tommy Lee gesehen, aber nicht »Schindlers Liste«. Soziales Engagement ist bei mir lediglich im Sinn von Geselligkeit zu finden. Meine Bildung besteht aus Lücken und völlig unnützem Trash oder oberflächlichem Halbwissen. Ich kann die Anfangsmelodien unzähliger Fernsehserien auswendig, die Nationalhymne ist mir inhaltlich dagegen fremd, verfilmte Bücher müssen nicht gelesen werden, ich kann die Simpsons zitieren, aber keinen Soziologen, Transferdenken kann ich lediglich im Zusammenhang mit Fußballspielern vorweisen. Umweltschutz? VW-Bus. Umsetzung moralischer Überzeugungen in Bezug auf Tierhaltung? Emu-Wurst und Krokodil-Burger. Verantwortung? Über die Fernbedienung gerne. Alles

Schnee von gestern, mein Gott, war ich dumm. Jetzt ist alles anders. Ich bin 24. Keine Pickel mehr, mehr Bart.

Um Mitternacht ist mir ein Engel erschienen, er war wunderschön und ästhetisch. Er hatte die Gestalt von Roman Herzog. Er tadelte mich, ein Ruck müsse durch mich gehen, und er sagte, sinngemäß, etwas wie »mehr Haare auf den Zehen als auf dem Kopf zu haben sei eine notwendige, aber noch keine hinreichende Bedingung fürs Erwachsensein«. Schluss mit der ganzen »Rock«-Musik, und Alkohol gibt's ab jetzt nur noch zum Fisch und zu Chopin. Weg mit dem VW-Bus, ich kauf mir einen Volvo. Das nächste Mädchen, pardon, die nächste Frau natürlich, die ich küsse, wird meine Kinder austragen, auch wenn sie nicht Juliette Binoche ist, das erste heißt Martin junior, egal ob weiblich oder männlich. Zivilcourage müssen ab jetzt Jüngere beweisen, ich kann nicht meine Gesundheit aufs Spiel setzen, bin ja schließlich verantwortlicher und zukünftiger Ernährer zukünftiger Kinder. Der nächste Job, den ich annehme, wird mein letzter sein, die Straße, an der ich dann arbeite, wird mal Martin-Wittmann-Senior-Allee heißen, nebst Statue. Schluss mit den kindischen Kosenamen, nix mehr mit »honey«, ab jetzt heiße ich Herr Wittmann. Filme werden nur noch in französischer Sprache geschaut, selbst die deutschen. Kein Wischiwaschi-Studium mehr, ab jetzt gilt Corporate Identity, ich BIN das Münchener Soziologie-Institut. Dreimal täglich Zähneputzen plus Zahnseide. Pornos sind ab jetzt kein postpubertärer Spaß mehr, sondern tabu (bzw. Geheimsache). Sobald der heutige Tag verstrichen ist, fange ich an, wichtige Vorhaben nicht mehr auf den nächsten Tag zu verschieben, »ab morgen« gibt es dann nicht mehr.

Sorry für den ganzen Schmarrn, aber viel passiert momentan nicht und ich muss meine Zeit im Air-Condition Internetcafé verbringen, weil's draußen zu heiß ist, aber weitere Wetter-Erläuterungen erspar ich euch lieber. Für alle, die es noch nicht mitgekriegt haben, ich hatte Geburtstag, und so hab ich von einer Freundin, die bei einem Filmvertrieb arbeitet, eine Premierenkarte für einen importierten europäischen Erfolgsstreifen namens Good Bye, Lenin! *bekommen, der Surfer in meiner WG hat mir ein Surfboard (!) geschenkt und die Mitbewohnerin, die in einem Klamot-*

tengeschäft arbeitet, hat mir ein T-Shirt gekauft. Na ja, und dann wohn ich ja noch mit zwei Piercern zusammen ... am Wochenende fahr ich auf ein Musikfestival, danach wird gesurft bzw. probiert. Weihnachten wird gegrillt, genauso wie an Silvester, danach zweieinhalb Wochen Tasmanien, bisschen Melbourne, und dann bin ich eh schon fast in Neuseeland, freu mich schon wie ein »snitzl«. Danke an alle Gratulanten, der Rest soll in der Hölle schmoren oder mich mit schlechtem Gewissen baldigst über heimatliche Vorgänge informieren.

Mit freundlichen Grüßen
Herr Wittmann

Weihnachten 2003

Let me entertain you.

Viele haben mich vor meiner Reise vor dem Dezember gewarnt. Geburtstag, Weihnachten, Silvester, Winterferien, Skifahren, Plätzchen, Christbaum, Schnee, Herbstmeisterschaft usw. Ehrlich gesagt konnte ich mir nicht vorstellen, dass ein Dezember im australischen Sommer mich weniger erfreut als die weihnachtliche Familienhausiererei im matschigen Deutschland. Aber die Realität hat mein Unterbewusstsein unglücklicherweise doch eingeholt, was ich natürlich den Voodoo-ähnlichen Einflüssen heimatlicher Warner zuschreibe. Allerdings hab ich's mir auch nicht leicht gemacht. Mit einem exzellenten Melancholie-Programm hab ich mich versehentlich in eine mir fremde Nostalgie-Dimension katapultiert. Eigentlich war alles dufte, ich war umsonst auf dem Robbie-Williams-Konzert, da der Türsteher sich mit einem Appell an den »christmas spirit« erweichen ließ und mir zusammen mit meinem türkischen »Vater« und meinen drei kleinen »Geschwistern« den Eintritt verschaffte, um meine »Mutter« zu suchen. Aber dann hab ich mich auf die Reise gemacht, ein Musikfestival und danach surfen. Von meinen hiesigen Freunden konnte leider keiner mitkommen, alle mussten sie arbeiten. Jedenfalls dachte ich: Wahnsinn, im Dezember Festivalstimmung und danach Sonne, Strand und Meer, mit meinem eigenen Surfboard noch dazu, das wird ein Spaß. Es war kein Spaß. Auf dem Festival war ich mehr oder weniger und am Strand definitiv allein, und so bin ich mir auch vorgekommen, da gibt's nix zu beschönigen. Alleine auf einem Festival rumzuwandern ist ganz schön armselig. Und allein am Strand zu sein ist mehr als trist, wenn man nicht gerade in der Stimmung dazu ist. Ich sitz lieber mit Freunden im langweiligen Italien im Regen als allein im aufregenden Australien in der Sonne. Das Surfen war übrigens nicht so frustrierend, wie ich dachte. Nicht dass ich sehr erfolgreich oder zufrieden mit mir gewesen wäre, aber hier ist das mehr ein Familienevent, und das nimmt dem Ganzen schon die wettbewerbshafte Ernsthaftigkeit. Allerdings war ich vorher im Surfmuseum, und mein Geplansche nach dieser Inspiration war ungefähr ähnlich graziös, wie wenn man ins Van-Gogh-Museum geht und danach versucht, mit einem kaputten Filzstift mit links ein Selbstporträt zu zeichnen. So musste ich in Anfällen ungewohnten Jähzorns leider des Öfteren meine Eltern wegen meiner Zeugung verfluchen. Wenigstens waren die Surfbedingungen wetter- und wellenmäßig exzellent, Frankreich kann da nicht mithalten, das Thema ist gegessen, oder wie Harald Schmidt sagen würde: Wer einmal mit Claudia Schiffer gebumst hat, der zieht nicht mehr bei Muttern ein. Schließlich hab ich meinen Strandurlaub abgebrochen und bin zurück in die WG nach Melbourne. Da haben sich dann alle gefreut, dass ich wieder hier bin, und außerdem haben auf mich die nettesten Briefe, Mails und Pakete aus der Heimat gewartet. Happy End also, und vielleicht wäre es besser gewesen, meine erste, nur ein paar Tage andauernde Australien-Minikrise einfach geschmeidig zu verschweigen. Aber erstens wäre es unfair, euch immer nur die formidablen Erlebnisse und Erfahrungen zu schildern, wenn schon denn schon, und zweitens will ich schon explizit damit ausdrücken, dass ihr mir abgeht. Da ich momentan nicht viel mehr zu tun hab, als das angenehme Melbourne-Leben zu genießen, hab ich auch Zeit, meine Zukunftspläne zu sortieren. Ich hab unzählige Pläne, was Weiterreisen betrifft, und ebenso viele Pläne, was ich zu Hause gern machen würde, wie zum Beispiel die Organisation meiner nächsten Reise. Momentan spricht mehr dafür, wie ursprünglich aus guten Gründen geplant in den Frühling zu Hause einzusteigen, wenn hier der Herbst beginnt. VW-Bus, Festivals (diesmal mit Freunden), Fußballrückrunde,

Fußball-EM, Fußballspielen, Brezen, Skifahren und, naja, arbeiten, Schulden begleichen, studieren und Zahnarzt.

Frohe Weihnachten

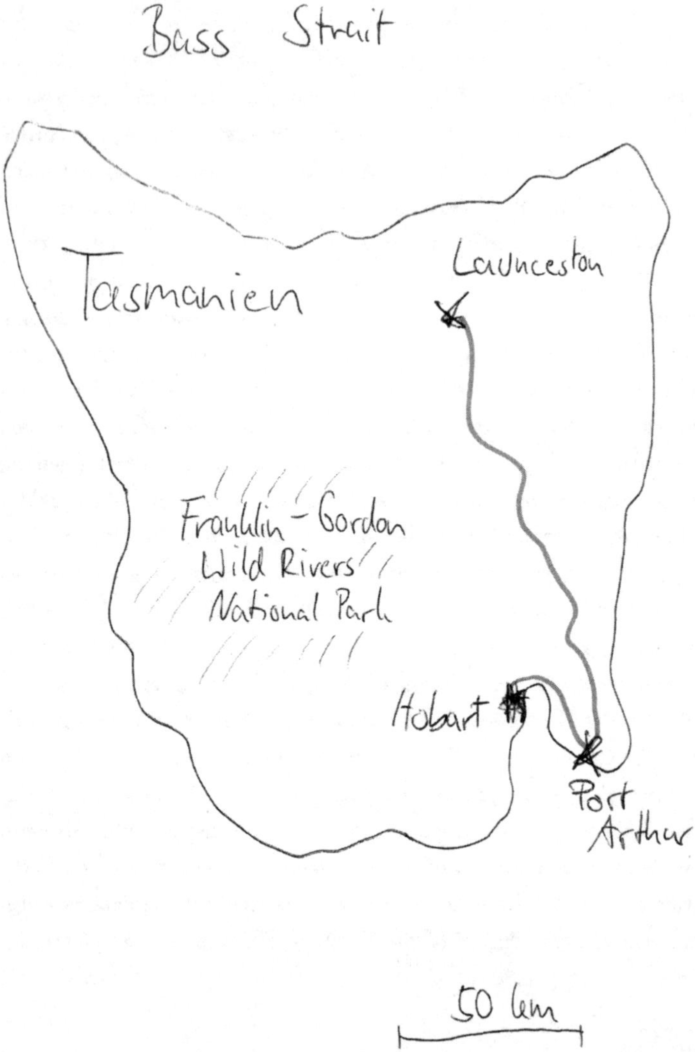

Neujahr 2004
Gutes neues Jahr:
Ich weiß nicht mehr, mit wem ich die hochinteressante Diskussion hatte, ob Kacke schwimmt oder nicht. Ich hab jetzt einen Artikel mit dem Titel »Floater vs. Sinker« gelesen, und darin stand die Antwort: Es kommt lediglich auf den Fettanteil an, Fett schwimmt. Und da soll noch einer sagen, ich würde auf meiner Reise nix lernen.

Damals wollte ich also Tasmanien bereisen. Tasmanien soll wunderschön sein, versicherten mir die Melburnians stets, da müsse man unbedingt hin. Ein paar Nachfragen später verstand ich, dass sie diesen Imperativ auf sich selber bezogen. Ich traf kaum Australier, die schon mal auf Tasmanien waren, die meisten missbrauchten allenfalls den Namen: Weil die Insel die Form eines groben Dreiecks hat, ist »Map of Tasmania« ein gängiges Synonym für den weiblichen Schambereich. Um nun nicht völlig ahnungslos in den Flieger nach Hobart zu steigen, wollte ich in einem Internetcafé die Geschichte der Insel ergoogeln. Vielleicht wäre der klassische Reiseführer mit seinen beschränkten Möglichkeiten und seinem kompakten Infostakkato ratsamer gewesen. Auf der zuallererst angeklickten Seite des »Parks & Wildlife Service Tasmania« erfuhr ich nämlich sehr, sehr viel. Aber nicht über Parks oder Wildlife, ja nicht einmal über Tasmanien. Sondern lediglich über die Meerenge davor.

Meerenge heißt auf australische Überdimensionen übertragen: Die große Insel und Tasmanien sind an der schmalsten Stelle 240 Kilometer voneinander entfernt. Die Bass Strait ist damit weitaus größer als der Ärmelkanal – und weitaus wilder. Mit durchschnittlich 60 Metern Tiefe ist sie relativ flach, und weil noch dazu starke Winde, heftige Gezeiten und mächtige Strömungen verzeichnet werden, türmen sich hier riesige Wellen auf, kurz: Das Meer ist hier Richter, Henker und Bestatter in einem.

Im 18. und 19. Jahrhundert sanken hier Hunderte Schiffe oder zerschellten an den Riffen, und da viele von ihnen dabei keine Spuren hinterließen, gilt die Meerenge als das Bermudadreieck Australiens. Eine der am besten dokumentierten Tragödien, die sich hier zugetragen haben müssen, ist die der »Sydney Cove«.

Das Schiff, gebaut in Kalkutta, hieß ursprünglich »Begum Shaw«. Der in Schottland geborene, in Indien geschäftlich erfolgreiche, später in Sydney eine politische Karriere verfolgende und viel später als Namensgeber eines Vorortes in Canberra geehrte Händler Robert Campbell kaufte das Schiff und schickte es nach Australien. Der Zielhafen hieß Sydney Cove, und so taufte man das Schiff der australischen Einfachheit halber eben so. Elf Europäer und 44 schlecht bezahlte und genauso behandelte Inder stellten die Crew. Die Ladung – neben Reis waren Zucker, Leder, Tabak, gepökeltes Fleisch, Porzellan und Tee aus China, Teer, Essig, Schuhe, Kerzen, Kleidung, eine Orgel und nicht weniger als 30.000 Liter Alkohol an Bord – war von der britischen Kolonie nicht in Auftrag gegeben worden. Campbell wusste also beim Ablegen des Schiffes am 10. November 1796 noch nicht, ob ihm die Waren nach der mehrmonatigen Reise auf dem australischen Festland überhaupt abgekauft werden würden. So risikobereit musste man damals wohl sein auf dem noch jungen Markt: einen Dreimaster mit 55 Männern und einem Haufen nicht bestellter Waren durch eine gefürchtete Meerenge von einer britischen Kolonie zur nächsten zu schicken, in der Hoffnung, dass die Ladung sicher ankommt und dann auch noch verkauft wird. Andererseits hatten die europäischen Siedler noch arge Probleme, im heißen Australien ihre zu Hause erlernten Anbautechniken anzuwenden. Den indischen Lieferservice hätten sie daher wohl willkommen geheißen. Wie gesagt: hätten.

Im Dezember schlug die »Sydney Cove« leck, das Schiff konnte aber noch bis Februar weitersegeln. Das Schuften an den Pumpen, die das eingedrungene Wasser wieder ins Meer beförderten, und die Reparaturarbeiten kosteten jedoch Kräfte, fünf indische Seeleute starben in diesen Tagen an Skorbut oder vor Anstrengung. Als das Wasser den Schnapsflaschen bis zum Hals stand, steuerte man eine Insel an, die daraufhin Preservation Island getauft wurde. Die Besatzung und ein Großteil der Ladung wurden vor den Wellen sicher an Land gebracht; der Rum wurde vor der Besatzung sicher auf einer anderen Insel versteckt, die danach natürlich Rum Island genannt wurde.

Da in Sydney niemand auf das Schiff wartete, musste die Besatzung ihre Rettung selbst organisieren. Am 28. Februar, nach fast drei Wochen auf der Insel, bestiegen 17 der Gestrandeten ein Beiboot, um Hilfe im immer noch 740 Kilometer entfernten Sydney zu holen. Die Reise endete mit einem Schiffbruch am nördlichen Ende des Ninety Mile Beach an der Südküste des Festlands. Mehr als 500 Kilometer gingen sie anschließend zu Fuß. Auf ihrem Marsch entdeckten die ausgelaugten und hungrigen Männer nicht nur wichtige Kohlevorkommen, sie begegneten auch Mitgliedern verschiedener Aborigine-Stämme. Die Begegnungen endeten unterschiedlich: Die einen Ureinwohner halfen den Gestrandeten, die anderen töteten einige von ihnen. So blieben am Ende nur drei Männer übrig. Mit letzter Kraft schafften sie es, ein Fischerboot auf sich aufmerksam zu machen, das sie schließlich am nächsten Tag, dem 16. Mai, in Sydney absetzte.

Zwei Wochen später wurden dort zwei Segelboote – der 42-Tonner »Francis« und der 10-Tonner »Eliza« – losgeschickt, um die auf der Insel und auf dem Trockenen sitzende Besatzung der »Sydney Cove« zu retten. Die ernährte sich dort gezwungenermaßen eiweißlastig von Wombats und Wallabies, vor allem aber von Kurzschwanz-Sturmtauchern (in Australien werden sie *Muttonbird* genannt, weil die Textur ihres Fleisches der von Lammfleisch ähnelt; da schafft es ein Zugvogel, frühlings nach Kalifornien zu fliegen, und am Ende bekommt er doch einen Namen verpasst, der sich an seiner ästhetischen Präsenz auf dem Grill orientiert).

Die beiden Boote schafften es am 10. Juni bis zur Insel, nahmen die Überlebenden auf und machten sich auf den Heimweg. Es kam, wie es kommen musste: Während die »Francis« ihr Ziel sicher erreichte, ging die »Eliza« in der wilden See unter. Neben den Rettern kamen dabei acht Besatzungsmitglieder der »Sydney Cove« um.

In den folgenden Jahren gab es mehrere Versuche, die Ladung des Schiffes zu sichern. Unter den Bergungsteams war auch eine Gruppe Sträflinge, die mit einem gestohlenen Boot erst die »Sydney Cove« erreichen und, sobald diese erst mal repariert sei, nach Übersee fliehen wollte; sie wurden später fast verhungert auf einer ganz anderen Insel entdeckt. Bei einer anderen Expedition aber entdeckte Matthew Flinders, der Mann, der später als Erster um ganz Australien herumsegeln und das Land als Kontinent identifizieren sollte, mehrere Seehund-Kolonien.

Rein ökonomisch betrachtet war das gruselige Abenteuer der »Sydney Cove« für die Beteiligten ein Desaster. Für die australische Wirtschaft aber war es eine Initialzündung: Erst wurden wichtige Kohlevorkommen entdeckt, dann wurden die Häute der entdeckten Seehunde der erste Exportschlager Australiens.

Nach der Gründung Melbournes 1835 wurde die Bass Strait zu einem viel befahrenen Seeweg der Händler, trotz ihrer Wildheit. Allein zwischen 1838 und 1840 sollen hier mindestens sieben Schiffe gesunken sein. Mut war damals käuflich, und zuweilen war er auch angeordnet: Das britische Kriegsschiff »HMS Sappho« mit einer Besatzung von mehr als 100 Mann verschwand 1858 in der Meerenge. Spurlos.

Das prominenteste Opfer des australischen Bermudadreiecks verschwand 1967. Es war Harold Holt, immerhin der damals amtierende Premierminister des Landes. Der Politiker war, wie die uneingecremte Bernice sagen würde, ein Outdoor-Mann. Auf Fotos sieht man ihn auf einem Schlauchboot einen soeben gefangenen Fisch küssen oder an einem Strand in Queensland Orchideen sammeln, oben ohne, versteht sich. Am 17. Dezember 1967 begab sich der passionierte Schwimmer an den Cheviot Beach südlich von Melbourne. Er kehrte nie mehr zurück.

Verschwindet ein Segelschiff spurlos, eignet sich dies zur Legendenbildung; verschwindet aber der Premierminister des Landes, werden Verschwörungstheorien ersponnen. Ist der Politiker, der gerade mal 22 Monate im Amt war und sich doch mit der Abschaffung der rassistischen »White Australia Policy« bereits viele Feinde gemacht hatte, ins Wasser gegangen, weil er dem Druck nicht standhielt? Ist der Lebemann mit einer Geliebten nach Südfrankreich durchgebrannt, wo er zehn Jahre später starb? Hat ihn die CIA umgebracht, weil die Amerikaner fürchteten, ihr im Vietnamkrieg treuer Verbündeter würde auf die wachsende Skepsis der Australier reagieren und seine Truppen abziehen? Haben ihn die Kommunisten entführt und einer Gehirnwäsche unterzogen? Waren es die Außerirdischen?

Oder ist Holt, der seit den 1930er-Jahren als Spion für die Chinesen gearbeitet haben soll, im Meer von einem volksrepublikanischen U-Boot abgeholt worden? Nach dieser irren Theorie gefragt, antwortete die Witwe des Politikers, die Modedesignerin Zara Holt: »Harry? Ein chinesisches U-Boot? Er mochte nicht einmal chinesisches Essen.«

Wenig überraschend ist, dass die meisten Ermittler und glücklicherweise auch die meisten Australier inzwischen davon ausgehen, dass Holt sich über- und das Meer unterschätzt hat, in die Bass Strait hinausgepült wurde und dort ertrunken oder von Haien getötet worden ist.

Holts Leiche wurde nie gefunden, hingegen wurde zehn Jahre nach dem Verschwinden des Premierministers tatsächlich noch das Wrack der »Sydney Cove« entdeckt. Es ruhte unter einer Schicht Sand. 1978 nährte ein junger Mann namens Frederick Valentich die Legende vom Bass Strait Triangle. Damals verschwand er hier mit einer Cessna, nachdem er über Funk von einem UFO berichtet hatte, das die ganze Zeit über ihm geflogen sei; Experten meinten später, der 20-Jährige habe wohl die Orientierung verloren und sei über Kopf geflogen – das UFO, das er gesehen habe, sei sein eigenes, im Meer gespiegeltes Flugzeug gewesen.

Ich erfuhr bei dieser Internetrecherche also nichts über mein Ziel, war mir nun aber gewahr, dass die Reise dorthin entweder gleich tödlich endet oder erst verrückt macht und dann tödlich endet und dass meine Überreste schließlich unauffindbar zwischen chinesischem Porzellan, abgenagten Vogelknochen und australischen Piloten liegen werden. Am nächsten Morgen ging der Flieger.

Verblüffend sicher in Hobart gelandet, konnte ich im Schlafsaal meines Hostels die Attraktivität Tasmaniens für Wanderer erriechen. Auf dem Boden standen schmutzige Stiefel, an den Bettgestellen hing Kleidung, an deren unterschiedlich großen Schweißrändern der Grad der Anstrengung abzulesen war. Ich entschied mich ebenfalls für einen Ausflug, wenn auch nicht zum Wandern.

Januar 2004:

The Gates of Hell lie waiting as you see
There's no price to pay just follow me
I can take your lost soul from the grave
Jesus knows your soul can not be saved

SLAYER, HELL AWAITS, 1985

In Tasmanien angekommen hatte ich wenig Konkretes zum Plan. Ein kurzer Anruf bei einer Rafting-Company, die ein Last-Minute-Angebot zum halben Preis in meiner Pension platziert hat, sollte mir eine meiner anstrengendsten Wochen bescheren. Den unwissenden Chef musste ich erst mal davon in Kenntnis setzen, dass ich unüblicherweise keinen Geldscheißer besitze und deswegen noch weniger zu zahlen bereit bin, was er schließlich auch eingesehen hat. Am nächsten Tag sind wir losgepaddelt, genau wusste ich jedoch nicht, auf was ich mich da einlassen würde. Beim

Packen um sieben Uhr morgens haben sie mir gesagt, dass ich nicht mal ein Handtuch mitnehmen kann, die Frage nach meinem Discman hat sich dann auch erübrigt. Neben mir hat nur eine weitere Person die 7-Tage-Tour gebucht, Grund dafür waren die »Oops«, wie sich später herausstellen sollte. Der Trip war insgesamt 1a, eines der besten Erlebnisse meiner bisherigen Reise. Die Gruppe war ausnahmsweise ausgezeichnet, vier Betreuer und eben zwei Betreute, ich und die Nervensäge. In jeder Reisegruppe muss anscheinend eine Arschnase dabei sein, aber das ist halt so. Selbst im leckersten Cheeseburger ist eine Gurke. Karl-Mayesk sind wir also auf dem Franklin River getrieben, umgeben von herrlich grünen Bergen und anfangs blauestem Himmel. Die angenehme Stille endete, als sich rauschend die erste Stromschnelle ankündigte.

Sekunden später fetzen wir eine treppenartige Felsformation hinunter, der Steuermann schreit noch »hold on«, für mich etwas unerwartet

Ruderliebe auf dem Franklin River

schießt ein Ast von unten durch den Boden, eine Fontäne füllt das kippende Boot mit Wasser. Hilfe suchende Blicke in Richtung Tourguide enden im Wasser, der Kapitän hat das Schiff als Erster verlassen, unfreiwillig ein Opfer der Fluten. »Oops, der Baum lag letzte Woche noch nicht da.« Irgendwie haben wir es dann doch an Land geschafft. Dass ich in der folgenden Zwangspause wegen Bootreparatur nicht der große MacGyver sein würde, war schon zu Beginn des Ausflugs klar, nachdem ich mir beim Anziehen des Anoraks die Unterlippe im Reißverschluss eingeklemmt hab. Ich hab's halt nicht so mit dem praktischen Outdoorleben, bin eher Schleifenmacher denn Knoter. Hauptproblem der Tour war jedoch ein anderes. Selten hab ich so gefroren wie hier in Australien im Hochsommer. »Oops, gehagelt hat es hier schon lange nicht mehr.« Zelt gab's keines, genächtigt wurde unter Felsvorsprüngen oder in Höhlen. »Oops, passt's auf, wenn ihr in die Richtung zum Pinkeln geht. Seht ihr die Schlange? Da hilft euch auch der Helikopter nicht mehr.«

Duschen konnte man selbstverständlich auch nicht, und Baden im Fluss kam nicht wirklich infrage. »Das Wasser kommt von dem Berg da hinten. Oops, letzte Woche lag auf dem noch kein Schnee.« Ignoranten denken jetzt vielleicht, dass wir folglich unzivilisiert in den Wald gekackt haben. Falsch, wir haben zivilisiert in Plastiktüten im Wald gekackt. Und die haben wir dann in einer Art eisernem Fäkalsarg wieder mit nach Hause genommen. Mein Darm, der Hund, hat diese umweltfreundliche Idee ziemlich bockig aufgenommen, wer will's dem armen Kerl verdenken. Auf jeden Fall war's nach der thailändischen Linke-Hand-statt-Klopapier-Methode eine weitere Kloerfahrung, die ich nicht missen möchte. Eigentlich doch.

Pedantisch sind sie, die Tasmanier, wenn's um ihre Natur geht, sehr löblich. Das Resultat nämlich ist: Das Flusswasser ist Trinkwasser, und dafür lohnt sich der Aufwand. Die Tourguides, die übrigens alle wie die Olympioniken bei Asterix aussehen, sind um ihre Liebe zum Job wirklich zu beneiden. Obwohl die eh schon die meiste Zeit im Freien arbeiten (eine Dusche pro Monat), zieht es sie selbst in ihrer Freizeit raus zum Wandern. Eine ähnlich obsessive Leidenschaft einen Beruf betreffend kannte ich vorher nur von der dicken Metzgereiverkäuferin in Adlkofens Edeka. Obwohl die seit Jahren tagtäglich mit Fleischwaren hantiert und zudem eh schon die Silhouette eines Riesenbovisten ihr eigen nennt, handelt sie beim Gelbwurstschneiden stets nach dem Prinzip: eine ins Töpfchen, eine ins Kröpfchen. Und trotzdem ist sie selbst nach Thekenschluss keine Vegetarierin. Bleibt zu hoffen, dass mein späterer Job ähnlich erfüllend wie der des Tourguides und weniger füllend als der der Edeka-Frau ist.

Was hat das alles jetzt mit den Toren zur Hölle zu tun, fragen sich aufmerksame Leser. Hier die Auflösung: Die Nervensäge hat mir die Gretchenfrage gestellt. Meine Antwort, dass ich mich keinem Gott verschrieben habe und mein auf Nachfrage geäußertes Bekenntnis zu vorehelichem Sex haben die stolze Hardcore-Biblistin sichtlich geschockt. Ich sei zwar offensichtlich ein »good boy« (sie sagte doch tatsächlich »boy«, obwohl ich jetzt schon 24 bin), deswegen tut's ihr fast leid, mir ernsthaft eröffnen zu müssen, dass ich, kein Schmäh, in der Hölle landen werde. Oops.

Wir sehen uns im Fegefeuer, ihr Verdammten.

Nach der kalten Schauergeschichte auf dem Wasser gönnte ich mir erst mal eine warme Showergeschichte im Gemeinschaftsbad des Hostels. Die folgenden Tage mied ich die wilde Natur und beschränkte mich auf harmlose Kultur.

Die größte Attraktion der Insel ist das irre schöne Museum of Old and New Art des einheimischen Millionärs David Walsh. Entworfen von dem Melbourner Nonda Katsalidis und von Hansen Yuncken ans Ufer des Derwent River in Hobart erbaut, gilt das 175 Millionen Dollar teure Gebäude als architektonisches Meisterwerk. Walsh selbst nennt es ein »subversives Disneyland für Erwachsene«. In dem fensterlosen Bau führt eine Wendeltreppe in unterirdische und unheimliche Etagen (meine Mitfahrerin auf dem Franklin River würde sicher das Wort »Hölle« wählen). Die Kunst im Museum stammt aus der privaten Sammlung Walshs: Sidney Nolan, Stephen Shanabrook, Wim Delvoye und weitere Meister, von denen ich noch nie gehört habe. Alles ganz toll, sagen Kenner. Die interessanteste Persönlichkeit ist jedoch Walsh selbst: Der Mann mit den schulterlangen grauen Haaren, Jahrgang 1961, beschreibt sich vor der Eröffnung des Baus in der Zeitung »The Australian« als »Anti-Alles«. Sein Bruder habe mal über ihn gesagt, er stehe lieber außerhalb eines Fasses und pisse hinein, als dass er in dem Fass stehe und hinauspisse.

Nachdem er die Uni von Tasmanien ohne Abschluss verlassen hatte, entwickelte der geniale Mathematiker in den 80er- und frühen 90er-Jahren ausgeklügelte Systeme, um beim Glücksspiel und beim Wetten auf Rennpferde zu gewinnen. Er wurde damit erst zum Multimillionär, und weil er sein Geld in Kunst steckte, auch zum Eigentümer der teuersten privaten Sammlung des Landes. Auf 100 Millionen Dollar wird ihr Wert geschätzt. »Ich war extrem reich, bevor ich Hunderte Millionen Dollar für Kunst und Museen ausgab«, sagt er. »Ich bin pleite. Ich habe scheißviel Schulden – ich schulde der Bank, Freunden, einfach jedem Geld.« Zum Glück habe er seine Computerprogramme, mit denen er beim Spielen ein Vermögen verdiene.

Wer seinen »Tempel der Säkularisierung« betritt, bekommt ein Gerät in die Hand gedrückt, das den Besucher über die Werke und gleichzeitig das Museum über das Verhalten der Besucher informiert. »Ich schmeiße alles, was sich als populär erweist, hinaus. Und wer zwei- oder dreimal auf die Toilette geht, dem empfehlen wir einen guten Urologen.«

Jedenfalls ist das MONA eine Sehenswürdigkeit, die man auf keinen Fall missen sollte in Tasmanien. Leider wurde sie erst Jahre nach meinem Besuch eröffnet.

Als ich auf der Insel war, galt noch Port Arthur als wichtigstes Ziel der Touristen. Port Arthur ist allerdings ungleich sexyer als das Museum des Exzentrikers Walsh: ein ehemaliges Gefängnis für die bösesten der bösen aus Großbritannien nach Australien geschifften Buben. Der 1853 errichtete Bau war ebenfalls eine architektonische Meisterleistung. Als Panoptikum entworfen, ermöglichte er den Wärtern von einem zentralen Punkt aus, alle Sträflinge rundherum zu beobachten.

Stellte man sich nun als europäischer Tourist an einen zentralen Punkt, von dem aus dieses Weltkulturerbe in seiner Gänze zu sehen war, war die Sicht ebenfalls allumfassend: Nirgends wurde mir der Altersunterschied zwischen Europa und Australien so augenscheinlich aufgezeigt wie hier. Die Gebäude gehörten schließlich zu den ältesten in Australien. Und doch erinnerte mich das alles hier eher an eine relativ neue Kaserne auf einem alten europäischen Landgut. Der Anblick verdeutlichte dem weit gereisten Australienurlauber, dass es hier fast alles gibt – aber keine Altstädte, keine Burgen, kein Kolosseum.

Ich trampte noch ein wenig über die Insel. Als ich einmal mitten in der menschenleeren Pampa stand, nahm mich eine Frau in ihrem Geländewagen mit. Auf dem Rücksitz saß ihre kleine Tochter in einem Kindersitz. Ob sie keine Angst hätte, fragte ich sie, aber sie lächelte nur und meinte, man müsse den Menschen auch mal vertrauen. Sie war auf dem Weg zu einem Laden im Nichts. Keine anderen Häuser, keine Bushaltestelle, nur ein Haus voller Ramsch. Dort angekommen, bedankte ich mich recht herzlich und versuchte weiter mein Glück an der Straße – bis die Ladenbesitzerin aus dem Haus kam und mich um Hilfe bat. Ich folgte ihr ins Haus und sah in der Ecke, zwischen einem offenen Koffer voller Tand und einer Vitrine mit Holzfiguren, einen Stacheligel außerirdischen Ausmaßes sitzen. Bei näherem Hinsehen war es ein Ameisenigel irdischen Ausmaßes, was aber nichts änderte an dem Problem der Hausherrin: Das Tier sollte nach draußen befördert werden. Nun hätte ich wohl bereits mit einem Stacheligel irdischen Ausmaßes meine Schwierigkeiten gehabt. Zum Glück aber gab es ja noch die mutige Fahrerin. Sie nahm ein dickes Handtuch, stülpte es über das Stacheltier und trug das Bündel ins Freie. Das Tier ging ungelenk von dannen, ohne das Handtuch.

Der Teufel trägt Schwarz

Das zweite interessante Tier, das ich auf dieser Reise zum ersten Mal sah, war der Tasmanische Teufel. In einem Gehege eines Zoos erblickte ich vier der Tierchen, wie sie aneinandergekuschelt zwischen Steinen unter einem Holzstamm lagen. Süß, dachte ich. Aber dann kam der Tierpfleger mit dem Fleischeimer angestampft. Er warf einige der blutigen Fetzen in das Gehege, und die Mr.-Hyde-Tierchen verwandelten sich schlagartig in Dr.-Jekyll-Bestien. Zähnefletschend liefen sie auf das Futter zu, bevor sie sich angespannt und aggressiv in das Fleisch verbissen. Müßig zu erwähnen, dass dies kein Streichelzoo war. Das vom Aussterben bedrohte Vieh verdient seinen Namen jedenfalls: Sein Fell ist schwarz, die Ohren werden, wenn es sich aufregt, leuchtend rot, es schreit laut, und es stinkt fürchterlich. Es hat die Größe eines kleinen Hundes, und in Relation zu dieser Größe hat es den stärksten Biss aller Säugetiere.

Aber damit nicht genug der Fiesheit: Vor der Paarung kämpfen die Männchen untereinander um die Weibchen. Die bringen zwanzig bis dreißig Tiere auf die Welt, die nach der Geburt sogleich in den Beutel der Mutter kriechen. Dort warten aber nur vier Milchdrüsen auf sie. Alle Jungtiere, die keine Drüse erwischen, erwartet ein schneller Tod – sie werden von der Mutter verspeist.

In Tasmanien können die Teufel eigentlich gefahrlos leben, weil es hier keine hungrigen Dingos gibt. Allerdings leiden viele von ihnen unter einer Krankheit, die noch fieser ist als der Teufel selbst: der *Devil Facial Tumour Disease*, einem infektiösen Tumor. Er überträgt sich wahrscheinlich bei den tierüblichen Kämpfen von Teufel zu Teufel. Dieser Tumor hat die Tiere nahezu ausgerottet, und das nicht auf die ansehnlichste Weise: Die Tiere tragen offen Beulen und Knoten im Gesicht. Die Schwellungen werden größer und größer, bis zu dem Punkt, an dem die Teufel vor lauter Tumoren keine Nahrung mehr zu sich nehmen können. Sie verhungern.

Später stand ich mit ausgestrecktem Daumen in einer anderen menschenleeren Pampa. Ein Fahrer der gruseligeren Art hielt an. Glatze, Sonnenbrille, Schnauzer, Kinnbart und Oberarme, die seinen Harley-Davidson- und Totenkopf-Tattoos viel Bizepsplatz boten. Ob ich keine Angst hätte, fragte ich mich, aber dann meinte ich doch, dass man Menschen auch mal vertrauen müsse. Ich stieg in den Ford ein und Stunden später unbeschadet in der Stadt Launceston wieder aus, wo ich in den Flieger zurück nach Melbourne steigen sollte.

Den Abend davor verbrachte ich im Hostel, wo ich mit einer gerade angereisten Britin das übliche Backpacker-Gespräch führte (Wo warst du? Was hast du noch vor? Wo gibt es hier in der Nähe billiges Bier?). Ich sagte, ich würde nach meiner bevorstehenden Rückkehr nach Melbourne gerne mal ins Landesinnere reisen. Sie sagte, das habe sie auch vor.

Ebenfalls in Schwarz: ein Biker im Auto

Kapitel 27

Alice im Wunderland

Ein paar Tage nach meiner Rückkehr aus Tasmanien – Rückkehr bedeutete mittlerweile das Ankommen in der WG in Melbourne – klingelte das Telefon. Ich war wie so oft der Einzige im Haus, die Mitbewohner fanden trotz ihres sehr studentischen Lebensstils noch Zeit und Muße und Vernunft genug, tatsächlich zu studieren. Am Telefon war das Mädchen mit britischem Akzent, sie fragte mich, ob ich nun dabei sei oder nicht, in einer Stunde könne sie mich abholen. Ich nannte ihr die Abholadresse und packte meine Sachen. So spontan begann eine recht billige Reise, auf die Andere ein halbes Leben warten und sparen: die Fahrt zum Uluru.

Neben der Britin saß eine Holländerin im Auto. Ich setzte mich auf die Rückbank, ein Platz, auf den ich mich bereitwillig für die gesamte Dauer des Roadtrips verbannen ließ. Meine Mitreisenden rechtfertigten meine Rückstellung ziemlich deutsch mit den Versicherungsbedingungen des Autovermieters. Dass die beiden äußerst vorsichtige Menschen waren, bestätigte indes auch der Blick in den Kofferraum: Wasser, Wasser, Wasser, Flaschen über Flaschen. Es sah aus, als hätten sie vor die rote Wüste zu begrünen. Natürlich ist es ratsam, bei einer Autofahrt von Melbourne über die Great Ocean Road, die Grampians und Adelaide bis nach Alice Springs, auf einer Strecke von mehr als 2.500 zu einem großen Teil durch das erbarmungslose und menschenleere Nichts führenden Kilometern, genügend Getränke mitzunehmen. Aber auch mit dem Überleben kann man es übertreiben.

Wir, also die beiden, fuhren einen langweiligen weißen Kombi. Überhaupt war vieles langweilig an dem Roadtrip. Das Langweiligste in dem Kombi war sein kaputtes Radio, das Zweitlangweiligste die Holländerin, dann das übertrieben vorrätige Wasser. Die Britin war nicht langweilig, aber ein bisschen arrogant und naseweis. Sie ruderte für Oxford. Oder für Cambridge. Sicherlich hielt sie den Deutschen auf der Rückbank für das Langweiligste in dem Kombi. Dass es aber nicht nur fad, sondern fatal war, mich überhaupt mitzunehmen, sollte sie erst am Ziel erkennen.

Melbourne war noch nicht verlassen, als wir den ganzen Small Talk, den in noch smallere Häppchen zu teilen und für den Rest der Zeit aufzusparen wir uns hätten vornehmen sollen, aufgetalkt hatten. Die unangenehme Stille, die sich in zahlreichen Momenten dieser Reise ausbreitete wie ein Nervengift, ließ die Wut auf das kaputte Radio ins Immense wachsen. Am Rande der Stadt passierten wir die Ausfahrt zum Flughafen und sagten damit der Möglichkeit ab, in knapp drei Stunden Flugzeit am Ziel zu sein. Aber in Australien ist ja immer der Weg das Ziel, zu prächtig sind die Landschaften, zu dezentralisiert die Attraktionen, zu schön das Wetter und der Fahrtwind, der warm und wild in das Auto drängt und den Reisenden mit beruhigender Unruhe umgibt, mit der Gewissheit, nicht stillzustehen.

Auf der einen Seite der Great Ocean Road: das Meer und die Klippen

Nach 100 Kilometern kamen wir in Torquay an, einer der vielen Orte, in denen ich später vergeblich zu surfen versuchen sollte. Für gewöhnlich dient die Stadt jedoch nicht der Demütigung, sondern als Startpunkt der Great Ocean Road. Die folgenden 250

Auf der anderen Seite: die Familie und der Baum

Kilometer fuhren wir also auf einer dekadent schönen und dezidiert kurvigen Straße entlang, während rechts die grünen Hänge und links die blaue Küste vorbeizogen. Wer farbenblind ist, kann sich an der Geografie orientieren: rechts bedenklich steil, links denkbar unsteil. So schön sind die Strände, dass ich mich – analog zu der Überlegung, ob ein fallender Baum im Wald auch ein Geräusch macht, wenn ihm keiner zuhört – auf dieser Autoreise fragte, ob die Wellen auch in dieser wunderbaren Regelmäßigkeit auf den Strand zurollen und elegant und doch mächtig brechen, wenn niemand hinsieht.

Jahre später sollten Malah, Johanna und ich sehr wohl hinsehen, bei einem spontanen Ausflug an die Küstenstraße, den wir wegen des permanenten Windes jedoch hauptsächlich im Inneren des Leihwagens verbringen sollten.

Damals aber, beim Roadtrip mit den beiden Backpackerinnen, waren die atmosphärischen Spannungen selbst im Inneren des Autos zu spüren. Schließlich entstanden sie dort.

Tagsüber sah ich mir die famose Gegend an und war den Fahrerinnen dabei nutzlos wie ein Kropf. Sie saßen am Steuer, sie kochten, sie bestimmten die Route. Abends war ich ihnen verdächtig, sie ließen mich draußen alleine im Zelt schlafen, während sie im verschlossenen Auto nächtigten.

Die letzte größere Stadt, in der wir vor der Fahrt durch die große Wüste übernachteten, war Adelaide. Der Abstecher war zu kurz, um sich eine Meinung über die Stadt zu bilden. Aber zum Glück gibt es ja Mrs. Mortimer:

»Es ist viel besser, hier zu leben als in Sydney, weil hierher nie Strafgefangene geschickt worden sind. Zahlreiche ehrliche arme Leute verlassen jedes Jahr England und Irland, um nach Adelaide zu kommen. Aber es gibt ein großes Übel sowohl in Sydney als auch in Adelaide, und das ist der Staub aus der Wüste, der in die Städte geweht wird und die Einwohner beinahe erstickt.«

Den Rest der Reise hielt ich in meinem Blog fest:

Es ist drei Uhr nachts und trotzdem noch dreißig Grad heiß. Der Mond hier scheint heller als die Sonne im winterlichen Deutschland. Die nächste Stadt ist einige Hunderte Kilometer entfernt und beherbergt sechzehn Einwohner, um mich herum ist ein großes Nichts, das Outback. Ich krieche durch die Wüste und kotze. Meine Mitreisenden, zwei mir kaum bekannte Mädchen, beobachten das seltsame Spektakel und fragen geschockt nach meinem Befinden. Zurückhaltung wäre angebracht, ist mir jedoch unmöglich. Ich stoße ein gequältes »No worries, I'm fine« aus, gefolgt von einer Portion Müsli, das im Halbdunkel überraschend ungegessen aussieht. Mein Darm, der Hund, wird von dem Trubel geweckt, entscheidet sich sofort, den abends verzehrten Fisch als schlecht zu klassifizieren (schon zum zweiten Mal in den letzten vier Wochen, der Rochen ist mein Freund nicht), und schaltet völlig unangebracht auf Expressmodus. Um einen letzten Rest an Würde zu wahren, schleppe ich mich hinter ein Buschgerippe. Da hock ich also, lass mir von hektischen Moskitos, die meinen nackten Hintern attackieren, den eh schon ausgelaugten Körper aussaugen und betrachte den wunderbarsten Sternenhimmel meines Lebens. Das Angebot, von zwei Girls billig und ereignisreich einmal quer durch Australien kutschiert zu werden, ist mir, wie alles Gute, was mir widerfahren ist, zufällig in den Schoß gefallen. Die eine Chauffeuse ist ein toughe Engländerin, reist seit zweieinhalb Jahren um die Welt, hat einundzwanzig Piercings, studierte in Cambridge und sieht trotz allem gut aus. Außerdem ist sie eine Pfennigfuchserin, was mir aufgrund meiner Expo-in-Hannover-gleichen Finanzlage sehr entgegenkommt. Ungeschriebenes Gesetz während der Reise war es also, dass die schneidige Dame, nachdem Kleidung Hitze und Rundungen angepasst wurde, zu den lechzenden Vokuhila-Rednecks vorgeschickt wurde, und zwar wann immer es galt, umsonst Trinkwasser, Campingmöglichkeiten, Toilettenbenutzung und, speziell für den wiederkäuenden German, Elektrolyte zu erbitten. Nach erfüllter Mission bin ich dann aufgetreten, die grimmig dreinschauende Boyfriend-Attrappe (jahrelanges grimmig Dreinschauen hat mich exzellent auf diese Aufgabe vorbereitet), meine wuchtigen Wan-

derschuhe haben mir dabei einen furchterregend männlichen Gang verschafft. Die andere ist Holländerin mit Alfred-Jodocus-Kwak-Akzent, war permanent exzessiv besorgt, transpirierte auffallend stark unter ihren mächtigen Brüsten und spielte die obligatorische Nervensäge des Trios. »Wenn ich jetzt noch einmal eine langweilige ›When I was a child‹-Story aus deiner Radlfahrerjugend höre, dann gibt's was auf deinen tulpenverblendeten Käsekopp«, hab ich sie angeplärrt. Hab ich natürlich nicht, aber nach drei Tagen im Auto, bei über vierzig Grad, ohne Radio, da ist man dem Durchdrehen schon nahe. Nicht selten hab ich ihr Stofftier (»dasch isch mein Glückschbringer«) malträtiert, in der verzweifelten Hoffnung, es könnte eine Voodoopuppe sein.

Aber das ist jetzt Schnee von gestern, ich wohne gerade bei einem Freund, Dave, in Alice Springs und ruhe mich aus, im Laufe der nächsten Tage werde ich schließlich ohne die beiden Ladys weiter nach Darwin reisen, bevor ich dann wieder nach Melbourne flitze. Wieso erzähle ich jetzt von den einzigen, ganz und gar nicht repräsentativen Miniproblemchen der letzten Wochen, anstatt Wichtigeres zu berichten, also von den beeindruckenden Schauspielen während des Dreitausendsiebenhundert-Kilometer-Roadtrips, von Farmen, die so groß wie Belgien sind, von den unglaublichsten Sonnenunter- und Mondaufgängen, von Leuten, die man nur beim Trampen trifft, also Vietnamveteranen und Irre, die achtundzwanzig Michael-Jackson-Konzerte besucht haben, von den Strokes, vom echten Stacheltier im Souvenirshop und meinem kläglichen Versuch, es daraus zu befreien, von den Wanderungen in Tasmanien und der rustikalen Stimmung dort (»Du musst die Blase an deinem Fuß vorne und hinten aufstechen, sonst läuft der Saft nie raus, das ist wie beim Tetra-pak.«), von Kazuki, meinem japanischen Sidekick, den ich mir nach meiner »Lost in Translation«-Begeisterung zugelegt habe (»no wollies«), von der Erkenntnis, dass man eine Australierin nicht fragen sollte, ob man mal einen Blick auf ihre »Map of Tasmania« werfen könne, von paradiesischen Oasen mitten in der Wüste, von den verwirrenden Erfahrungen mit den Aborigines, von Science-Fiction-Landschaften und alienartigem Getier, von der leichten Bitterkeit, das alles alleine oder mit mir gleichgültigen Mitreisen-

den zu erleben, von der Einsicht, das Alleinreisen als notwendige Voraussetzung für ebendieses Erleben zu verstehen, von der wachsenden Panik vor dem nahenden Alltagsleben, von Selbstzweifeln und Größenwahn und von liebenswerten Persönchen, kurzum, von meinen interessantesten Wochen überhaupt. Ich schreibe von alldem nichts, da ich in Schwärmerei- und Abenteuergeschichtenstreik getreten bin. Schuld daran ist das abschreckende Verhalten der Möchtegern-Cowboys, das hier in jedem Backpacker-Hostel zu beobachten ist. Dort nämlich bekumpeln sich die Gefallsüchtigen untereinander, bepauchpinseln sich in der pseudofreundlichen Kennenlernphase gegenseitig, nur um dann den Sorry-aber-ich-hab-noch-mehr-erlebt-Angriff zu starten und das verbale Mit-Indiana-Jones-Geschichten-um-die-Wette-Masturbieren einzuläuten, alles in einer exhibitionistischen Lautstärke, die jegliche Vernunft übertönt. Das sind mir echt schlimme Touris. Die Schlimmsten aber sind die, die sich über die anderen Reisenden aufregen, und dessen bin ich mir auch bewusst, da braucht jetzt keiner zu Hause mit dem Zeigefinger rumzufuchteln. Meine Rafting-Freundin, die Fundamentalistin, würd jetzt sagen, ich dürfe nicht den ersten Stein werfen, und da hat sie natürlich recht. Und wer im Glashaus sitzt, der sollte sowieso vorsichtiger mit seinem Auswurf sein.

Was ich in dem Eintrag verschwiegen habe: Eine einzige Aufgabe hatte ich dann doch während des Roadtrips zum Uluru, der früher als Ayers Rock bekannt war. Als wir am Campingplatz in der Nähe des Heiligtums unser Zelt aufbauten, wurde ich zur Rezeption geschickt, um zwei Zeiten in Erfahrung zu bringen: zum einen, wann die Sonne an diesem Abend untergeht, zum anderen, wann sie am kommenden Tag aufgeht. Ulurus farbiger Tapetenwechsel während dieser beiden Zeiten muss atemberaubend sein. Die beiden Gelegenheiten zu nutzen ist ein Muss für uns drei, die wir doch nur diese eine Nacht hier verbringen und danach wahrscheinlich nie mehr hierher zurückkehren.

Ich besorgte also die beiden Zeiten. Wir fuhren pünktlich um sechs Uhr abends zum Aussichtspunkt, wo wir die Ersten waren

Junger Besucher vor altem Uluru

und stundenlang auf den Sonnenuntergang warten mussten. Zurück im Zelt, stellten wir uns den Wecker auf sieben, um rechtzeitig zum Sonnenaufgang wieder an dem Outlook zu sein. Bevor der Wecker läutete, wurden wir jedoch von der brennenden Sonne geweckt, die längst am Himmel stand. Wie sich herausstellte, hatte ich die beiden Zeiten verwechselt.

Teil 6

DAS ENDE: ANTWORTEN?

Damals kehrte ich aus Australien folgende Abschiedszeilen in den Blog schreibend heim:

Bleibt alles anders:

München statt Melbourne
Oberländer statt Down Under
Neufahrn statt Neuseeland
Ossis statt Aussies
Frauenkirche statt Herr der Ringe
Schwabing statt Rafting
Regenschirmspannen statt Fallschirmspringen
Seilschaften statt Bungee
Echinacin statt Adrenalin
Silberfische statt Delfine
Schlemmerfilet tiefgefroren statt Red Snapper frischgefischt
Joschka Fischer statt Selberangeln
Gotthilf Fischer statt Help yourself
ungläubig statt unglaublich
geregelte statt Achterbahn
Alice Schwarzer statt Alice Springs
Elternhaus statt House of Sin
Omas statt Emus
Rasieren statt Thierse
Wahlen statt Wale
Edmund statt Seehund
Nur dabei statt mittendrin
Süddeutsche statt sueddeutsche.de
Diashow statt Diarrhöe
Mund auf in der Zahnarztpraxis statt Maulaufreißen
beim Radiopraktikum
Helle Haut statt dunkler Haut
dunkles Brot statt helles Brot

Spezi statt Frischgepressten
Leberkäse statt Leberschaden
Weißbierhalbe statt Rotlichtviertel
Heilfasten statt Fasten your seat belt
VW-Bus statt Airbus
Surftraum statt Surftrauma
Schafkopfen statt Schafsköpfe
Schulden haben statt Schulden machen
Hardworking statt Easygoing
Sparstrumpf statt Spendierhose
Verspannung statt Spannung
Studieren statt Lernen
Ulrich Beck statt Outback
Zu kurze Essays statt zu langer Mails
statt instead of instead of
Nein danke statt no mercy
Bundesliga statt Commonwealth
König Fußball statt Queens of the Stone Age
Soccer EM statt Rugby WM
Rückpass statt Reisepass
Anzüge statt Pinguine
Hi-Fi statt Haifisch
Television statt Reflexion
Fernsehen statt Glotzen
Lindenstraße statt Great Ocean Road
Soap Opera statt Sydney Oper
We statt me
Trautes Heim statt schlechten Reims

Und auch dieses Mal bleiben wir nicht ewig. Wir bleiben nicht mal bis zum vorgesehenen Abreisetermin. Malah, Johanna und ich (Verena ist längst abgereist), wir fliegen vorzeitig ab. Nicht, dass wir die Stadt nicht liebten, nicht, dass uns das Land nach all den Erfahrungen als nicht zukunftsträchtig erschiene. Es ist ganz einfach nicht gegenwartsträchtig. Ein Schatten liegt über dem Land, und das ist dieses Mal nicht metaphorisch gemeint. Uns wird unter dem dauerbewölkten Himmel bewusst, wie sehr der Reiz Australiens vom Wetter abhängt, zumal wenn man mit einem kleinen Kind reist.

Vielleicht würden wir den Regen sogar aussitzen, wenn wir nicht in Versuchung geführt würden. Auf dem Heimweg aber lockt der verlängerbare Zwischenstopp im wirklich warmen Südostasien. Wir sehnen uns danach, endlich wieder geblendet zu werden. So erbarmungslos ist das Eskapismusgeschäft: Kaum schwächelt das eine Paradies, wird auf das andere zugesteuert. Aber Australien wird damit leben können.

Wir treffen noch mal meine ehemaligen Mitbewohner, von denen erstaunlich (und doch nachvollziehbar) viele immer noch in Melbourne wohnen, mittlerweile allerdings ohne ihre Piercings, und wir verbringen noch eine entspannte Woche mit unseren Freunden Yvette und Dave (bei dem ich damals nach dem unschönen Roadtrip zum Uluru in Alice Springs übernachtete) samt ihren beiden Kindern in einem Ferienhaus am Land. Johanna sitzt dort zum ersten Mal in einem Kinderstuhl. Und aus einem nahen See angelte ich meinen ersten und einzigen Fisch der Reise.

Doch was bleibt nun von dieser Zeit? Die Reise mit Kind, vor der wir so viel Respekt hatten, sollte sich als so spektakulär unspektakulär herausstellen wie der Flug, vor dem wir noch mehr Respekt hatten. Unspektakulär bedeutet hier: Wir blieben glücklicherweise verschont vor Unerwartetem. Für uns Eltern freilich war das Erwartbare umso spektakulärer: Johanna hat auf der Reise zu krabbeln gelernt und das erste Mal gewunken (einem Wildfremden), der erste Zahn steht kurz vor dem Durchbruch. Sie hat ihr erstes Wort gesprochen: »Mama« (Ihr zweites war übrigens nicht »Papa«, sondern »Ab«, persisch für »Wasser«). Sie hat sich in diesen zehn Wochen mehr entwickelt als ich in den vergangenen zehn Jahren. Alles. Ist. Gut. Außer Coldplay natürlich, die sich in diesen zehn Jahren leider auch entwickelt haben.

Hatten wir also zu viel Respekt vor der Reise? Dann wären wir wohl nun nicht so erleichtert. Sicher ist nur: Wir grübeln im Urlaub zu viel, obschon wir wissen, dass die Psyche die Achillesferse von uns Reisenden ist. Wie ein ewig nörgelnder Begleiter reist sie mit, nicht abzuschütteln und nicht stummzukriegen.

Warum genießen wir die Sonne im Ausland weniger, wenn wir erfahren, dass zu Hause auch schönes Wetter ist? Warum nervt es, wenn andere für den Urlaub weniger bezahlt haben als wir selbst? Warum sehen wir, was auf der Speisekarte fehlt, obwohl es doch gar nicht da ist? Gibt man dem Kofferträger mehr Trinkgeld als seinem Chef? Ist es klischeehaft deutsch, eine Liege zu reservieren? Oder ist es nicht noch deutscher, kein Klischee erfüllen zu wollen und keine Liege abzubekommen?

Muss ich am Abend noch mal in das unwirtliche Meer, damit sich die weite Anreise gelohnt hat? Muss ich noch mal satt ans Buffet, als hätte ich jede Scheibe Wurst hier vorfinanziert und würde nun um sie betrogen werden? Bin ich entspannter oder weniger entspannt, wenn ich die E-Mails checke?

Warum fliegen wir in die Sonne, nur um dort den Schatten zu suchen? Darf ich mich über die Höllenhitze in Queensland beschweren oder komme ich dafür nach dem Tod in die echte Hölle, weil ich undankbar war? Darf ich mich über die Hitze freuen, obwohl die doch vom Klimawandel kommt, der wiederum vom Fliegen in die Hitze kommt? Wo stammt eigentlich das Grillfleisch her und woher das Plastikspielzeug und woher die Putzfrauen? Warum versichere und verunsichere ich mich vor jeder Hotelbuchung bei Bewertungsportalen, obwohl ich um deren Manipulierbarkeit weiß?

Soll ich vor dem Essen den Tisch von den Bröseln der Vorgänger befreien, oder wird das von den einheimischen Bedienungen als Affront aufgefasst? Heißt es eigentlich noch so: Bedienung? Soll ich das Hotel auf Fehler des Personals hinweisen, auf dass sich die Belegschaft verbessert und auch die zukünftigen Gäste davon profitieren? Oder ist das divenhaft, ja denunziantisch? Wie viel so ein Kellner wohl verdient? Gibt es für ihn eine Gewerkschaft? Und für die Putzfrau? Ich würde es ihnen wünschen. Oder ist dieser Wunsch schon wieder zu paternalistisch?

Wie viele Handtücher auf den Boden, wie viele wieder an den Haken? Wie genau nutzt mir eigentlich dieser Urlaub? Habe ich ihn mir verdient? Habe ich wirklich so effektiv wie möglich gefaulenzt und genug nichtnachgedacht? Was wohl der TÜV zu der wackeligen Schaukel hier auf dem Spielplatz sagen würde? Darf ich die Sicherheit meines Kindes aufs Spiel setzen, um mir und allen anderen zu beweisen, dass ich selbst sehr wohl easy und entspannt bin?

Für Malah und mich, beide Soziologen, sind diese Gewissensfragen und Gedankenspiele natürlich sozialpsychologisch leicht zu erklären, mit Theorien sozialer Vergleichsprozesse, der Selbstaufmerksamkeit, der kognitiven Dissonanz und so weiter (natürlich haben wir beide keine Ahnung mehr von dem Zeug, wahrscheinlich hatten wir die nie). Doch trotz der Erklärungen trieb uns vor und am Anfang dieser Reise eine entscheidende Frage um, und sie trieb auch genügend Außenstehende um: Warum zum Teufel fliegen wir mit einem kleinen Kind ans andere Ende der Welt?

Es ist dies eine berechtigte Frage. Natürlich: Australien ist ein wunderschöner Kontinent, der im Winter (eigentlich) warm ist. Ein westliches Land, mit freundlichen Einwohnern und guten Ärzten. Und doch: Der Flug ist umweltschädlich, die Kosten sind hoch, die Gefahren nicht zu leugnen. Abenteuer sind bei einer Reise mit Kind nicht nur nicht nötig, sondern unerwünscht. Zu zweit auf Partys zu gehen ist mit einem Kleinkind unmöglich. Sich zu zweit einen Rausch anzutrinken ist mit einer stillenden Mutter nicht ratsam (Malah gönnt sich abends ein kleines Bier; von den drei Weißbieren, die unsere Münchner Nachbarn in der Schnauzn hatten, ist sie aber genauso weit entfernt wie von dem Weltrekord, den Bob Hawke 1963 aufgestellt hat: Er trank 2,5 Pints Bier, also 1,4 Liter, in nur elf Sekunden. Hawke wurde 1983 übrigens Premierminister Australiens).

Man muss sich über ein paar Wahrheiten bewusst werden, wenn es um das Reisen mit einem kleinen Kind geht. Entspannung, die Süße eines Urlaubs, ist ein unerfüllbarer Traum. Risiko, das Salz jeder aufregenden Reise, ist ein absolutes Tabu. Freiheit ist für reisende Eltern ohnehin ein Fremdwort, zumal die Babysitter gemütlich zu Hause sitzen. Auch wird Johanna keine einzige bewusste Erinnerung von der Reise mit in ihre nächste Entwicklungsstufe nehmen (zugegeben geht es so manchem Backpacker auch so). Und Malah und ich, beide Mitte dreißig, waren davor bereits in Australien. Also noch mal: Warum zum Teufel fliegen wir mit einem kleinen Kind ans andere Ende der Welt?

Eine pessimistische Antwort liefert der Film »Gefühlt Mitte Zwanzig« aus dem Jahr 2015. In dem Werk geht es um Cornelia und Josh. Die beiden sind in jenem Alter, in dem man noch Kinder bekommen kann, also muss. Jedenfalls haben alle anderen gerade ihre Freiheit gegen Kinder eingetauscht und schwärmen jetzt vom wahren Leben und echter Erfüllung, heillos kind-, also selbstverliebt. Der Film handelt von unserer Generation und damit auch von der Frage, weshalb die Elternzeit eine Erfahrung oder ein Event sein muss.

Trotz mehrerer Versuche sind Cornelia und Josh kinderlos geblieben. So bleibt ihnen nach dem Besuch bei ehemals alten Freunden, die neuerdings frischgebackene Eltern und damit die neuen Freunde anderer frischgebackener Eltern sind, nichts anderes übrig, als einander zu bestärken, also zu belügen.

Er: »Ich mag unser Leben, wie es ist.« Sie: »Ja, wir könnten morgen nach Paris fliegen, wenn wir wollten.« Er: »Genau. So kurzfristig hätten wir zwar Schwierigkeiten, einen erschwinglichen Flug zu finden, aber: ja.« Sie: »Ich weiß. Ich könnte auch nicht einfach so von der Arbeit weg.« Er: »Wir sollten für die Reiseplanung vielleicht einen Monat einplanen.« Sie: »Ein Monat zählt immer noch als spontan.«

Geschrieben und inszeniert hat das alles Noah Baumbach, der New Yorker Regisseur, der dank seiner Befindlichkeitsstudie »Frances Ha« mit Woody Allen verglichen wird. Viele Zuschauer haben seinen neuen Film für eine Komödie gehalten. Für die Altersgruppe von Cornelia und Josh aber ist die Sache komplizierter.

Wie kein anderer Film hält er unserer Generation den Spiegel hin, in dem die Leute graue Schläfen unter dem Käppi sehen und in ihren bereits leicht faltigen Augen den verdrießenden Wunsch, immer noch wie früher und doch auf der Höhe der Zeit, immer noch jung, aber dabei erwachsen zu sein. Bei all der Hin- und Hergerissenheit, der kräftezehrendsten seit der Pubertät, ist es von Bedeutung, die eigene Verzweiflung und Unsicherheit keinesfalls zu zeigen. Das ist der Anspruch: Alles kann, alles muss, und alles muss superduper gefunden werden, und man darf nie müde sein, damit ja niemand auf die Idee kommt, zu fragen: Wem machst du was vor?

Bei der besagten Altersgruppe muss man indes die Zeitverschiebungen zwischen New York und Hollywood und dem Rest der westlichen Welt – woanders kann man sich solche First World Problems eh nicht leisten – einberechnen: In Brooklyn wird man demnach erst mit Anfang 40 zum ersten Mal Eltern (oder eben nicht); und gespielt werden die Protagonisten von Naomi Watts, 46, und Ben Stiller, 49. Baumbach ist 45.

Aber man kann sich und andere auch mit Mitte dreißig in dem Film wiederfinden, es geht weniger um einen Jahrgang als um eine lebensverändernde Phase, die ganz unterschiedlich eingeläutet werden kann: eine Heirat, die nächste Hosengröße, das erste Wohneigentum, das Gewahrwerden seiner Bandscheiben, der

Tod eines Elternteils, eine Beförderung, eine Scheidung oder eben ein Baby.

Der Übergang in die nächste Stufe, durch welches Ereignis er auch motiviert sein mag, ist kein Flutschen, sondern ein sirupzähes Mäandern: Will man sich zu viel vom früheren Ich (oder vom früheren Wir) bewahren, wird die Sache albern und anstrengend; passt man sich zu sehr der neuen Altersstufe an, muss man um Hipness, Lebensenergie und Ideale fürchten.

Um beim Baby zu bleiben: Viele junge Eltern wollen nicht akzeptieren, dass ein neues Leben auch einen neuen Lifestyle bedingt. Für sie bedeutet die neue Rolle als Eltern: Druck. Hier muss noch auf eine Party gegangen werden, dort zum Poetry-Slam und zum Schwitz-Yoga. Oder eben: Die Elternzeit muss in Australien verbracht werden. Nicht nur muss die eigene Jugend fortgeführt werden, es muss die Jugend der Jüngeren adaptiert werden. Das ist harte, harte Arbeit.

So wird der Wunsch, ewig jung zu bleiben, schnell zur Panik, zum alten Eisen zu gehören, und biedere Begriffe wie »zum alten Eisen gehören« oder »frischgebacken« oder »superduper« zu gebrauchen. Früher mag der Satz »Ich fühle mich so alt« bedeutet haben, dass das Knie schmerzt; heute bedeutet er: »Ich bin sehr traurig, weil ich von der neuen Nummer eins der FM4-Jahrescharts zuvor nie gehört habe und ich sie nun beim besten Willen nicht leiden kann.« Es ist, als würde man auf einem dieser Laufbänder, wie man sie an Flughäfen findet, zurücklaufen wollen, aber das Laufband ist unerbittlich schnell. Das Ziel ist unerreichbar, die Gefahr, sich zum Affen zu machen, groß.

Anderen Leuten aber nimmt ein Baby ebendiesen Druck. Konservative Gedanken, die schon lange in ihnen schlummerten, dürfen jetzt mit dem Argument, man sorge sich doch nur ums Kind, endlich raus an die frische Pupsluft. Und weil man damit oft genug in der Mehrheit ist – Krippenkindereltern, Spielplatzsitzer oder eben geburtsterminlich synchronisierte Freundeskreise –, heißt das ehedem Spießige nun Verantwortungsbewusstsein. Australienreisende sind für sie egoistische, gewissenlose potenzielle Kindermörder.

Von ihren eigenen Eltern grenzen die neuen Konservativen sich nicht mehr ab, sondern nähern sich ihnen an, weltanschaulich, aber oft genug auch mit Wohnsitz. Wegen des enkelfreundlichen Gartens, also wegen der kostenlosen Babysitter. Der Soundtrack ihres neuen Lebens ist eine alte CD. Das Kind berechtigt seine Eltern zur erlösenden Selbstsuboptimierung. Die Themen Sinnsuche, Ästhetik, Sex, Selbstreflexion, Neugier, Zeitgeist, Beziehungspflege, Abendgestaltung und Selbstverwirklichung können sie erleichtert auf den Stapel »zur Wiedervorlage« werfen. Wiedervorgelegt wird indes nie mehr (jedenfalls nicht bis zur echten Midlife-Crisis, und dann jemand anderem). Und doch ist »Gefühlt Mitte Zwanzig« ein Liebesfilm. Weil irgendwann alle vereint sind in der Kapitulation vor den eigenen und den fremden Ansprüchen: wenn sie zugeben und zulassen, sehr wohl verzweifelt und unsicher zu sein.

Auf uns übertragen lautete die Antwort also: Wir sind nach Australien gereist, um uns zu beweisen, dass wir noch nach Australien reisen können; dass wir uns dieses Motiv eingestehen, erlöst uns von dem wahnsinnigen und wahnsinnig zeitgeistigen Druck, nicht zu altern, nicht spießig und konservativ zu werden, nicht unaufhaltsam dem Tod entgegenzugehen. Wir dürfen uns nicht gehen lassen, vergessen bei all der Hetzerei jedoch, das Leben einfach laufen zu lassen. So könnte man das sehen.

Man könnte es aber auch australischer sehen und die Frage, warum wir mit einem kleinen Kind ans wunderschöne andere Ende der Welt fliegen, beantworten mit: warum nicht? Würde jede Entscheidung unseres Lebens auf den Prüfstand gestellt werden von uns Grübeldeutschen, dann wäre dieses Leben eine einzige Woody-Allen-Geschichte. Und in einer solchen will nicht mal Woody Allen leben.

Womöglich sind wir auf dieser Reise, zu der wir uns bei aller Vorfreude auch überwinden mussten, selbst ein wenig australischer geworden. Die Frage nach dem Warum kann schließlich auch interpretiert werden als: »Warum nutzen wir das herrliche Privileg, diese Kombination aus deutschem Arbeitsrecht, dem einigermaßen sicheren Kontostand, unseren bisherigen Erfahrungen, unserer Liebe, unserer Gesundheit und dem Vertrauen in uns und ineinander, und fliegen einfach im Herbst ins Paradies?« Die australischste aller Antworten auf diese Frage wäre dann auch gar nicht die Gegenfrage: Warum nicht?, sondern vielmehr: Ich verstehe nicht, wie man so eine Frage überhaupt stellen kann.

Ist Australien nun das Land der Zukunft? Unserer Zukunft? Vielleicht sollten wir die Antwort einfach ihr selbst überlassen. Was nützt das Grübeln schon?

Man frage nur Alan Tucker, der sich doch nie hätte träumen lassen, was ihm die Zukunft einmal bringen sollte: eine Reise in die Vergangenheit, zu einer Brieffreundin, die er fünf Jahrzehnte zuvor gewann und wieder verlor. Einen Roadtrip als Suchender, der mit der stillen Hoffnung herumkurvte, auf diesem langen Weg wieder zu sich selbst zu finden.

Monate nach unserer Heimkehr nach München erhalte ich eine Mail von Alan Tucker. Ihm gehe es gut, schreibt er da, seit seiner Rückkehr nach Broken Hill sei er recht beschäftigt gewesen. Seine einzige Reise habe ihn zur Beerdigung von Barbs Tante Carol nach Adelaide geführt. Sie war von Cairns dorthin gezogen, um ihrem Sohn beizustehen, der in einen Unfall mit einem Lastwagen geraten war und ein Hirn-Aneurysma davongetragen hatte.

Mit Pam, seiner alten Brieffreundin, habe er immer noch Kontakt, schreibt er. Nachdem er damals von Tweed Heads weitergefahren war, hat er sie doch noch vorgewarnt. Sie und ihr Mann haben ihn herzlich empfangen.

Nach dem Treffen fuhr Alan Tucker wieder nach Hause. Das Gesicht rasiert, um seine Barb küssen zu dürfen, und auf der Ladefläche ein Krokodil, um sein Mädchen erschrecken zu können wie ein frisch verliebter Junge.

Dank

Ich danke meiner Mutter und meinem Vater, ohne die ich meine erste Tour durch Australien nicht hätte machen können. Die Eltern von Backpackern haben Mitleid verdient. Nicht nur sorgen sie sich um ihre herumreisenden Kinder, sie finanzieren diese Reisen auch noch mit. Nicht viele dieser Kinder haben das Glück, sich zehn Jahre später in einem Buch dafür entschuldigen und bedanken zu können. Auch möchte ich mich bei den netten Australiern bedanken, vor allem bei jenen in Melbourne, die mich kostenfrei in ihrer WG haben leben lassen, obwohl ich dort nie abgespült habe.

Mein größter Dank aber gilt Malah und Johanna. Für Euch habe ich dieses Buch geschrieben, wegen Euch ist es das Werk eines frisch verliebten Jungen geworden.

Paperback, 336 Seiten
ISBN 978-3-7701-8269-5
Preis 14,99 € [D]/15,50 € [A]
Auch als E-Book erhältlich

dumontreise.de

DUMONT

Hymnus – Die Suche nach Amerika

Ein Roadtrip
von Küste zu Küste

von Dennis Freischlad

Mit seinem Gefährten »Mister Jefferson«, einem fünfundzwanzig Jahre alten Van, begibt sich Dennis Freischlad auf einen dreimonatigen Roadtrip durch die Vereinigten Staaten. Es ist eine Reise von Küste zu Küste, auf der er zwischen New York und Kalifonien dem amerikanischen Mythos in vielerlei Facetten begegnet, während er den großen Erzählungen, Liedern und Sehnsüchten des Landes nachspürt. In New York, Tennessee, der Mississippi-Region, New Orleans und Texas findet er an den Stätten großer Musikgeschichte zugleich die Spuren der sozialen, politischen und kulturellen Umbrüche des Landes. Zwischen der ursprünglichen Siedlerkultur in den Weiten Amerikas und der High-Tech-Industrie im Silicon Valley spürt er der Seele des Landes und dem sprichwörtlichen American Way of Life nach. Das Buch ist zugleich ein Hymnus an das Unterwegssein und das Leben an sich: Neben einer Bestandsaufnahme der USA, die der Autor mit Herz, Sinn und Verstand wiedergibt, lässt er uns in kraftvollen poetischen Bildern an den Geschehnissen und Begegnungen teilhaben, die ihn auf seinem Weg erwarten – fast so, als säße man auf dem Beifahrersitz.

DUMONTREISE.DE

DUMONT